# MELHOR TEATRO

DIREÇÃO

SÁBATO MAGALDI

MELHOR TEATRO

# JUCA DE OLIVEIRA

SELEÇÃO E PREFÁCIO
Jefferson Del Rios

São Paulo
2009

© José Juca de Oliveira Santos, 2008

1ª Edição, Global Editora, São Paulo 2009

*Diretor Editorial*
JEFFERSON L. ALVES

*Gerente de Produção*
FLÁVIO SAMUEL

*Coordenadora Editorial*
DIDA BESSANA

*Assistentes Editoriais*
ALESSANDRA BIRAL
JOÃO REYNALDO DE PAIVA

*Preparação de Texto*
DANIELA LOPES FERREIRA

*Revisão*
JANE PESSOA
REGINA MACHADO

*Capa*
MAURICIO NEGRO
EDUARDO OKUNO

*Editoração Eletrônica*
ANTONIO SILVIO LOPES

**Dados Internacionais de Catalogação na Publicação (CIP)**
**(Câmara Brasileira do Livro, SP, Brasil)**

Oliveira, Juca de
   Melhor teatro Juca de Oliveira / seleção e prefácio Jefferson Del Rios. – São Paulo : Global, 2009. – (Coleção Melhor Teatro / direção Sábato Magaldi)

   Bibliografia.
   ISBN 978-85-260-1391-9

   1. Teatro brasileiro I. Del Rios, Jefferson. II. Magaldi, Sábato III. Título. IV. Série.

09-05931                                CDD-869.92

**Índices para catálogo sistemático:**
1. Teatro : Literatura brasileira    869.92

*Direitos Reservados*

**GLOBAL EDITORA E DISTRIBUIDORA LTDA.**

Rua Pirapitingui, 111 – Liberdade
CEP 01508-020 – São Paulo – SP
Tel.: (11) 3277-7999 – Fax: (11) 3277-8141
e-mail: global@globaleditora.com.br
www.globaleditora.com.br

Obra atualizada conforme o **Novo Acordo Ortográfico da Língua Portuguesa**

Colabore com a produção científica e cultural.
Proibida a reprodução total ou parcial desta obra sem a autorização do editor.

Nº de Catálogo: **3034**

MELHOR TEATRO

# PREFÁCIO

*Juca de Oliveira* saca primeiro ou acerta o golpe quando o público se distrai. Pode parecer estranho usar imagens tiradas do *western* e do boxe em se tratando de comédia, mas vale a pena arriscar. Ou, para deixar ainda mais provocadora esta introdução, digamos que Juca é um batedor de carteiras (ou "lanceiro", como se dizia na gíria antiga). Quando você se dá conta está naquela situação do samba de Paulo Vanzolini. "Na praça Clóvis, minha carteira foi batida/ Tinha vinte cinco cruzeiros e o teu retrato/ Um dia veio o lanceiro naquele aperto da praça/ Vinte cinco francamente foi de graça".

O comediógrafo é, sim, um assaltante do bem. O mocinho que atira primeiro a sua bala de festim e o lutador que pega o espectador, mas não lhe dá um murro, ao contrário, faz-lhe cócegas. E o combatente ao fígado azedo. Ele pertence a uma quadrilha que vem desde a antiguidade com Aristófanes, na Grécia, Plauto em Roma; está em Paris de Molière a Feydeau. No Brasil, temos desde Martins Pena e França Júnior, pioneiros graciosos e quase ingênuos, Arthur Azevedo, mais malicioso, crítico e musical, e já no século XX, uma linhagem que vai de Silveira Sampaio, Millôr Fernandes e João Bethencourt a Juca de Oliveira.

Mas é hora de explicar o truque desses senhores. Em primeiro lugar ,"ouvido da rua", a capacidade de captar a linguagem coloquial comum ao espectador; em seguida, o ritmo, a destreza em registrar em frases precisas toda uma situação. Exemplo tirado de *Motel Paradiso*, um dos vários sucessos de Juca. Personagens: Luiz Fernando, presidente de um Banco, e Romeiro, executivo de alto escalão. A cena:

ROMEIRO (*entrando*) – O senhor me dá dois minutinhos?

LUIZ FERNANDO – Claro.

ROMEIRO – O Louveira acabou de passar por aqui.

LUIZ FERNANDO – Ele não está em Brasília na comissão de reforma fiscal?

ROMEIRO – Ele só veio para falar com o senhor.

LUIZ FERNANDO – Pessoalmente? Por que não ligou?

ROMEIRO – Ele acha que o celular está grampeado.

LUIZ FERNANDO (*em pânico*) – Não fala com ele! Diga que não estou, que fui para a fazenda! Não atende ao telefone dele! Se atender, diga que, não, é engano, que não é daqui!

ROMEIRO – Calma, doutor Luiz Fernando! Ele já voltou pra Brasília! (*Segredando.*) Amanhã o governo divulga a exportação do trimestre. Vamos ter um superávit de 14 bilhões! O juro recua um e meio por cento e o desemprego passa de 19 para 17%!

LUIZ FERNANDO – Um e meio por cento?

ROMEIRO – Supercocheira! Nem o Lula tá sabendo!

LUIZ FERNANDO – Manda o Celsinho vender o que puder de dólar até o fim do expediente. Raspa o tacho, compra tudo em ações. Papéis do governo também, o que puder! Se isso se confirma, o risco Brasil cai duzentos pontos! Já! Compra o que puder! E bico calado!

ROMEIRO – E a comissão do Louveira?

LUIZ FERNANDO – A comissão dele amanhã, quando fechar o expediente! Faça um balanço do que a gente ganhou e não me bota a comissão dele na Suíça, que acaba tudo na Polícia Federal. Deposita no Vaticano! Remember Maluf!

No momento em que este prefácio está sendo escrito (2008), o país inteiro acompanha os acontecimentos envolvendo notórios banqueiros, investidores, políticos e lobistas presos. O leitor terá a absoluta certeza de que Juca escreveu a peça ontem, em cima dos fatos. Pois não foi assim. O texto é de 1981, no governo militar do general João Baptista Figueiredo. O autor apenas fez uma revisão do original em 2004, já no governo Lula. O trecho acima sintetiza alguns elementos essenciais da comédia. A rapidez de diálogos, o efeito surpresa e a reação engraçada de um dos personagens (no caso o pânico do banqueiro). Quando *Motel Paradiso* foi escrito não havia celular, mas as escutas telefônicas, os subornos e negócios escusos estavam a toda. O que impressiona na criação de Juca de Oliveira? Pela ordem: ser engraçado a partir de coisas sérias; por ser também produtor teatral e ser proprietário rural, tem sólidos conhecimentos dos mecanismos econômicos, financeiros e fiscais do país; é uma pessoa altamente politizada.

Quando escreve, junta, pois, estas qualidades para dar à sua crítica político-humorística um grau artístico acima das paródias do extinto teatro de revistas. Juca trata do universo do poder e dos negócios como um estudioso do tema. Pelo veio do riso, ele descreve o que o cientista político Bolívar Lamounier disse ao jornal *O Estado de S. Paulo* (13 jul. 2008): "O problema da corrupção é muito mais profundo. Hoje estamos muito desarmados intelectualmente para compreender suas origens. O que nos sobra são os consensos. O primeiro é de que a corrupção é generalizada na sociedade e todos discordamos de todo mundo. O segundo é que a impunidade é ampla. Há uma total incapacidade de aplicar as leis. (...) O que está acontecendo agora é uma tentativa de sair dessa síndrome da impunidade".

Atacar poderosos de mau comportamento é, desde sempre, um dos componentes da comédia de costumes e da sátira política. Nesse campo, a contribuição de Juca de Oliveira é inequívoca. Resta, então, observar os detalhes da sua marca autoral, as inovações.

Chama a atenção, por exemplo, como o dramaturgo nunca é cruel. Os seus canalhas são expostos em público, mas sem o açoite dos polemistas virulentos. Há uma fração de tempo em que eles são até passíveis de compreensão irônica. São negocistas e fraudadores perigosos, mas com um traço burlesco de ladrões de galinha, o que os torna até humanos e patéticos quando confrontados com seus problemas familiares. Porque uma comédia sem ciúmes e infidelidades não é impossível, mas é interessante ver como estes grãos-mafiosos de colarinho branco armam seus esquemas amorosos e caem do cavalo, ou seja, do afeto de suas mulheres.

A Juca basta a loucura do teatro. Na vida real é um homem ligado à família e fiel às suas raízes ítalo-caipiras (nasceu em São Roque, próximo a Sorocaba). Essas características se insinuam nos seus enredos em que estão quase sempre presentes a mulher e os filhos dos personagens masculinos, sejam os de má conduta ou, contrário, os velhos senhores de vida impecável. Não existe neste teatro só a figura isolada do vigarista frio, sem raízes.

Não, até o derradeiro de seus malandros de grosso calibre tem instantes domésticos. Mas o dramaturgo não é piegas e nem endossa as aparências dos casamentos de *vaudeville*. Esta é uma das características de seu estilo: a junção da falcatrua pública e a doméstica. O político fisiológico se mete em negociatas, engana a mulher, mas as duas transgressões trazem a ele um tipo qualquer de perda. No mínimo, a confissão explícita de que estão em terreno existencial pantanoso. Nós nos divertimos com seus apertos, mas fica no ar um tom de decadência individual triste, embora o vilão esteja sempre querendo se isentar, com a desculpa que o país seria assim desde a descoberta. Mas neste Brasil houve sempre um Quixote, como o italiano teimoso que, visto de perto, tem a cara do Juca, seja o que escreve, o que diz, o que pensa. Aquele que presidiu o Sindicato dos Artistas do Estado de São Paulo em plena ditadura e defendeu sua categoria.

*Meno male!* talvez seja a síntese deste teatro. O núcleo da trama é parecido com os demais incluídos nesta edição. Mas cada peça tem sua variação de tom, sua coloratura sutilmente diferenciada. O que as une é a indignação social, o toque afetivo, e um dado sempre presente nas preocupações do autor: a devastação física das cidades e a contaminação do país por interesses imobiliários e obras de conveniência política. O reino das empreiteiras, enfim, dos contratos frios sujeitos a aditamentos desonestos. Numa casa de bairro, Nicola, o mecânico meridional, resiste à demolição de sua casa com rompantes de Brancaleone. Recebe os invasores de espingarda na mão, como o faria o camponês siciliano, cercado de lobos atrás de suas ovelhas: "Non saio de questa casa, capisci". O engenheiro retruca com o apelido pejorativo: "O carcamano enlouqueceu. Vou te entregar, te entregar pra polícia". Nicola retruca de forma melancólica, de volta totalmente à sua língua: "Moro qui da quaranta'anni. Mia figlia é nata qui. In questa casa ho conosciuto mia moglie".

Pobre Nicola. A casa não só será demolida como a sua filha querida já se apaixonou por um político casado. O que se segue é mesmo um imbróglio ítalo-brasiliano, com um gesto compassivo do italiano e os minuetos das conveniências do poder ao qual até a mulher traída do figurão cede (mas esta personagem vai reaparecer mais esperta em *Às favas com os escrúpulos* e dar um troco sensacional).

Na dramaturgia de Juca de Oliveira os alicerces dos atos políticos, empresariais e, por fim, dos laços familiares estão assentados na lama. Os seus títulos que chegaram ao palco são clamorosamente explícitos: *Baixa sociedade, Motel Paradiso, Caixa dois* e *Às favas com os escrúpulos*. Há mais, Juca não é prolífico no sentido da repetição, porque tem fôlego e imaginação para a literatura teatral. O desafio que este teatro enfrentará no futuro é a desatualização das autoridades citadas. Figuras hoje são risíveis, mas acabarão no rodapé da História. Nas próximas décadas um encenador terá de trocar os nomes.

11

Há peças suas já estudadas pela melhor crítica. Sem estabelecer comparações, nem seria o caso, Sábato Magaldi o incluiu na sua coletânea de ensaios *Moderna dramaturgia brasileira* (Ed. Perspectiva, 1998) ao lado de dramaturgos diversos no tempo, que se mostraram bons na comédia, em lista que vai de Oswald de Andrade e Dias Gomes a Bráulio Pedroso, Lauro César Muniz e Domingos de Oliveira.

Há instantes em que o ferino observador social se permite outros voos temáticos. Os desencontros amorosos de uma geração que banalizou a liberdade afetiva e sexual são deliciosamente satirizada em *Qualquer gato vira-lata tem uma vida sexual mais sadia que a nossa* (o título já é uma *gag*, um pastelão na cara). Como de hábito em Juca, a peça fez um sucesso enorme.

Outras que um dia chegarão ao palco encontram-se em maturação: *Flor do meu bem-querer* (2003) – um exercício complexo de mesclar a fala quase dialetal do caipira paulista com a da gente urbana e escolarizada; *As atrizes* (2005) – sobre os sonhos e percalços da profissão. Uma produção extensa e consistente (ver relação completa na página 349).

Em consequência, e em resumo, continuaremos a ter na vida teatral brasileira a presença deste moralista no verdadeiro sentido filosófico, grande ator, dramaturgo rigoroso, mas sentimental. Felizmente há muito Juca de Oliveira pela frente.

*Jefferson Del Rios*

# PARA JUCA, COM AFETO

Nem Juca, nem eu, nascemos na Mooca, nem jamais fomos juntos até lá para experimentar, por exemplo, o macarrão de Dona Fortunata, ou para acompanhar a procissão da Sexta-feira da Paixão. Não é que haveria espaço para arrependimentos, caso vivêssemos essas experiências mooquenses, e outras mais que o bairro propicia. Mesmo porque o molho de Fortunata, ao cobrir uma tonelada e meia de macarrão nas noites da festa de San Gennaro, consegue estabelecer entre tomate, pimentão, alho, cebola, carne moída, orégão e pimenta calabresa, dita *peppone*, um afinamento digno da orquestra do Scala. (...) Quanto à procissão, o cardápio tem pauta diferente, mas os sentimentos são convocados de maneira igualmente peremptória. A paixão, contida na reza surda que acompanha o ataúde do Cristo morto ao longo da rua da Mooca, derrama-se, como magma ígneo em erupção, quando a Verônica, envolta em gaze negra, canta a dor da humanidade sobre as escadarias do conjunto da Guarantã. Ninguém diria que aqueles degraus não se transformaram subitamente na encosta do Gólgota, mesmo que o frio conspire contra a voz do soprano. Como se vê, a Mooca proporciona grandes momentos, e Juca e eu sabemos disso e ambos percebemos a imponência dos sentimentos que caminham atrás dos andores e são mastigados nas festas da antiga rua Nichteroy. A Mooca é do tamanho do mundo, e ali Juca e eu nos encontramos, numa esquina invisível e, no entanto, concretíssima, entre o fígado e a alma. Não nascemos na Mooca, mas poderíamos ter nascido. E então teríamos crescido juntos, e a essa altura lembraríamos a Primeira Comunhão na Igreja de San Gennaro, as operetas do Cine Bijoux, o futebol do Tigre Varzeano, o *footing* entre a rua João Antônio de Oliveira e a avenida Paes de Barros, as folias do Zambomba, os delírios de Mariuccia Loca, os gritos dos jogadores de morra escoando na noite perfumada de jasmins. Não são estas as nossas lembranças comuns, mas me pergunto se não poderiam ser e se, de alguma forma mágica, não são, de fato. Tão plausíveis, dentro de cada um de nós, que se tornam verdadeiras, como se fôssemos intérpretes de um enredo reinventado e, nem por isso, inverídico. (...)

Se o Juca de repente se chegasse para perguntar "você se lembra do Nicó, não se lembra?", eu responderia "claro que me lembro" – com absoluta segurança, sem padecer da mais tênue dúvida de que conheço o Nicola de cor e salteado. E digo mais, ó Juca, tenho aqui gravada na memória aquela manhãzinha em que topamos com o Nicó, estacionado na porta da padaria do Iervolino, e ele manifestava soturnamente uma opinião pouco favorável a respeito da diretoria do Parmera. (...) Ah, o Nicó, um camarada formidável, malicioso e ingênuo, cheio de fé e cético naquelas doses certas e inatas que fazem a sabedoria, inflexível na crença e tolerante na emoção. E a Angelina, tão fragrante, tão lânguida eventualmente, tão macia, e também tão experiente, por natureza, não é assim?, por aquela experiência que corre no sangue e irriga mesmo as mais jovens carnes femininas, ao menos dessas mulheres anônimas e definitivas, como Angelina. Se eu pegasse o tal de Alberto, ó Juca, eu não sei o que faria com ele... (...)

Como os criadores autênticos, Juca de Oliveira, meu bom companheiro na nossa Mooca e outros recantos, inventa a verdade. As suas personagens não estão no palco, estão na vida. A dele, a minha, a de todos nós. Reconheça-se aos criadores o dom da generosidade. Juca, por exemplo, reparte conosco Nicola, Angelina e todo um choque de paixões verdadeiras, a contraposição entre a gravidade e a consistência de sentimentos imanentes e a violência e a leviandade de um contingente feroz e oportunista. No contar, vívido e reto, a exposição da realidade, como ela é. Para quem quiser, uma lição de vida. Ao certo, para todos, uma memória nova e funda.

*Mino Carta*
(Fragmento transcrito do programa da peça *Meno male!*)

# PEÇAS

*MENO MALE!*

# Personagens

ANGELINA

NICOLA

IVANI

GALDINO

ALBERTO

ENRICO

ENGENHEIRO

LUÍSA

GARÇOM

*(No centro do palco, a Secretaria de Estado, composta de duas salas contíguas, separadas por uma parede e uma porta invisíveis, apenas convencionadas: a sala do secretário* Alberto *e a sala de* Ivani, *sua secretária. O piso da sala de* Alberto *é ligeiramente mais alto (10 cm) que o da sala de* Ivani. *Pode-se enfatizar essa diferença usando pisos de cores diferentes nas duas salas. A sala de* Alberto, *à direita, é ricamente mobiliada: grande escrivaninha com poltrona de espaldar alto, mesa com interfone e telefones, sofá, mesinha de centro com inúmeras publicações, uma outra poltrona mais à esquerda, pequena mesa com máquina de escrever, cadeira e um arquivo; uma porta privativa dá acesso aos bastidores. À esquerda, a sala de* Ivani: *escrivaninha menor que a de* Alberto, *cadeira, mesa com interfone e telefones, pequena mesa com máquina de escrever, uma poltrona e um bebedouro. Nas duas laterais do palco, a casa de* Nicola, *um chofer de táxi siciliano, que tem entre 50 e 60 anos. À esquerda, quartinho com janela que dá para uns viadutos. A mobília é antiga e modesta: rádio da década de quarenta, um velho pôster da* Tosca, *de* Puccini, *ferramentas de mecânico, estopa, peças velhas de carro espalhadas, pneu velho, banquinho, mesinha etc. À direita, pequena copa-cozinha, onde* Angelina, *16, 17 anos, bonitinha, prepara o café da manhã e ao mesmo tempo lê uma apostila. Pia, armário, cadeira de balanço antiga, vitrola, um retrato de* Lúcia, *a falecida mulher de* Nicola, *pequena mesa, três cadeiras e um telefone compõem o ambiente.)*

ANGELINA (gritando) – Papà! Papà!

NICOLA (*off*) – Sono qui, figlia!

ANGELINA – Papà, vem tomar café, larga isso, papà!

NICOLA (*off*) – Subito, figlia, tô tirando um grilinho!

ANGELINA – Que grilinho, papà? Não é um carro novo?

NICOLA (*off*) – É a maçaneta. No asfalto va bene, ma se tem um buraco, me pare mais una frigidêra...

ANGELINA – O senhor não tirou esse carro da agência ontem? Como é que já pode ter grilinho?

NICOLA (*off*) – Hoje eles já vem com grilinho, é tudo unas lata! O meu Chevrolet 46...

ANGELINA (*interrompendo o pai*) – Era material de guerra, una chapa così grande! Já sei, papà... Agora vem tomar café!

NICOLA (*off*) – Vengo subito, figlia!

ANGELINA – Subito proprio, que eu preciso estudar... (Toca o telefone e ela se precipita para o aparelho.) Alô! Ai, que bom você ligar, Silvinha! Sabe se vai cair o Teorema de Rouché? Por quê? A professora de Matemática?! Coitada da D. Isaura! Morreu de quê? Mas não tem aula mesmo, você tem certeza? E a prova? Que legal! Não, Deus me livre e guarde, sem essa de legal, tadinha da D. Isaura... Nesse caso você me quebra uma, Silvinha? Vou dizer ao meu pai que vou estudar com você. Se ele te perguntar você me segura essa? Numa boa? Beijão, Silvinha, amanhã te vejo na prova. (*Desliga e disca um número. O telefone toca na sala do secretário. Ao terceiro toque entra Ivani, vinte e cinco anos, bonita, bem-vestida, trazendo o cravo vermelho que todos os dias ela coloca na mesa de Alberto.)*

IVANI *(atendendo)* — Alô? Gabinete do secretário!

ANGELINA — Ele está?

IVANI — O Senhor Secretário ainda não chegou. Quem gostaria de falar com ele?

ANGELINA — Uma amiga dele. A que horas ele chega?

IVANI — Se a senhora não se identificar, eu não lhe posso prestar essa informação.

ANGELINA — Eu ligo depois, obrigada. *(Desliga. Ivani estranha e também desliga.)*

NICOLA *(entra pela esquerda cantando o trecho inicial de* Romanza di Federico (L'arlesiana), *de Marenco Cilea, e vai em direção à cozinha, atravessando todo o proscênio)* — "Ela solita storia del pastore/ il povero ragazzo/ voleva raccontarla..." *(Brinca com Angelina, tentando sujar-lhe o nariz com a graxa das mãos.)*

ANGELINA — Olha a mão, papà... *(Conduz Nicola ao quartinho.)* Vai limpar essa mão! Se você me suja a toalha de graxa eu te mato! *(Apanha a bandeja de café na cozinha e a leva para o quartinho. Põe a bandeja sobre a mesinha e serve o café.)* Carro novinho! Por que é que o senhor precisa se sujar desse jeito?

NICOLA *(limpando as mãos com a estopa)* — Que remédio? Mando no mecânico pra me apertá um parafuso?

ANGELINA — Mas o seu táxi é novo, é zero, papà!

NICOLA — Zero... Hoje não tem nada zero! Eu tive um Chevrolet 51. Aquele era zero! Vinha lacrado! Hoje o zero já vem com cinquenta quilômetro! Ma non é zero? Sì, ma veio de São Bernardo, depois manobrô no pátio, depois choveu, recolhemo, testaram o taxímetro, o mecânico foi na fêra, e quando você pega, cinquenta quilômetro... (*Enquanto enxuga as mãos, olha os viadutos pela janela.*)

ANGELINA — Vem tomar café, papà!

NICOLA — Lembra daquela figuêra que tinha na entrada do armazém do Scarpa, figlia?

ANGELINA — Não, papà, eu não tinha nascido quando cortaram a figueira...

NICOLA — Tinha a chácara do Occhialini... Tua mamma tinha paixão por aquela figuêra...

ANGELINA — Vem papà, vem...

NICOLA — Derrubaram tudo. Só tem os viaduto... Bem aqui embaixo, figlia...

ANGELINA — ... tinha o Bar do Dacunto onde você jogava morra com um monte de amigos que já não existem mais, porque foram todos expulsos pelo cimento armado dos viadutos... Adianta o senhor ficar lembrando, papà?

NICOLA — Sabe o Giocondo? Bateu o carro ontem.

ANGELINA — Coitado, papà... Foi grave?

NICOLA — Ele não aconteceu nada. Agora o Del Rey acabô. Quero só vê como é que o coitado vai se arranjá pra pagá a prestaçon...

ANGELINA — Não estava no seguro?

NICOLA — Táxi no seguro?... Se você batia num Chevrolet 46, batia num tanque de guerra. Chapa così larga. Hoje é tudo umas latinha. Com o dedo mindinho, qualqué criança afunda o capô de um carro. Aquilo era aço de guerra, figlia. Precisava de um canhon de cinquenta milímetro pra arranhá a pintura.

ANGELINA — Papà, mudando de assunto, eu queria consultar o senhor... E se eu começasse a trabalhar?

NICOLA — Trabalhá onde?

ANGELINA — Sei lá, talvez num emprego público, numa dessas secretarias...

NICOLA — De quê? De secretária?

ANGELINA — Não sei, estou só consultando o senhor. Uma colega minha, a Silvinha, tem um tio no governo. Ela me disse que se um dia eu estivesse interessada num emprego público...

NICOLA — No, Angelina pra quê?

ANGELINA — Pra quê? Pra eu te ajudar, ora...

NICOLA — No, o que io guadagno é poco, ma dá pra nós dois... O dia que você se formar, aí sim. Ma adesso, no!

ANGELINA — Mas, papà, a faculdade vai ficar caríssima. E tem livro, e tem material!

NICOLA — Vai atrapalhá os estudo, Angelina. Primeiro se forma, dopo trabalha.

ANGELINA — Mas eu não posso depender do senhor a vida toda!

NICOLA — Não é dependê, figlia. Aquilo que é meu, é teu. Somo só os dois, Angelina!

ANGELINA — Mas eu quero ter as minhas coisas, sei lá, um dia poder comprar uma moto pra mim, um aparelho de som...

NICOLA — Ma a gente tem o som...

ANGELINA — Não, papà, um som só pra mim, pra eu ter no meu quarto...

NICOLA − Figlia (*Senta Angelina no colo.*), quando eu pudé eu compro pra você... O táxi é novo, vou ter mais serviço. (*Dá-lhe um beijo e brinca de cavalinho.*) Facciamo così. Você estuda, io lavoro. Aspetta um poco, o que custa?

ANGELINA − Esquece, vai!... (*Ela escapa de Nicola e vai em direção à cozinha, cruzando o proscênio.*)

NICOLA − O que foi, figlia, ficou brava com seu pai?

ANGELINA − Não, papà... Toma o café.

NICOLA − Onde é que você vai, vem tomá o café com o teu pai...

ANGELINA − Já tomei, papà. Eu vou estudar.

NICOLA − Tem prova hoje?

ANGELINA − Tenho.

NICOLA − Então estuda, depois eu tomo de você. (*Toma o café.*)

GALDINO (*entre 35 e 40 anos, insinuante, bem-vestido, entra na secretaria*) − Oi, boneca! Nossa como você está linda! É alguma festa de casamento?

IVANI − Bom dia, Galdino...

GALDINO − Cravinho vermelho na mesa do secretário, tudo arrumadinho, tudo perfumadinho... Você ganha extra por toda essa eficiência?

IVANI − Estou apenas fazendo o meu trabalho.

GALDINO − O seu trabalho, ao que eu saiba, é secretariar o secretário. De onde é que você tirou que precisava trazer um cravinho vermelho todos os dias?

IVANI − Gentileza, Galdino. É apenas um defeito da minha educação...

GALDINO − Não sabia que você tinha recebido uma educação tão liberal!

(*No quartinho, Nicola termina o café, apanha uma chave-ingle-sa e sai para a esquerda.*)

IVANI — Por favor, Galdino, quer parar com essa pobreza? Eu ainda vou acabar brigando com você!

GALDINO — Está bem, está bem... (*Pega um jornal e lê em voz alta a manchete.*) "Outro pacote econômico: só nos resta rezar" (*Depois, mexendo nos papéis sobre a escrivaninha do secretário, apanha um cartaz que traz estampada uma foto do secretário* Alberto *fazendo um discurso.*) O que é isto aqui? Sério, o que é isto aqui?

IVANI — Não mexa nisso! É a prova gráfica do cartaz do doutor Alberto.

GALDINO — Não acredito! Ele está pretendendo se candidatar? O cara nem esquentou a cadeira de secretário e já quer sair pra prefeito?

IVANI — Não é prefeito, é governador.

GALDINO (*gargalhando*) — Governador? Ah, não me goza! Esse pilantra está querendo ser governador?

IVANI — Por que é que o doutor Alberto mantém você como assessor, meu Deus? Eu não entendo!

GALDINO — Essa é demais! Governador? Como é que eu não soube disso? Governador!... Na urna ele não se elege verea-dor de Itaquera e quer ser governador?

IVANI — Isso é inveja, Galdino. O que é que o doutor Alberto fez pra você? Por que esse ódio?

GALDINO — Tremendo incompetente!

IVANI — Não é incompetente! É um político brilhante, inteligente, culto, capaz. Se te interessa saber, meu voto já é dele!

GALDINO — É o voto que ele vai ter!

IVANI — Por que esse despeito, Galdino? Que coisa mais feia!...

GALDINO — Sujeito apagado, não tem pique, não tem convicção, sem programa, sem ideologia. Descobre a zona eleitoral da mulher dele. Te dou um Fusca zero, se lá ele tiver um voto!

IVANI — Despeito, despeito, despeito! A doutora Luísa é a maior fã que ele tem!

GALDINO — Fã do empreguinho dela. Se encaixou, isto aqui é uma bagunça mesmo, é o trenzinho da alegria, então ela está aí... Mas pergunta a sério, bem lá no fundo, o que é que ela acha do maridinho ...

ALBERTO (*entrando, bonitão, charmoso, bem-vestido, 40, 45 anos*) — Bom dia, Ivani, bom dia, Galdino!

IVANI — Bom dia, doutor Alberto!

GALDINO — Tudo bem, doutor?

ALBERTO — Aposto que vocês estavam falando mal de mim...

GALDINO — Quem é que consegue falar mal do senhor?

ALBERTO — Ah, chegou! (*Apanha a prova.*) Até que não ficou mal... Que tal, Ivani?

IVANI — O senhor está lindo!

ALBERTO — Você também acha que estou lindo, Galdino?

GALDINO — O senhor está muito bem mesmo! Uma expressão de confiança, seriedade... Está ótimo, ótimo!

ALBERTO — Você gostou de fato, Galdino?

GALDINO — Estou lhe dizendo que gostei!

ALBERTO — E você acha que eu tenho chance?

IVANI — Antes de o senhor entrar, eu estava dizendo ao...

ALBERTO — Deixa o meu assessor responder, Ivani. Tenho chance?

GALDINO — Toda a chance!

ALBERTO — Sério?

GALDINO — Ora, por favor, o senhor não precisa ser modesto comigo...

ALBERTO — Não estou sendo modesto, quero saber a tua opinião.

GALDINO — O senhor está cansado de saber que é a melhor opção do partido.

ALBERTO — O Galdino está me gozando, Ivani?

GALDINO — Competente, empresário bem-sucedido, bem-casado, sabe se expressar, tem um discurso popular, fluente. Passou na convenção, já é governador!

ALBERTO — É muito importante pra mim, Galdino: você acha que o meu discurso chega ao povo, que eu consigo me comunicar?

GALDINO — Claro que se comunica! Sabe por quê? Porque o senhor tem o que dizer.

ALBERTO — Talvez aí você tenha razão. Eu não tenho carisma, Galdino, isso...

GALDINO — Como não tem, doutor Alberto?

ALBERTO — Não, não tenho! Estou muito consciente das minhas limitações. Não sou um político populista, estou longe de ter o carisma do Brizola, a inteligência do Newton Cardoso... (*Galdino ri.*) É uma cabeça, Galdino, espera que ele chega lá! Sei o que posso e o que não posso, quero ajudar a construir esta nação e estou aqui. Não minto, não prometo, não bajulo. Procuro ser na política o que sempre fui na minha empresa, na universidade, no clube, na rua, em qualquer lugar.

GALDINO — É só isso que vale, doutor Alberto...

ALBERTO — Se gostarem de mim assim, muito bem. Se não gostarem, paciência.

GALDINO — Hoje em dia ninguém é bobo, doutor Alberto. O povo não vai mais atrás de carisma... O senhor falou em Brizola... Cadê o Brizola?

ALBERTO — Agora o que eu gostaria de saber é se tem algum candidato que tenha um programa de governo. Não sonho: programa! Educação, transporte, saneamento, saúde, cultura, lazer. Quer um exemplo? As melhores terras deste estado estão produzindo comida para o povo? Não! As melhores terras, as mais caras, as mais férteis estão fornecendo álcool para ser queimado nos congestionamentos! Em vez de se usar milhões de hectares para plantar soja, arroz, algodão, café ou laranja, produzimos combustível para poluir as cidades, atravancar o desenvolvimento e neurotizar o povo!

GALDINO — Bravo, está certo, certíssimo! Como é que ninguém vê uma coisa dessas?

ALBERTO — Concorda comigo, Ivani?

IVANI — Eu já falei para o Galdino. Eu quero trabalhar na sua campanha, doutor Alberto!

GALDINO — Estou lhe dizendo! Só aqui nesta sala, na casa dela e na minha, o senhor já tem mais de quinze votos!

ALBERTO — Olha que eu vou cobrar esses votos! Como é que está a minha pauta hoje, Galdino?

GALDINO — O deputado De Paula está aí, esperando pelo senhor...

ALBERTO — O que é que ele está querendo aqui na secretaria?

GALDINO — Eu acho que ele quer colocar alguém.

ALBERTO — Ah, não, pelo amor de Deus! Não gosto desse sujeito, Galdino. Começou na Arena, passou para o MDB, depois para o PDS. Lembra quando o Figueiredo era presidente? Quando foi fazer a ponte de safena nos Estados Unidos? Pois bem: quase que ele provoca um outro enfarte no Figueiredo de tanto que lhe puxou o saco lá em Cleveland. Era cupincha do Geisel, fez campanha do Andreazza. O Andreazza perdeu, se bandeou para o Maluf. Maluf perdeu, tentou apoiar o Tancredo. Fez a campanha do Jânio, apoiou de novo o Maluf, deu parabéns ao Montoro pela vitória do Quércia e agora vem aqui pedir cargo?

GALDINO – O que é que eu digo pra ele?

ALBERTO – Dá um chá de cadeira nele, deixa esperando... O que mais?

GALDINO – O presidente da Sociedade Ecológica, tem o Silas da Amigos de Bairro...

ALBERTO – Não, não, não vou atender essa gente. Vê o que é importante e não deixa passar nenhum abacaxi! Dá uma desculpa, diz que o Sarney está me esperando em Brasília, inventa, Galdino, cria!

(*Na cozinha da casa de Nicola, Angelina constata que o pai não está, apanha o telefone e disca.*)

GALDINO – Deixa comigo, doutor Alberto. (*Sai.*)

IVANI – A doutora Luísa veio com o senhor?

ALBERTO – Ela ia passar na farmácia pra comprar um sedativo, deve estar chegando. Não esqueci o jantar que estou te devendo, Ivani. Fique tranquila.

IVANI – Não falei nada, doutor Alberto... (*Toca o telefone, Ivani atende.*) Alô! (*Angelina desliga.*) Alô! Desligaram... Ah, telefonou uma moça para o senhor.

ALBERTO – Quem?

IVANI — Uma mocinha. Não quis deixar o nome.

ALBERTO — E como é que você sabe que é uma mocinha?

IVANI — Era uma voz bem jovem, até pensei que fosse a sua filha...

ALBERTO — Por enquanto é só, Ivani. (*Apanha o telefone e disca.*) Quando minha mulher chegar, você me avisa, por favor.

IVANI (*saindo*) — Às cinco o senhor tem reunião com os outros secretários...

ALBERTO (*discando*) — Eu não esqueço, Ivani, pode ficar tranquila... (*Ela o olha languidamente e sai.*)

(*O telefone toca na cozinha da casa do motorista. Angelina atende. Nicola entra pela esquerda, apanha a bandeja de café e vai em direção à cozinha, cruzando o proscênio.*)

ANGELINA — Alô!

ALBERTO — Angelina? Sou eu, Alberto.

ANGELINA — Que bom que você ligou, meu amor, que saudade!

ALBERTO — Eu também, estava morrendo de saudade...

ANGELINA (*vendo a aproximação de Nicola*) — Que bom que você ligou, Silvinha, precisava demais falar com você!...

NICOLA — Estuda, Angelina, me larga esse telefone...

ALBERTO — Seu pai está aí?

(*Nicola começa a consertar a torneira da pia.*)

ANGELINA — Claro! Preciso combinar uma coisa com você, Silvinha, presta atenção.

ALBERTO — Foi você que ligou pra cá agora há pouco?

ANGELINA — Foi. É o seguinte, Silvinha. Vou ter uma prova de laboratório e depois fico livre. Você não quer aproveitar e fazer trabalho de Anatomia comigo?

ALBERTO — Você está querendo sair comigo hoje? Hoje à tarde?

ANGELINA — Agora! Já!

ALBERTO — Agora?

ANGELINA — Daqui a pouco. Eu faço a prova e depois fazemos o trabalho juntas. Eu almoço aí na tua casa... (*Para Nicola.*) Papà, posso almoçar na casa da Silvinha?

NICOLA — Pode, figlia, mas não me chega tarde em casa que me preocupa. Manda um beijo pra Silvinha.

ANGELINA — Tudo ok. Papai está te mandando um beijo!

ALBERTO — Teu pai está me mandando um beijo?

(*Nicola com a torneira na mão e algumas ferramentas vai até a cadeira de balanço e se senta para consertar a torneira.*)

ANGELINA — Pra você, Silvinha, deixa de ser burra!

ALBERTO — Sua diabinha, não faça isso comigo, Angelina! Estou até a tampa de trabalho!

ANGELINA — Combinado?

ALBERTO — Angelina, amorzinho, eu não vou poder... Tenho mil coisas, a Globo vem me entrevistar, tenho que ir ao palácio, tenho reunião com os secretários...

ANGELINA — Qual é a tua, Silvinha? Quando eu posso você não pode? Tudo bem, então eu faço o trabalho com outro colega e pronto!

ALBERTO — Não faça isso comigo, Angelina, chantagem comigo, não!

ANGELINA — Você prefere que eu faça com outro?

ALBERTO — Não, claro que não! É que hoje é o meu pior dia aqui na secretaria...

(*Nicola volta à pia para recolocar a torneira.*)

ANGELINA — Tô achando que você prefere, sim!

ALBERTO — Está bem. Onde é que nós vamos?

ANGELINA — Você é que sabe...

ALBERTO — Você vai para o motel comigo?

ANGELINA — Depois a gente vê.

ALBERTO — Nada disso. Agora. Você vai para o motel comigo?

ANGELINA — Isso a gente resolve depois, Silvinha!

ALBERTO — Não! Eu não posso ficar te amassando em plena luz do dia! (*Entra Galdino com uma pasta e começa a prestar atenção à conversa. O secretário não o vê.*) Eu sou um secretário de Estado, casado, com filha... você é menor, Angelina! Já imaginou o escândalo?

ANGELINA — Está bem, eu vou!

ALBERTO — Onde é que a gente se encontra?

GALDINO (*colocando a mão sobre o ombro do secretário*) — Doutor Alberto... (*O secretário leva um susto.*) Desculpa, doutor Alberto, depois eu falo. (*Sai.*)

(*Nicola recolocou a torneira e volta à cadeira de balanço para reparar uma peça do carro.*)

ANGELINA — Lá mesmo. Agora?

ALBERTO — Agora, já, eu não posso. Me dá pelo menos uma meia hora?

ANGELINA — Tudo bem. Olha lá, não vai me deixar esperando!

ALBERTO — Vou fazer uma tremenda sacanagem com a minha secretária, vou dar o cano no expediente, vou me sentir um rato, vão cair de pau em cima de mim, mas que se dane! Eu te amo, Angelina!

ANGELINA — Que bom! É verdade mesmo? (*Ela não consegue disfarçar o entusiasmo e Nicola repara.*)

ALBERTO — Eu renasci com você, Angelina, tudo tem graça de novo, me sinto forte, jovem. Estou me candidatando a governador, você sabia?

ANGELINA — Não, não sabia... Que coisa maravilhosa, Silvinha!

ALBERTO — Eu vou ganhar! Tenho certeza que vou! Estou feliz! Há anos não me sentia tão descontraído, tão feliz, tão contente! E morrendo de medo! O que é que vai acontecer com a gente, Angelina?

ANGELINA — Vai dar tudo certo. Relaxa, querida...

(*Nicola estranha o conselho.*)

ALBERTO — Quero você aqui, trabalhando comigo na secretaria.

ANGELINA — Com a doutora Luísa? Olha que ideia!

ALBERTO — Para com isso! Você está cansada de saber que estamos quase separados!

ANGELINA — Falei sobre o emprego com papai, mas por enquanto ele não está gostando muito, não...

NICOLA — E non tô mesmo. Nem entrô pra faculdade... (*Vai até Angelina e tenta lhe tirar o telefone da mão.*) Me dá qui, me deixa falar com a Silvinha.

ANGELINA — Não, papà, depois eu me atraso. Até mais tarde, Silvinha! (*Desliga.*)

NICOLA — Figlia, eu queria falar com ela...

ANGELINA — Depois vocês conversam, papà... (*Começa a se arrumar para sair, dá uma olhada na apostila, arruma a bolsa.*)

33

NICOLA — Figlia...

ANGELINA — Sim...

NICOLA — Tem certeza, figlia, que essa tua amiga non é ... como se può dire? um po'... Como se dice? Estrábica?

ANGELINA — O quê?

NICOLA — No, lésbica!

ANGELINA — O senhor enlouqueceu, papà?

NICOLA — Só telefona pra você, só telefona pra você. Tão sempre junta, estudam junta... Ela não tem namorado?

ANGELINA — Ah, sei lá, papà, como é que eu vou saber?

NICOLA — E você, figlia? Perché non arruma um namorado? Já tem a idade de namorar. Lá na tua escola, non tem uns moço? Enton, sai com algum, vai num cinema, num baile. Escolhe um bom, trabalhador, me traz aqui, me apresenta... Tem o Giovanni, o figlio do Dacunto, un bel ragazzo! Ma você tá sempre com a Silvinha, sempre com a Silvinha...

ANGELINA — Me deixa em paz, papà, deixa?

NICOLA — Va bene, fai come ti piaci! (*Volta à pia da cozinha para dar o último retoque no conserto da torneira.*)

ALBERTO (*ao interfone*) — Ivani, minha mulher já chegou?

IVANI (*ao interfone, em sua sala*) — Ainda não, doutor Alberto.

ALBERTO — O Galdino está aí?

IVANI — Está despachando com o pessoal.

ALBERTO — Eu vou ter que sair, Ivani. Prepara o que eu tiver que despachar e depois vem até aqui com o Galdino. (*Começa a mexer na correspondência.*)

34

IVANI (*ao interfone*) – Pois não, doutor Alberto.

ENRICO (*off*) – Nicola! Nicola!

NICOLA – Sì!

ENRICO (*off*) – É da Engenharia do Governo! Vieram trazer a intimaçon pra vocês saírem!

NICOLA – Ah, sì? (*Corre em direção à janela do quartinho, cruzando todo o proscênio.*)

ENGENHEIRO (*off*) – Vamos começar a construção do viaduto. Só faltam sair o senhor, o seu Meneghini e a dona Giovanna.

NICOLA – Ah, sì? Um minuto, vengo subito! (*Pega uma espingarda, que estava escondida.*) Von fazê os viaduto, é? Fora! (*Dá um tiro.*) Fora! (*Dá outro tiro.*)

ANGELINA (*ainda na cozinha, leva um tremendo susto*) – Papà! Cosa fai? Papà! (*Corre em direção ao quartinho, cruzando todo o proscênio.*)

NICOLA (*debruçado na janela, apontando a espingarda para fora*) – Non saio de questa casa, capisci?

ENGENHEIRO (*off*) – Tá louco? O carcamano enlouqueceu! Vou te entregar pra polícia! Vou chamar a polícia, tá me entendendo? Quase me mata!

ANGELINA – Papà! Cosa fai? Sei pazzo? (*Tenta inutilmente tirar a espingarda dele.*)

NICOLA – Non saio de questa casa! Moro qui da quarant'anni. (*Angelina tenta afastar Nicola da janela.*) Mia figlia è nata qui. In questa casa ho conosciuto mia moglie, in questa casa l'ho perduta. Qui ho perduto mio papà, qui ho perduto mia mamma, capisci? Questa non è una casa, è un cimitero! Fora! (*Dá outro tiro.*) Fora!

ANGELINA — Papà, o senhor não vê que eles acabam prendendo o senhor? Adianta?

NICOLA — Non saio, figlia! Acabaron com tutto, derrubaron tutto! Fizeron os viaduto, já non basta? Se quiserem fazê outro viaduto, façam! Ma comigo dentro! Misturado no concreto!

ANGELINA — O senhor não tem escolha, papà. As casas já foram desapropriadas, se o senhor não sair por bem, vai ter que sair por mal. Me dá a espingarda aqui, me dá, papà!

NICOLA — Non saio! Morro, ma non saio! (*Entrega a espingarda.*)

ANGELINA — Calma, papà, calma... (*Beija Nicola.*)

NICOLA — Scusa, figlia, ma é que me dá una angoscia!...

ANGELINA — Lascia stare, lascia stare... Eu vou guardar isto aqui, papà. (*Apanha a espingarda, cruza o proscênio e vai até a cozinha, onde esconde a espingarda.*)

NICOLA (*da janela da oficina*) — Schifo! Schifo! (*Senta-se e fica olhando para fora. Barulho de máquinas se afastando.*)

(*Ivani e Galdino entram na sala de Alberto.*)

ALBERTO — Vou ter que sair, estou com um problema sério pra resolver. O expediente vai ficar com vocês. Algum problema, Galdino?

GALDINO — Nenhum problema. O deputado De Paula deixou um recado pro senhor.

ALBERTO — Qual?

GALDINO — Ele quer um cargo pruma amiguinha dele... Diz que é prima em segundo grau, que deve obrigações, questão de honra lá dele...

ALBERTO — E quem é essa amiguinha dele?

GALDINO — O senhor me permite? Putinha vagabunda...

ALBERTO — O que é que o De Paula está pensando? Que isto é um bordel? Vinte anos de ditadura, Galdino! Quanta gente morreu por este fiapo de democracia; arriscamos a vida nos palanques das eleições diretas e ele me vem com essa?

GALDINO — Disse que está disposto a apoiar o senhor...

ALBERTO — Apoiar no quê?

GALDINO — Na sua campanha...

ALBERTO — Tá vendo? Quem é que pode acreditar nesse sujeito?

GALDINO — Diz que tem uma antiga admiração pelo senhor e que vai de casa em casa pedindo voto. E olha que ele me pareceu bem convincente...

ALBERTO — Percebe a chantagem? Assim fica difícil fazer política.

GALDINO — Olha que ele perdeu muito, mas ainda tem prestígio, hein? Osasco, Santo André... Se eu fosse o senhor, pensava bem antes de dizer não.

ALBERTO — O cara não presta, Galdino, é o pior caráter do país. Enriqueceu na política...

GALDINO — Às três e meia ele quer uma resposta. O que é que eu digo?

ALBERTO — Sei lá! Onde é que eu vou botar a putinha dele? Vê uma estatal aí, liga pro Robertinho, vê se arranja alguma coisa. Bota na faxina, vê isso pra mim, Galdino. Usa o teu bom senso e me descasca esse abacaxi.

(*Toca o telefone, Ivani atende.*)

IVANI — Gabinete do secretário... Sindicato dos Metalúrgicos? (*Alberto faz-lhe um sinal para que diga que ele não está.*) Ele esteve aqui mas já saiu. Não sei se volta. Pois não. (*Desliga.*)

ALBERTO — Esse pessoal do PT, não! Ou bem fazem a revolução ou bem se enquadram no sistema! Mas eles querem financiamento do Banco do Brasil pra comprar armas pra derrubar o governo! Onde é que está a lógica? (*Dirigindo-se a Galdino.*) Bom, caso eu não volte até as cinco...

(*Toca o telefone, Ivani atende.*)

IVANI — Gabinete do secretário...

ALBERTO — ...você vai até o palácio e diz ao pessoal que estou chegando, que podem ir tocando a reunião...

IVANI — Um minuto, vou ver se ele já saiu... (*Tapa o bocal.*) É o presidente do Banco Federal... (*Passa o fone para Alberto.*)

ALBERTO — Oi, Fraga, como é que está essa força? Mas o homem nem assumiu e vocês já vão derrubá-lo? O quê? Você também estava financiando a Ferrovia Norte–Sul? Mas logo você, Fraga, que só anda de avião? Não, não há motivo pra desespero, Fraga. A coisa sai, você vai ver. Já viu corrupção dar em alguma coisa aqui neste país? Ô, Fraga, se eu ficar a descoberto no seu banco você dá uma segurada? Uma semana? Ok, Fraga, uma mão lava a outra. Se eu estiver com o Zé eu dou uma cutucada. Ê, o Sarney. (*Imitando trem.*) Piuiiiii, piuiiiii! Tchan-tchan-tchan-tchan! (*Ri*) Essa é boa, hein, Fraga? Abração. (*Desliga.*) Não estou pra mais ninguém.

IVANI — Se o senhor não voltar mais, como é que fica a gravação da Globo?

ALBERTO — Nossa Senhora, ia esquecendo! Liga pra lá e diz que o governador me chamou. Marca outra hora, a hora que eles quiserem, no lugar que eles marcarem. Vê esse assunto com a maior delicadeza, que se a Globo briga comigo, fico órfão de pai e mãe! Veja lá, hein! É melhor você ver isso pra mim pessoalmente, Galdino.

GALDINO — Dêxa comigo, doutor Alberto, eu tenho um cara lá no jornalismo. (*Sai.*)

IVANI — Amanhã é aniversário de uma colega minha e ela dá uma festa em Itapecerica. O senhor não quer ir? Fica por conta do jantar que está me devendo...

ALBERTO — Posso dar uma resposta amanhã? Eu, por mim, adoraria...

(*Angelina entra na cozinha e começa a preparar o material da escola.*)

IVANI — Tudo bem, se não puder, fica pra outro dia...

NICOLA (*ainda na janela da oficina, dá outro berro para fora*) — Schifo!!! (*Cruza o proscênio em direção à cozinha.*)

ALBERTO — Vou fazer o possível e o impossível, Ivani. (*Começa a assinar alguns papéis, enquanto Ivani espera.*)

NICOLA — Já estudô, figlia? Já sabe tudo?

ANGELINA — Acho que sei. Bom, papà, já vou indo... (*Faz menção de sair.*)

NICOLA — No, espera, preciso tomar de você... Non vai me saindo assim, no...

ANGELINA (*tentando sair*) — Não precisa, papà, eu já sei...

NICOLA (*pegando a bolsa da filha e retirando a apostila de Matemática*) — Macché, io tomo...

ANGELINA — Não, deixa, papà, me dá a apostila...

NICOLA — Eu tomo, sempre tomei... Deixa ver... Binômio de Newton. Me diga lá, figlia, o que é fatorial?

ANGELINA — Não, papà, não dá pra tomar assim...

NICOLA — Como não dá? (*Lendo na apostila.*) "Fatorial de 'N' é representado com o símbolo exclamativo"...

ANGELINA — Não é exclamativo, papà, é fatorial.

NICOLA — Ma non e una exclamaçon?

ANGELINA — Não é exclamaçon que se diz... Isso é difiícil, papà, só fazendo cálculos.

NICOLA — Sì, ma explica que io tomo...

ANGELINA — Não, papà. Não precisa! (*Toma-lhe a apostila e a recoloca na bolsa.*)

NICOLA — Cos'è successo, figlia?

ANGELINA — Nada, não aconteceu nada.

NICOLA — Sempre tomei tuas liçon, perché non posso più?

ANGELINA — É que é complicado, papà: Álgebra, Trigonometria, é difícil tomar...

NICOLA — Ah, sì?

ANGELINA — Quando eu era pequena eram contas, tabuadas, coisas simples. Agora tudo é mais complicado. Não dá mais pra tomar, o senhor entende?

NICOLA — Ah, già! Capisco! Perché sono un ignorante! Ho capito!

ANGELINA — Não é isso, papà! Pensa um pouco: o ano que vem começo Engenharia e o senhor vai tomar a minha lição? Não tem mais cabimento, eu já não sou mais uma criancinha!...

NICOLA — Claro! Oltre tutto sono un motorista di táxi. Um motorista di táxi sa la Trigonometria? Chi sono io? Un carcamano.

ANGELINA — Papà, não começa...

NICOLA — E dopo, cosa faccio? Guido la carrozza. Non sono che un carrozziere, come tuo nonno. Un carrozziere. Quello che guida la bestia!

ANGELINA — Papà, não complica, não é nada disso!

NICOLA — Ecco, non c'è differenza! Guidare la bestia o guidare la macchina è lo stesso. E tu, chi sei? La ingegnera, la filosofa! E già, non se ne può parlare...

ANGELINA — No, papà non fare il cattivo! ... E non parlare l'italiano, papà... Quando appare l'italiano, diventi una bestia!

NICOLA — E cosa sono? Una bestia! Chi non so la trigonometria che cos'è? Una bestia!

ANGELINA (*abraçando Nicola*) — No, no...

(*Ele escapa magoado, e vai em direção ao centro do palco.*)

NICOLA — Lasciami, lasciami!

ANGELINA (*vai até ele*) — No, papà, voglio un bacio...

NICOLA — No, lasciami, per favore!

ANGELINA — No, un bacio. (*Como se desse uma ordem.*) Un bacio! (*Ele a beija de má vontade.*) Eco! Non fare il cattivo ... Tu non sei un ignorante. Tu sei il più caro papà dell'emisfero sud del pianeta Terra. Aspetta un po'. (*Dando uma ordem.*) Chiudi gli occhi!

NICOLA — No, non voglio giocare, figlia, lasciami...

ANGELINA — Chiudi gli occhi!

NICOLA — Non voglio...

ANGELINA (*tampando-lhe os olhos com as mãos*) — Chiudi gli occhi!

NICOLA (*com os olhos fechados, entrando na brincadeira*) — Va bene, va bene...

ANGELINA (*apanha um disco no armário da cozinha e lhe entrega*) — Per te...

NICOLA — Che cos'è?

ANGELINA — Mario Del Monaco! Il più grande cantante del mondo!

NICOLA — Angelina, cara... Perché, figlia?

ANGELINA — Perché io ti amo!

NICOLA — É o dia das mãe?

ANGELINA — No, papà, dia das mães agora só no ano que vem...

NICOLA (*põe o disco na vitrola, ouve-se Mario Del Monaco cantando "E lucevan le stelle", a partir do trecho que começa com o verso "O Dolci Baci..."*) – Figlia, bambola... Sei ancora la mia bambina. Cara... Carina... (*Dá uma volta com Angelina e a faz sentar-se na cadeira de balanço, ajoelhando-se ao lado dela.*) Senti, figlia, senti: Caruso e Gigli, dopo Tebaldi e Monaco e è finita l'opera.

ANGELINA — E o Plácido Domingo?

NICOLA — Chi è Plácido Domingo?

ANGELINA — É o melhor tenor da atualidade, papà, todo mundo sabe disso...

NICOLA — Dopo la morte di Del Monaco, anch' io sono il migliore tenore del mondo!

ANGELINA — E o Pavarotti?

NICOLA — Buono... Ma comparado a Gigli è un povero cantante di terza categoria... (*Acompanha Monaco na ária.*) Senti, senti che bello... Monaco, il più grande tenore, è morto... (*Olha o retrato de sua mulher, Lucia, na parede.*) Ricordi como tua mamma gostava do Del Monaco? (*Vai até o retrato. Angelina escapa.*) Senti, Lucia, renti suo tenore... non è bello, cara? Angelina, filha, recordi tua mamma... (*Vê que ela não está.*) Angelina! Angelina! (*Procura.*) Angelina! Aspetta, figlia, ti porto io! Aspetta, figlia. (*Sai atrás dela.*)

(*Galdino entra na sala de Ivani, onde Alberto está terminando de assinar alguns papéis.*)

ALBERTO — Bom, agora eu vou mesmo. Ivani, diga a minha mulher que eu tive que resolver um problema do governador do Pará. Galdino, fica na tua mão.

GALDINO — Deixa comigo, doutor Alberto. Vai tranquilo. (*Alberto sai.*) Governador do Pará... O governador do Pará está em Londres vendendo borracha...

IVANI — Ele não disse que ia encontrar o governador do Pará. Ele disse que ia resolver um problema do governador do Pará...

GALDINO — Sai dessa, Ivani... Esse cara é um tremendo pilantra.

IVANI — Como é que você pode ser tão falso?

GALDINO — Topa jantar comigo hoje?

IVANI — Óbvio que não!

GALDINO — Quer dizer que mesmo no dia do meu aniversário você tem coragem de me deixar jantar sozinho?

IVANI — Teu aniversário é em janeiro! E mesmo que fosse hoje, você não precisaria jantar sozinho, poderia jantar com a sua mulher.

GALDINO — Agora, se fosse o Alberto, aí você não veria problema no fato de ele ser casado...

IVANI — Isso não é da sua conta!

GALDINO — Mulher é bicho burro, mesmo! Esse cara é um vigarista, Ivani, só você que não vê?! Sabe quem é o governador do Pará? É aquela pivetinha...

IVANI — Ah, é? Que coisa, não?

43

GALDINO — Ah, você não liga... Bonito isso em você...

IVANI — Não liga pra quê?

GALDINO — Vai dizer que você não está sabendo?

IVANI — Sabendo o quê?

GALDINO — Ah, você não sabe que ele é superchegado numa ninfeta?

GALDINO — Não estou inventando nada, minha querida. Ele está de caso com a menininha. Caso sério...

IVANI — Que menininha?

GALDINO — Uma guria, uns 17 anos no máximo... Foi visitar uma escola, a menina se bandeou pro lado dele, pediu autógrafo, gostosinha, peitinho, ele gamou. Isso aí é pilantra, Ivani, cai fora!

IVANI — É mentira!

GALDINO — Sabe o Over Night, ali na saída da Dutra? Não aplicação no overnight. Over Night Motel. Sabe aquela luzinha suave, aconchegante, comidinha gostosa, bebidinha... Vai lá, ora...

IVANI — Você é doente, Galdino! Você nunca vai chegar lá porque a inveja não te deixa. Você é um ressentido, você é cheio de rancor, não é capaz de uma generosidade, de uma gentileza, nada! Por isso que você não é ninguém!

GALDINO — Eu, ninguém? Sou advogado, minha querida, formado em Filosofia, Inglês, Francês. Podia ser governador do Estado!

IVANI — E por que você não passa de um funcionário pé de chinelo?

GALDINO — Porque eu tenho estômago fraco, ele embrulha com muita facilidade. A política é muito pobre pro meu gosto.

IVANI — Se o teu partido tivesse vencido você não estaria destilando tanto veneno.

GALDINO — Não tenho partido, menina. Partido eu tive quando era garoto bobo, a cabeça cheia de sonho...

IVANI — E não te embrulha o estômago ser tão hipócrita com o teu chefe?

GALDINO — Não tenho chefe! Estou aqui porque ele tem que me engolir.

IVANI — E se ele tiver um caso? O que é que você tem com isso? Ele deixa de ser um idealista por causa disso?

GALDINO — Vai para o convento, vai! Faz parte de uma quadrilha, pendurou a mulher dele no maior cabide de emprego da secretaria e é idealista?

IVANI — A doutora Luísa é competente! Não é ela que precisa do Governo, é o Governo que precisa dela!

GALDINO — Até a mulher do cara você defende?

(*Luísa, bonita, entre 35 e 40 anos, entra pela porta privativa na sala do secretário.*)

IVANI — Quer saber mais? Acho o doutor Alberto o único político humano que eu conheço...

GALDINO — Tadinha de você, Ivani... Não é assim que você vai conquistar esse cara! A ninfetinha, essa sabe como fazer. É uma putinha, não tem nada a perder, leva ele na conversa, faz ele largar até o governador pra dar uma trepadinha ao cair da tarde. E você se apaixona... Em que mundo você vive, hein, Ivani?

LUÍSA (*ao interfone*) — Ivani, você pode localizar o Alberto?

IVANI (*ao interfone*) — O doutor Alberto não está, doutora Luísa...

45

LUÍSA – Não chegou ainda?

IVANI – Ele teve que sair para resolver um problema...

LUÍSA – Então venha até aqui, Ivani. Ah, vê se traz um comprimido pra mim.

GALDINO – Iiiii! Ela tá com dor de cabeça... Já reparou que sempre que o marido trepa com outra a mulher tem dor de cabeça?

IVANI (*pega um copo-d'água, uma aspirina e vai para a sala do secretário*) – Monstro!... (*Entra na sala.*) Bom dia, doutora Luísa. É uma aspirina que a senhora quer?

LUÍSA – Quero sim. Estou morrendo de dor de cabeça. (*Ivani lhe serve o comprimido.*) Bonita essa tua saia... Onde é que você comprou?

IVANI – Foi minha tia que me trouxe de Roma...

(*Luísa toma o comprimido.*)

GALDINO (*ao interfone*) – Garagem, aqui é o gabinete!

GARAGEM (*ao interfone*) – Fala, doutor Galdino, é o Carmelo.

GALDINO – Carmelo, o My Friend vai trazer duas caixas de uísque e um videocassete para o doutor Alberto. Manda o Julião levar na casa dele. Mas põe tudo naquelas caixas da Enciclopédia Britânica. Não vai levar na embalagem que é muamba, entendeu? (*Senta-se e começa a lixar as unhas.*)

LUÍSA (*devolvendo o copo*) – Obrigada. Você sabe onde foi o Alberto?

IVANI – Foi resolver um problema do governador do Pará, mas não sei onde.

LUÍSA – Ele disse que hoje só sairia da secretaria pra reunião...

IVANI – Deve ter sido alguma coisa muito urgente...

LUÍSA — O governador já assinou a desapropriação?

IVANI — Não sei não, senhora.

LUÍSA — O ministro do Trabalho confirmou se janta lá em casa na segunda?

IVANI — Não sei não, senhora.

LUÍSA — O Alberto vai participar da reunião das cinco?

IVANI — A princípio sim, mas não tenho certeza.

LUÍSA — Você sabe ao menos se ele ainda volta para a secretaria hoje?

IVANI — Não, senhora, ele não me disse.

LUÍSA — Desculpe, Ivani, mas você não sabe nada! Eu sempre pensei que uma secretária soubesse tudo!

IVANI — É possível que outras secretárias saibam, eu não sei...

LUÍSA — Você não é daquelas que lembram ao patrão o aniversário da esposa, que compram presentes para os filhos, que limpam o batom do colarinho?

IVANI — Não, senhora. É só isso?

LUÍSA — Meu marido está sendo muito desleal com você, Ivani...

IVANI — Desleal por quê?

LUÍSA — ... e olha que você traz todo dia um cravinho perfumado pra ele.

IVANI — É só isso, doutora Luísa?

LUÍSA — É só isso. Me chame o Galdino. (*Ivani vai saindo.*) Ivani!

IVANI — Pois não, doutora Luísa?

LUÍSA — Não me leve a mal, é que não estou aguentando de dor de cabeça...

IVANI — Não tem importância...

LUÍSA — Você tem filhos, Ivani?

IVANI — Não sou casada, doutora Luísa...

LUÍSA — Hoje de manhã, antes de sair pra cá, eu descobri que a Renata, minha filha, está fumando maconha.

IVANI — Eu sinto muito...

LUÍSA — Me chama o Galdino. Essa blusa também foi comprada em Roma?

IVANI — Não. Essa fui eu que fiz... Com licença. (*Passa para a sua sala.*)

GALDINO — Meu Deus do céu, que cara é essa? O negócio entre vocês está feio mesmo, hein?

IVANI — Não aguento mais! Vou acabar me demitindo, não aguento mais!

GALDINO — O que é isso, meu bem, relaxa, isso é assim mesmo...

IVANI — Ela quer te ver...

GALDINO — Não fica assim, meu bem, não liga, ela é pentelha mesmo. Não gosto de ver você assim... Não aguento esse peitão, me dá um beijinho! (*Agarra Ivani e tenta beijá-la. Ela se livra dele, quase deixando escapar um grito.*)

IVANI — Não, Galdino!

GALDINO — Está bem, está bem... (*Entra na sala do secretário.*) Com licença, doutora Luísa.

LUÍSA — Tudo bem com você?

GALDINO — Ótimo! E a senhora, tudo bem com a senhora?

LUÍSA — Você sabe onde foi o Alberto?

GALDINO – Parece que foi aplicar no overnight.

LUÍSA – Como é que é?

GALDINO – Brincadeira, doutora Luísa. Ele saiu pra quebrar um galho do governador do Pará.

LUÍSA – No palácio?

GALDINO – Não, ali na antiga Emissários, saída da Dutra...

LUÍSA – Ah, então deve ter ido à chácara do senador Fontes...

GALDINO – É... Quem sabe...

LUÍSA (*ao interfone*) – Ivani, me liga com a chácara do senador Fontes. Pergunta pelo Alberto.

IVANI (*ao interfone*) – Pois não. (*Procura o telefone na agenda e disca um número.*)

LUÍSA – Ai, minha cabeça...

GALDINO – A senhora não está se sentindo bem?

LUÍSA – Tem hora que me dá vontade de sumir!

GALDINO – Posso ajudar em alguma coisa?

LUÍSA (*entrega a Galdino uma caixinha de porcelana*) – Sabe o que é isso aí?

GALDINO (*examina*) – Não é maconha?

LUÍSA – Maconha...

GALDINO (*devolvendo*) – A senhora vai me desculpar, mas eu não transo fumo...

LUÍSA – Não é isso, Galdino! Sabe onde encontrei essa maconha?

(*Entra um garçom, impecavelmente vestido, luvas brancas, bandeja de prata reluzente e oferece café a Luísa, que nem sequer o olha. Ele continua imóvel, curvado em atitude de quem serve.*)

LUÍSA — Na mesinha de cabeceira da minha filha! Essa caixinha de porcelana é minha, onde eu guardo algumas joias! Quer dizer, se ela pegou minha caixinha de porcelana pra guardar o cigarro de maconha, o que é que ela está querendo? Está querendo que eu encontre, é lógico!

GALDINO — O que é que ela disse sobre a maconha?

LUÍSA — E onde é que eu vou achar a Renata? Galdino, eu tive vontade de matar, juro que tive!

GALDINO — O que é isso, doutora Luísa, isso é normal...

(*O garçom oferece café a Galdino, que também o ignora.*)

LUÍSA — Eu vinha notando mesmo que ela andava meio esquisita, meio lenta, meio tonta... Namorando, pensei, se apaixonou, é da idade... E olha que tragédia!

(*Como Galdino não lhe deu atenção, o garçom desiste e vai até a sala de Ivani.*)

GALDINO — Quantos anos ela tem?

LUÍSA — Dezoito! Tem tudo o que quer, não falta nada. Tem carro, tem moto, viaja, o que falta pra essa menina?

(*O garçom oferece café a Ivani, que também o ignora, como se ele fosse invisível.*)

IVANI (*ao interfone*) — Doutora Luísa, ninguém atende na chácara do senador Fontes. Quer que eu tente mais tarde?

LUÍSA — Onde é que se meteu esse homem agora? (*Ao interfone.*) Procure saber onde é que está o governador do Pará, veja se descobre o Alberto! É urgente!

(*O garçom sai de cena.*)

IVANI — Pois não. (*Disca outro número.*)

GALDINO – Por que é que a senhora não tem uma conversa com a sua filha?

LUÍSA – E onde é que eu vou achar essa menina? Passei na faculdade e não consegui sequer encontrar a sala onde ela estuda! A Biologia está em greve, a Filosofia está em assembleia, o laboratório é na Politécnica, uns estão no Butantã, outros em Piracicaba, não sei quem foi pra Unicamp! Eu quase enlouqueci!

IVANI (*ao telefone*) – Por favor, Carlinhos, é a Ivani aqui do doutor Alberto. Você sabe onde é que está o governador do Pará? Obrigada. (*Desliga.*)

LUÍSA – Galdino, você não sabe o que é descobrir que a sua filha está envolvida com drogas!

IVANI (*procura na agenda e fala pra si mesma*) – Alberto, onde é que você se meteu? (*Disca.*)

LUÍSA – Tenho uma amiga que tem dois filhos internados em Itapira, completamente perdidos, irrecuperáveis. Sabe que eu vi a Renata lá, internada com eles?

IVANI (*ao telefone*) – João, o doutor Alberto está aí?

GALDINO – Por favor, doutora Luísa! Maconha é uma coisa tão comum! Qual é o estudante que não fumou maconha pelo menos uma vez?

IVANI (*desligando o telefone e falando ao interfone*) – Doutora Luísa, infelizmente não consigo localizar o doutor Alberto.

LUÍSA – Pelo menos o governador do Pará você localizou?

(*Enquanto Luísa fala ao interfone, Galdino, sorrateiramente, rouba um cigarrinho de maconha da caixinha de porcelana e o esconde no bolso do paletó.*)

IVANI — O governador do Pará está em Londres.

LUÍSA — Então ligue para a Secretaria da Cultura, fale com o secretário. Eles são amigos, deve saber onde o Alberto se meteu!

IVANI — Já liguei pra lá e eles não estão sabendo.

LUÍSA — Desça até a sala de imprensa, pergunte pessoalmente aos jornalistas. Mais do que você, isso garanto que eles sabem!

IVANI — Pois não.

(*Ivani sai de cena. Toca o telefone, Galdino atende.*)

GALDINO — Gabinete do secretário. Um minuto. É a sua filha. (*Passa o telefone para Luísa.*)

LUÍSA — Renata, onde é que você está, minha filha? Passei na faculdade porque eu precisava conversar com você. O que significa aquilo que você deixou na sua mesinha de cabeceira? (*Silêncio.*) Aquilo dentro da minha caixinha de porcelana. Você sabe o perigo que você está correndo? (*Silêncio.*) Não mente pra mim, Renata! Eu não quero você fumando maconha, minha filha! (*Silêncio.*) Caretice minha? Você está usando drogas, Renata! (*Silêncio.*) Ah, não? Se não é droga, o que é que é então? (*Silêncio.*) Não fale assim com a sua mãe, Renata! E se te prendem? Já imaginou o que acontece com o teu pai se te prendem fumando maconha? É bonito a filha de um candidato a governador presa como drogada? (*Silêncio.*) Quando aconteceu isso o Brizola já era governador. E depois ela é cantora. Você por acaso é cantora? Renata! Renata! Bateu o telefone na minha cara! Ela bateu o telefone na minha cara! Sabe a vontade que me dá? De telefonar pro Tuma e pedir pra ele dar um susto nela! Botá-la na cadeia, só pra ela sentir o quanto dói!

GALDINO — A senhora está exagerando...

LUÍSA – E se ela estiver viciada em heroína?

GALDINO – Por que a senhora tem que ver tudo pelo lado trágico?

LUÍSA – Ah, eu sou horrível nesse ponto. Já vejo a Renata presa, camisa de força, levando eletrochoque...

GALDINO – Não aconteceu nada, doutora Luísa! A menina até telefonou, quis saber por que a senhora passou na faculdade... Isso é atitude de uma menina drogada?

LUÍSA – Será, Galdino?

GALDINO – A senhora tem que ficar calma, demonstrar segurança. Ela está precisando de apoio. Se a senhora fica abalada por tão pouco, como é que ela vai reagir? Aí, sim, é capaz de entrar em pânico.

LUÍSA – Se ao menos o Alberto esquecesse um pouco as suas coisas. Maldita a hora em que ele entrou pra política!

GALDINO – O doutor Alberto é um homem público, doutora Luísa, ele não se pertence mais!

LUÍSA – Essa campanha pra governador agora... Você acha mesmo que ele tem jeito pra isso, Galdino?

GALDINO – Claro, doutora Luísa, ele é um político brilhante! Já está eleito!

(*Ivani volta ao palco.*)

LUÍSA – Iiih, tem hora que me dá tanto medo!

IVANI (*ao interfone*) – Doutora Luísa, os jornalistas também não sabem do doutor Alberto. (*Continua trabalhando.*)

LUÍSA – O que é que está havendo com essa Ivani?

GALDINO – Por quê?

LUÍSA – Não sabe nada, não sabe informar nada. É secretária do

Alberto e não sabe onde o Alberto está! Sempre com aquela cara de Maria Madalena, decotes e saias e blusas e bolsas. Não dá pra substituir essa moça?

GALDINO — É que da está apaixonada, isso passa.

LUÍSA — E porque está apaixonada precisa ficar incompetente? Ela está apaixonada por quem?

GALDINO — Quem é que vai saber?

LUÍSA — Alguém aqui da secretaria?

GALDINO — Não sei. Só sei que a coisa é brava...

LUÍSA — Como é que você sabe que a coisa é brava?

GALDINO — Ora, suspiros, olhares perdidos, suores...

LUÍSA — Suores?

GALDINO — A senhora ainda não reparou?

LUÍSA — No quê?

GALDINO — A senhora nunca reparou que quando mulher fica apaixonada, muito a fim de um cara, mas a fim mesmo, ela fica com tudo isto aqui suado? (*Mostra a região do bigode.*)

LUÍSA — Aqui, onde?

GALDINO — Aqui em cima da boca, no bigode.

LUÍSA — Ah, que bobagem, Galdino... Isso é mulher que tem propensão ao suor, mas não qualquer mulher...

GALDINO — Qualquer mulher! Umas mais, outras menos, mas todas molham o bigodinho. Não falha uma! Elas ficam com o olhar meio aparvalhado, meio embaçado e o bigode suando...

LUÍSA — E a Ivani está suando no bigode?

GALDINO — É uma cachoeira...

LUÍSA — Ela também bota cravinho vermelho na tua mesa?

GALDINO — Eu não tenho mesa...

LUÍSA — Como não tem mesa?

GALDINO — Não tenho mesa, não tenho telefone, não tenho sala...

LUÍSA — E onde é que você fica?

GALDINO — Andando. Da sala do secretário pra sala da Ivani, da sala da Ivani pra sala do secretário...

LUÍSA — Que absurdo! O que é que houve com a tua sala?

GALDINO — Política, doutora Luísa, a arte da eterna sacanagem! Um dia cheguei, perguntei pelo meu telefone, disseram que estavam consertando; cortaram o meu telefone. No dia seguinte disseram que iam me dar uma mesa maior; me levaram a mesa. Uma semana depois me comunicaram que iam me passar pra uma sala maior. E eu estou aqui no corredor esperando a sala maior...

LUÍSA — Há quanto tempo?

GALDINO — Dois anos e meio...

LUÍSA — Eu vou falar com o Alberto, isso é uma estupidez!

GALDINO — Esquece, doutora Luísa, o doutor Alberto não pode fazer nada...

LUÍSA — Como não pode? Ele é o secretário!

GALDINO — Há coisas que nem o presidente pode... Injunções, doutora Luísa, injunções...

LUÍSA — Eu falo com o governador, ora, você não me conhece, Galdino!

GALDINO — A senhora me faz um grande favor? Não comente o fato com ninguém. Se por acaso o governador tiver algum

55

ressentimento comigo, ele se lembra de mim e me demite. Se a senhora não falar nada, ele continua ignorando minha existência e eu continuo aqui pelos corredores, o que pra mim não é de todo inconveniente...

LUÍSA — Isso não te magoa?

GALDINO — Digamos que a minha felicidade não seja completa...

LUÍSA — Mas por que você não pede transferência, comissionamento em outra secretaria, sei lá?

GALDINO — A senhora promete não se zangar se eu lhe disser por quê?

LUÍSA — Prometo, por quê?

GALDINO — Por sua causa...

LUÍSA — Por minha causa?

GALDINO — Tenho uma profunda admiração pela senhora...

LUÍSA — Admiração?

GALDINO — Me espanta que a senhora não tenha percebido...

LUÍSA — Galdino, se estiver me cantando, escolheu o pior momento, juro!

GALDINO — Não, não estou, pode ficar tranquila. Não tenho nenhuma esperança, já me conformei há muito tempo. Só trabalhar aqui na secretaria já é uma recompensa. Faz de conta que eu não disse nada...

LUÍSA — Que loucura, Galdino, você está brincando comigo?

GALDINO — Nunca falei tão sério...

LUÍSA — Mas isso não tem o menor cabimento! O que é que você viu em mim, meu Deus!

GALDINO — Tudo! A senhora é moça, bonita, inteligente, elegante...

LUÍSA (*cortando*) – Vamos fazer uma coisa? Me deixa um pouco sozinha até me acostumar com a ideia de que o assessor do meu marido me cantou...

GALDINO – Com licença. Precisando de mim, estou por perto. (*Prepara-se para sair.*)

LUÍSA – Galdino! (*Ele se volta.*) Não sei se o que você disse a meu respeito foi sincero ou não. Mas, de qualquer maneira, ganhei o dia! Até a minha dor de cabeça sumiu!

GALDINO – Com licença. (*Sai e entra na sala de Ivani.*) Essa foi demais! Ela ficou toda inchada! Vocês são de lascar! É só fazer um cafuné que vão logo tirando a calcinha...

IVANI – Eu não sou obrigada a aguentar esse tipo de grosseria! Vou para casa e depois comunico ao secretário. (*Faz menção de sair.*)

GALDINO – Desculpa, desculpa, Ivani, me perdoa. Não estava me referindo a você. Não queria te magoar, juro. Não quero te magoar, odeio te magoar. É que você me despreza de uma forma tão fria, você é tão indiferente, que eu perco o controle. Mas eu só quero o teu bem. Me perdoa? Me perdoa? (*Ela começa a chorar.*) O que é isso? O que foi que fizeram pra minha bonequinha? Gente malvada!... Gente ruim... Não chora que você fica feia, não chora... (*Ele a abraça, ela por um instante se deixa levar; ruído de acidente de automóvel, todos avançam sobre o proscênio, como se as janelas da secretaria dessem para a plateia. Primeiro Galdino e Ivani, pouco depois, Luísa.*) Iiiih, que porrada! Olha lá, o cara tá se arrancando! Agora é que o chofer do táxi saiu do bar. Não tinha ninguém no táxi, tá vendo? Ele bateu no carro parado!

IVANI – Mas não é o Mercedes do doutor Alberto?

GALDINO — É... É o Mercedes do teu patrão, só pode ser. É o Mercedes do doutor Alberto... Olha lá que sacana, está se arrancando. (*Gritando bem alto pela janela, com voz de malandro.*) Bateu, pagô! Bateu, pagô!

IVANI — Quem é aquela moça que desceu do Mercedes?

GALDINO — Tá vendo? Eu não te disse? É a pivetinha! Tá vendo a ninfeta? Ela desceu do Mercedes e vai tomar um táxi. Que sacanagem... (*Gritando.*) Bateu, pagô!

LUÍSA (*entrando na sala de Ivani*) — Vocês viram o acidente?

GALDINO — Isso aqui é assim o dia todo!

LUÍSA — Era o Alberto, vocês viram que era o Alberto?

GALDINO — Não... Era o doutor Alberto mesmo?

LUÍSA — Não viu o Mercedes azul? Tenho quase certeza de que era o Alberto!

GALDINO — Mas não é só o doutor Alberto que tem Mercedes azul!

LUÍSA — Se foi ele, por que fugir daquele jeito?

GALDINO — Não deve ser ele...

LUÍSA — E desceu uma mulher do carro e tomou um táxi, vocês viram?

GALDINO — Não deve ser ele... Não era uma menina de uniforme? Pode ser até sua filha!

LUÍSA — Você viu também, Ivani?

IVANI — Não, não vi. Só vi o acidente.

LUÍSA — Não viu aquela mocinha descendo do carro e entrando no táxi?

IVANI — Não, não vi.

(*Entra o garçom, oferece café aos presentes e mais uma vez todos o ignoram.*)

LUÍSA — Além de não saber nada a respeito da secretaria onde trabalha, você ainda é cega?

IVANI — Se a senhora me dispensasse eu gostaria de ir para casa...

(*O garçom tenta servir o café, mas elas continuam discutindo e desviam-se dele.*)

LUÍSA — Como, pra casa? Que tipo de secretária é você?

IVANI — Desculpe, é que estou muito nervosa com o acidente... Dormi mal à noite, estou um pouco doente...

LUÍSA — Eu também dormi mal à noite, estou doente e não estou querendo ir pra casa.

(*Como ninguém tomou conhecimento de sua presença, o garçom desiste e sai.*)

LUÍSA — Toca na garagem e pergunta se eles sabem alguma coisa.

IVANI (*ao interfone*) — É da garagem?

INTERFONE — Fala, tesão! Aqui é do almoxarifado, mas posso te dar uma carona...

GALDINO — Vai tomar um pouco de água com açúcar, vai, Ivani. Você está tremendo! Deixa que eu falo com a garagem...

IVANI — Com licença, eu já volto. (*Sai choramingando.*)

GALDINO (*ao interfone*) — Olha aqui, ô engraçadinho aí do almoxarifado! Você bancou o besta com a mulher do secretário. Vou te botar no olho da rua a bem do serviço público, estamos entendidos?

INTERFONE — Desculpa aí, doutor Galdino! A gente pensamos que fosse a Ivani, mas com o maior respeito...

GALDINO – Garagem, aqui fala do gabinete do secretário!

GARAGEM – Estamos sem carro no momento, doutor Galdino. O motorista foi no supermercado com a doutora Raquel...

GALDINO – Não é nada disso! O secretário saiu com o carro?

GARAGEM – Com o Mercedes, mas ainda não voltou.

GALDINO (*voltando-se para Luísa*) – É, ele saiu com o carro mesmo...

LUÍSA – E essa doutora Raquel que vai ao supermercado com o carro da secretaria? O que é que ela está pensando? Eu quero essa mulher na rua hoje mesmo!

GALDINO – Fica fria que essa vem lá do Planalto. É mais forte que a Roseana.

GARAGEM – O secretário acabou de entrar com a Mercedes. Parece que ele bateu feio!

LUÍSA – Eu não disse?

GALDINO – Foi um acidente, mas está tudo bem, ninguém morreu, ninguém saiu ferido, tudo bem!

LUÍSA (*indo para a sala de Alberto, seguida por Galdino*) – Mas por que sair daquela maneira? Por que não ficar lá, esperar o motorista, ver o que é que houve?

GALDINO – Aí ele tem razão. Ele é o secretário. De repente fica lá, junta gente, chega a imprensa, a senhora sabe como é a imprensa...

LUÍSA – E a moça que estava com ele? Por que descer do carro e pegar um táxi correndo daquele jeito?

GALDINO – Mas será que aquela moça desceu do carro do doutor Alberto mesmo?

LUÍSA — Você não viu?

GALDINO — Eu não sei, não estou muito certo. (*Toca o telefone.*) Gabinete! Hoje acho que não, Robertinho, a barra tá meio pesada por aqui. Ah, espera aí que ele tá chegando.

ALBERTO (*entra pelo lado direito, mancando e com sangue na testa*) – Merda!

LUÍSA — Alberto, o que houve?

GALDINO — Doutor Alberto, o Robertinho tem cinco mil dólares a dois e noventa. Tá a três na praça. O senhor vai nessa?

ALBERTO — Fala pro Robertinho pegar esses dólares e... Porra, Galdino!

GALDINO — Hoje não, Robertinho. Liga pro senador Perez. Ele tá comprando adoidado!

LUÍSA — Meu bem, você está ferido!

ALBERTO — Não foi nada, não é nada grave! (*Senta-se na poltrona.*)

LUÍSA — Olhe o corte que você tem na cabeça, deixa ver?

ALBERTO — Merda! Tinha que acontecer comigo?

IVANI (*entrando, desesperada*) – Doutor Alberto, o que aconteceu, meu Deus do céu!

GALDINO — Vá pegar o estojo de prontos-socorros, Ivani!

IVANI (*ajoelha-se e tenta estancar o sangue com um lenço*) — O senhor está muito ferido! Olha o sangue como está escorrendo!

LUÍSA (*irritada, separa Ivani de Alberto*) – Vá buscar a merda desse estojo, menina!

(*Ivani sai correndo.*)

GALDINO — Acho que é melhor chamar um médico.

ALBERTO — Não, Galdino, não precisa médico. Não foi nada, um arranhãozinho de nada!

(*Toca o telefone.*)

LUÍSA — Como, arranhãozinho?

GALDINO (*atendendo o telefone*) — Gabinete.

LUÍSA — Mas o que foi que houve?

ALBERTO — Uma merda, me distraí, me perdi!

GALDINO — Um minuto. A deputada Ruth Escobar pergunta se pode botar o nome do senhor no manifesto dos homossexuais pobres.

ALBERTO — Por que é que a Ruth não para com essa mania de manifesto? Não. Diz que apoio, que sou simpático à causa dos viados, mas não quero o meu nome em manifesto. Ponho meu nome e aí amanhã o Amaral Neto vai dizer no Congresso que sou viado. Não!

GALDINO — Doutora Ruth, ele está numa reunião, mas pede pra senhora não botar o nome dele no meio dos viados, que depois ele fala com a senhora. (*Desliga.*)

LUÍSA — Mas o que é que aconteceu, Alberto? (*Grita.*) Cadê o estojo, Ivani?

ALBERTO — Uma merda, me distraí, me perdi, desmaiei, sei lá! Quando vi estava batendo na traseira de um táxi! (*Toca o telefone.*) Desliga essa merda desse telefone!

GALDINO (*ao telefone*) — Telefonista, desliga essa merda desse telefone!

LUÍSA — Mas o que foi que houve? Alguém te atrapalhou, atravessou na tua frente?

ALBERTO – É possível, eu não me lembro! Acabei com a frente do Mercedes!

LUÍSA – Mas o carro brecou na tua frente, te fechou?

ALBERTO – Nada, o carro estava parado. Eu desmaiei, só pode ter sido isso!

GALDINO – Então vamos chamar o médico, com desmaio não se brinca!

ALBERTO – Não, não! Estou dizendo que não foi nada!

IVANI (*entra com o estojo*) – Que coisa horrível, está doendo muito, doutor Alberto?

ALBERTO – Não, não é nada grave, não façam um carnaval por uma coisa tão insignificante!

IVANI (*limpando o sangue com o algodão*) – Dói? Dói muito, doutor Alberto?

LUÍSA (*toma o algodão de Ivani*) – Me dá isso aqui, vai, menina. Muita frescura pro meu gosto!

ALBERTO – Ivani, me vê um drinque, vai!

IVANI – O que é que o senhor prefere?

ALBERTO – Uísque, vodca, qualquer coisa.

(*Ivani sai.*)

LUÍSA – Quer dizer que a culpa foi sua?

ALBERTO – Não sei, acho que foi. O táxi estava parado!

LUÍSA (*aplica-lhe um band-aid na testa sem nenhum cuidado, ferindo Alberto deliberadamente*) – Então por que é que você não esperou, por que é que não assumiu a responsabilidade?

ALBERTO – Sei lá, Luísa, achei melhor cair fora e discutir depois!

LUÍSA — Mas por que, meu Deus do céu?

ALBERTO — Não sei, já disse que não sei! (*Toca o telefone.*) Já não disse pra desligar essa merda desse telefone? (*Ele mesmo atende, irritado.*) Alô! É ele mesmo! Oi, De Paula, o que é que você manda? Não, isso é engano de algum débil mental! Claro, De Paula, só tem incompetente no funcionalismo público, você sabe muito melhor do que eu! Fica tranquilo que eu vou ver isso pessoalmente! (*Desliga.*) Você enlouqueceu, Galdino? Como é que você bota a putinha do deputado De Paula na faxina do banheiro? Ele me pede um favor e você bota a moça pra limpar privada? Você quer me sabotar?

GALDINO — É o banheiro do Itamarati, doutor Alberto. É o banheiro mais limpo da República!

ALBERTO — Você está a fim de me gozar?

GALDINO — Estou falando sério! Tem uma fila de quinhentos pedidos pra trabalhar naquele banheiro. É o único banheiro do país que exige segundo grau completo e essa pentelha dessa piranha tá reclamando? Qual é a dela?

ALBERTO — Não interessa, Galdino! Tira a moça de lá que o cara tá puto! Vê uma estatal aí, mas bota no escritório, certo?

GALDINO — O senhor é que manda...

ALBERTO — Outra coisa. Sabe o Bar do Ettore, onde o pessoal toma lanche? O acidente foi bem em frente. Vai lá e vê se me limpa essa barra. Se alguém identificou o carro, fala com o major Sílvio, vê o que dá pra fazer.

GALDINO — Deixa comigo, doutor. (*Sai.*)

LUÍSA — Pra que tudo isso, Alberto? Um acidente simples, ninguém morreu!...

ALBERTO – Tudo bem, Luísa, deixa comigo.

IVANI (*entrando com a bebida*) – Aqui está. O senhor está melhor?

ALBERTO – Já disse que não foi nada...

IVANI – Estou achando o senhor tão pálido... Não é melhor chamar o médico?

LUÍSA – Você quer nos dar licença um minutinho, Ivani? (*Ivani vai até a máquina de escrever e começa a datilografar.*) Você quer bater isso que você está batendo em sua sala?

IVANI – A senhora vai me desculpar, mas na minha máquina está faltando o "s". Faz dois meses que eu venho reclamando. Não posso fazer o serviço da secretaria sem "s".

LUÍSA – Isto aqui não tem nada a ver com a secretaria, menina! É uma conversa de marido e mulher! O que é que é? Está a fim de participar também?

IVANI (*saindo contrariada*) – Com licença, doutor Alberto... (*Vai para a sua sala e recomeça a datilografar.*)

ALBERTO – Por que essa agressividade com a Ivani, Luísa?

LUÍSA – Essa moça é muito sonsa pro meu gosto. Cravinho vermelho, sainha, blusinha, já me encheu! Quem era aquela moça que desceu do seu carro?

ALBERTO – Que moça? Que carro?

LUÍSA – Aquela menina de uniforme de colégio.

ALBERTO – Do que é que você está falando?

LUÍSA – Eu vi tudo! Ouvi até a batida do carro! Você parou na esquina depois da pracinha, essa moça desceu, apanhou um táxi, foi embora e você veio pra cá...

ALBERTO — Você enlouqueceu, Luísa?

LUÍSA — Alberto, eu vi! A Ivani viu, o Galdino viu!

ALBERTO — Para com isso, Luísa, que coisa horrível! De onde você tirou essa história de mocinha?

LUÍSA (*ao interfone*) — Ivani, você quer vir aqui um minuto?

ALBERTO — Você não vai fazer escândalo na secretaria, vai?

IVANI (*entrando*) — Pois não.

LUÍSA — Você e o Galdino não viram quando aquela mocinha desceu do carro do Alberto e tomou um táxi?

IVANI — Não, senhora, não vi nenhuma mocinha descendo de nenhum carro!

LUÍSA — Suma da minha frente!

(*Ivani volta para o seu trabalho.*)

ALBERTO — Que vergonha, Luísa, que papel ridículo! Não tinha nenhuma mocinha!

LUÍSA — Alberto, eu vi a menina, tenho quase certeza de que vi.

ALBERTO — Quase certeza? Quer dizer que você não tem certeza? E fica me enlouquecendo com uma coisa de que você nem certeza tem?

LUÍSA — Bom, isso não interessa. O fato de você estar ou não com alguém não tem a menor importância...

ALBERTO — Tem toda importância! Pra mim é fundamental que você acredite no que estou dizendo!

LUÍSA — O que importa é o sentimento que você tem em relação a mim e o sentimento que eu tenho em relação a você! Nós não estamos bem, Alberto. Há muito tempo que não estamos bem.

ALBERTO – Como não estamos bem? Ah, bom, é possível que você não esteja bem comigo, mas, se te interessa saber, eu estou muito bem com você.

LUÍSA – Olha aí, Alberto, sempre que começamos a falar uma coisa séria você me confunde. Não argumente, Alberto, não tente ganhar, não é isso que conta! O que está acontecendo com a gente, com o nosso casamento? Pra que mentiras? Somos adultos, civilizados, pra que mentiras?

ALBERTO – Você está doente, Luísa? De que mentiras você está falando?

LUÍSA – Ok, não há mentiras. Eu me enganei. Não há menina, não há táxi, não há razão pra nenhuma desconfiança. Mas ainda assim nós não estamos bem. Vamos conversar, fazer um balanço. Se for o caso a gente se separa, pronto!

ALBERTO – Pra que isso agora, Luísa? Você fala em separação justo quando estou saindo para governador? Se eu me separo de você agora, acha que eu tenho alguma chance de me eleger? É isso que você está pretendendo? Quer acabar com a minha carreira política?

LUÍSA – Não! Para com isso, Alberto! A tua filha está tomando drogas.

ALBERTO – O quê?

LUÍSA – A Renata, ela está tomando drogas. (*Tira da bolsa a caixinha.*) Encontrei isso na mesinha de cabeceira dela.

ALBERTO (*examina*) – Maconha?

LUÍSA – Essa caixinha de porcelana é minha. Ela tirou da minha gaveta, botou cigarros de maconha dentro e deixou a caixinha sobre a mesa de cabeceira, de propósito, para eu encontrar.

ALBERTO – Que loucura, Luísa! Você tem certeza de que ela está fumando maconha?

LUÍSA – Absoluta!

ALBERTO – Você viu? Você pegou ela fumando?

LUÍSA – Falei com ela agora há pouco. Só não tenho certeza de que seja só maconha.

ALBERTO – Eu não entendo...

LUÍSA – Ela está com problemas, Alberto, carente, insegura, sei lá!

ALBERTO – Mas carente de quê? É uma menina normal, vai bem na faculdade, tem tudo o que quer, tá sempre rindo, sempre brincando!

LUÍSA – Você sabe se ela vai bem na faculdade? Você tem visto as notas dela, tem se interessado pela faculdade dela?

ALBERTO – Ela não vai bem na faculdade?

LUÍSA – Sabia que ela está pendurada por falta em quatro matérias?

ALBERTO – E por que ela não tem ido à faculdade?

LUÍSA – Quem é que vai saber? Você viu a Renata esta semana?

ALBERTO – Claro que vi!

LUÍSA – Quando?

ALBERTO – Ontem, ora!

LUÍSA – A que horas?

ALBERTO – Cedo, na hora do café, eu acho.

LUÍSA – Ontem você não estava em Brasília?

ALBERTO – Então foi anteontem, mas eu vi a Renata esta semana!

LUÍSA – Você nunca vê sua filha, Alberto. Depois que você se meteu na política você abandonou sua filha.

ALBERTO – Claro que não!

LUÍSA — Abandonou! Não sei o que aconteceu com você. Tem horas que não te reconheço.

ALBERTO — Para de criticar a minha vida, Luísa! Que coisa mais feia! Não vê que estou trabalhando?

LUÍSA — No que é que você está trabalhando, posso saber?

ALBERTO — Este país está uma merda, Luísa, estamos falidos, devemos até o dinheiro da coleta de lixo da cidade. Se alguém não fizer alguma coisa rápido, nós fechamos! Eu não estou na política por vaidade, Luísa, você me conhece, sabe que não tenho ambição! Eu quero ajudar! Eu posso ajudar! Eu tenho capacidade pra ajudar! Então, por favor, me ajude! Fique do meu lado, Luísa, você é minha mulher, eu quero que você seja da minha quadrilha!

LUÍSA — Você não deixa ninguém te ajudar! Essa é ótima! Há quanto tempo você simplesmente ignora a minha existência?

ALBERTO — Esse tipo de cobrança, não, pelo amor de Deus!

LUÍSA — Não estou cobrando nada, fique calmo! Aliás, se te interessa saber, tem muita gente, aqui mesmo na secretaria, que me acha muito interessante. Pra ser mais precisa, hoje mesmo levei uma bela cantada!

ALBERTO — Eu quero falar com essa idiota da sua filha agora!

(*Angelina entra assustada em sua casa, vai ao telefone e disca.*)

LUÍSA — Agora não! Calma! Você tem que demonstrar equilíbrio e segurança: se ela está tentando chamar nossa atenção com essa maldita maconha é porque está precisando de apoio. Se o pai, que é o pai, entra em pânico, onde é que ela vai buscar proteção?

ALBERTO — Quem é que está em pânico? (*Toca o telefone.*) Gabinete, Alberto!

ANGELINA — Alberto, meu amor, que tragédia! Você está bem, meu amor?

ALBERTO — Oi, Amato, tudo bem com você?

ANGELINA — Tua mulher está aí?

ALBERTO — Isso mesmo.

ANGELINA — Você se feriu muito, meu amor?

ALBERTO — Não, acho que não.

ANGELINA — Será que meu pai me viu?

ALBERTO — Amato, depois eu ligo pra você, estou com um problema aqui no gabinete.

ANGELINA — Como é que você foi bater justo no carro do meu pai!

ALBERTO — Depois eu te ligo.

LUÍSA (*arranca o telefone de Alberto*) — Olha aqui, menina, não te conheço, mas tenho idade pra ser tua mãe! Também fui moça, tenho uma filha da tua idade e compreendo que vocês acabam sempre se envolvendo com cafajestes. Tenha juízo, pegue a tua chupetinha e vá brincar com as tuas bonecas que você ganha muito mais, sua putinha vagabunda!!! (*Desliga.*) Estou no departamento jurídico com o doutor D'Antino. Quero dar uma boa examinada na lei do divórcio. (*Sai.*)

ALBERTO — Luísa, não seja maluca! (*Pega o telefone.*) Alô!

ANGELINA — Ela ainda está aí?

ALBERTO — Não, já foi embora...

ANGELINA — Pintou sujeira, né, meu amor?

ALBERTO — É, parece que a coisa engrossou...

ANGELINA — E agora?

ALBERTO — Sei lá, estou pensando. Que merda!

ANGELINA — Você vai me deixar?

ALBERTO — Não sei, acho que não. Claro que não...

ANGELINA — Vai... Estou sentindo que vai...

ALBERTO — Calma, Angelina, não complica, estou procurando raciocinar...

ANGELINA — Você está ficando tão longe...

ALBERTO — Pare de ser criança, vai...

ANGELINA — A culpa foi minha, não foi?

ALBERTO — Não, ninguém teve culpa de nada. Aliás, se alguém teve culpa, esse alguém sou eu, só eu!

ANGELINA — Você ainda me ama?

GALDINO (*entrando*) — Doutor Alberto, o homem do táxi tá vindo pra cá puto da vida. Ele tá a fim de pegar o senhor. Vou chamar a segurança. (*Sai.*)

ALBERTO — Teu pai!

ANGELINA — O que é que tem o meu pai?

ALBERTO — Está vindo pra cá.

ANGELINA — Pra onde?

ALBERTO — Pra minha sala!

ANGELINA — Meu Deus do céu, ele vai te matar!

ALBERTO — Está louca! Claro que ele não vai me matar!

ANGELINA — Vai! Eu conheço o meu pai! Hoje ele quase matou um engenheiro com um tiro de espingarda! Eu estou indo praí! (*Desliga e sai, enquanto vai tirando a saia do uniforme para pôr outra roupa.*)

ALBERTO — Não, Angelina, não venha aqui! Angelina!

(*A porta se abre violentamente e surge Nicola, agarrado por Galdino.*)

NICOLA – Ah, então é você o tarado que me arrebentou o carro? Ma o que que foi? È pazzo?

ALBERTO – O que significa isso? Tira esse homem da minha sala!

GALDINO – O senhor quer sair desta sala antes que eu chame a polícia?

NICOLA – Me tira a mon! O que é? Me arrebenta tutta la macchina e se escapa?

ALBERTO – Do que é que ele está falando?

NICOLA – No se faz de fesso pra mim nono. E se tem passagêro no meu carro? Você mata e sai correndo?

GALDINO – Quer sair da sala?!

NICOLA – Non me encosta a mon, já disse! Ele me arrebenta o carro e pronto, vô pra casa, tudo contentinho?

GALDINO – O senhor sabe com quem está falando? O senhor sabe que o doutor Alberto é secretário de Estado, é membro do governo? Que por causa desta invasão ele pode botar o senhor na cadeia?

NICOLA – E che me ne frega? Pior ainda! Como é que o secretário do Governo faz uma coisa dessas? É um delinquente?

ALBERTO – Mas o que é que houve, meu senhor?

NICOLA – Te vi muito bem, non fare il citrullo que te vi!

GALDINO – O senhor quer sair?

NICOLA – Já falei duas vêis pra não me encostá a mono. A tercera eu não falo!

ALBERTO – Chama a segurança, Galdino, manda prender esse homem!

(*Galdino tenta sair, mas Nicola o segura.*)

NICOLA (*para Alberto*) – Ma chi é você? É o Calígula?

ALBERTO – Deve haver um engano, meu senhor. Não bati em carro nenhum!

NICOLA – Non nega que me ferve os nervo! Non nega que me ferve os nervo! Tava o senhor e aquela moça, na Mercedes azzurra!

ALBERTO – Moça?

NICOLA – Não tinha uma mulher na Mercedes com o senhor? Enton!

ALBERTO (*para Galdino*) – Ele é louco?

NICOLA – Ah, já entendi. Vocês son una quadrilha, tá tudo de acordo pra non me pagá o carro, já entendi. Va bene. Ma non pense que vai ficar assim! Vado a polícia. Secretário ou non secretário, vado a polícia! E se no botarem você na cadeia, vô no Afanázio Jazadi!

(*Galdino sai para chamar a segurança.*)

ALBERTO – Espere aí, meu senhor.

NICOLA – E dá grazie a Dio que hoje tô calmo. Se me pega num dia atravessado te dô um tiro, te dô! (*Faz menção de sair.*)

ALBERTO – Espera aí! Não há nenhuma necessidade de chamar a polícia. Está bem, eu bati no seu carro.

NICOLA – E perché non fala logo duma vêis? Adianta ficá tapando o sol com a penêra?

ALBERTO – O senhor me perdoe, não ando muito bem ultimamente, tenho sentido tonturas, acho até que tive um desmaio no carro hoje. Quando vi, estava batendo no seu carro.

NICOLA — Ma se tá doente vai pro hospital, non fica atropelando as pessoa na rua, Cristo!

ALBERTO — Fique tranquilo, meu senhor, eu assumo a responsabilidade, não se fala mais no assunto.

NICOLA — Bom, já melhorô muito! Non se fala mais no assunto! Agora, que foi una puta falta de responsabilidade, isso foi!

ALBERTO — Já disse que me senti mal! O que é que o senhor quer mais? Que eu seja crucificado?

NICOLA — O senhor vai me desculpá se tô dizendo tudo isso. Ma tô falando justo porque o senhor é secretário, é do governo. E a moça que tava com o senhor? E se ela morre? E se fica paralítica pra sempre? Já imaginou o remorso pro resto da vida?

ALBERTO — O senhor se enganou, não tinha nenhuma moça comigo.

NICOLA — Como é que non tinha? Non vi direito porque tava um poco escundida, ma que tinha, isso tinha!

ALBERTO — Meu senhor... Qual é seu nome?

NICOLA — Nicola. Nicola Foroni. (*Entrega um cartãozinho.*) Se precisá di um táxi pergunta na operadora pelo Nicó.

ALBERTO — Seu Nicola, já assumi a responsabilidade; vou pagar o prejuízo do seu carro, mas quero deixar claro ao senhor que eu estava sozinho no meu carro na hora do acidente. O senhor entendeu?

NICOLA — Sinceramente, no.

ALBERTO — Sou um secretário de Governo, casado, tenho filhos, não fica bem o senhor ficar inventando que ando com mulheres escondidas no meu carro!

NICOLA — Ah, già! Agora entendi... Va bene... Tava suzinho, pronto! Iiiih, no meu carro, quantas vêis acontece... De vêis em quando tem uns fesso duns marido que me liga: "Nicó, passa em casa pra levá minha mulhé no dentista?" Ma che dentista... Conhece algum dentista na Raposo Tavares?

ALBERTO — Seu Nicola, não é o meu caso. Estava realmente sozinho...

NICOLA — Claro que o senhor tava suzinho. Eu vi, non tinha ninguém no carro, só tava o senhor, suzinho... Dottore, fica tranquilo... Nóis motorista e os siquiatra, se non temo o segredo profissional, perdemo a clientela!

ALBERTO — Bom, o que é que o senhor pretende?

NICOLA — Que me pague o conserto do carro! Un Opala zero! Saiu onte da agência. Quantos quilômetro?... Uns trinta, acho que nem isso!...

GALDINO (entrando) — Doutor Alberto, o pessoal da segurança foi almoçar!

ALBERTO — Bom, quanto é que o senhor acha que vai ficar o conserto?

NICOLA — Io lo so? Ma, guarda, dottore, non quero o vosso dinheiro. Non tem a oficina aí do governo? Enton. Levo o Opala lá, eles deixam ele em ordem e pronto, non precisa me dá dinheiro.

GALDINO — É, eu posso encaminhar o carro pra oficina da secretaria...

ALBERTO — Não, eu não posso resolver problemas particulares na oficina da secretaria. Prefiro pagar e botar uma pedra em cima...

NICOLA — Muito justo! Se tudo os governante fosse honesto que nem o signore... O signore não tem o seguro do carro?

Enton, fazemo o orçamento, o seguro conserta, o signore me dá algun pelos dia parado e pronto...

GALDINO – Se formos fazer pelo seguro vamos ter que registrar a ocorrência policial.

ALBERTO – Então não. Prefiro pagar e liquidar o assunto.

NICOLA – Ah, ho capito. Bene, o signore é que sabe... Temo que fazer o orçamento. Se o signore confiá posso levar no Muriçoca. Funilaria, dottore, funilaria é com o Muriçoca.

ALBERTO – Não. Calcule o valor do conserto. Eu prefiro encerrar este caso agora.

NICOLA – Bene, aí é difícil... Tem a funilaria, tem a lanternagem, parte mecânica... Ma, dottore, levo no Muriçoca... Em meia hora ele dá o orçamento!

ALBERTO – Não, prefiro que o senhor saia daqui com o caso resolvido!

NICOLA – Bom, nesse caso, dêxa ver... Tem os... Tem a... quinhentos?

ALBERTO – Quinhentos? O senhor quer dizer quinhentos cruzados novos?

NICOLA – Sì, non é justo? O é pouco? Eu non sei cobrá as minha coisa, sempre cobro de menos...

ALBERTO – Quinhentos? O senhor ficou maluco?

NICOLA – Io, maluco? Tem que trocá tudo! Para-choque, tampa do porta-mala, para-lama direito, pisca-pisca, o friso, a calota. E se tivé mecânica? E se me entortô o chassis? Jogo fora o carro?

ALBERTO – O senhor está fora da realidade. Galdino, faz um cheque de duzentos e pronto.

NICOLA – Aô! É pazzo? Duzentos non pago a funilaria, no pago!

ALBERTO — Bom, é isso que eu posso pagar. O senhor sabe quanto vai sair o conserto do meu Mercedes?

NICOLA — E por que tem Mercedes? É uma vergonha, hein? Um país pobre desse, as criança tudo morrendo de fome, e o senhor de Mercedes? E é do governo, que belo exemplo!

ALBERTO — Cento e cinquenta cruzados, seu Nicola. É pegar ou largar.

(*Luísa entra.*)

NICOLA — Ah, no, sono un motorista, non un camelô. (*Vê Luísa e a cumprimenta.*) Buon giorno, signora! (*Continua a falar com Alberto.*) Pensa que vou ficar discutindo o preço do meu Opala como se fosse uma pêxaria da fêra? Chama o seguro, vamo fazê a ocorrência policial. E agora chega que já tô perdendo a minha paciência!

ALBERTO — Está bem, quinhentos.

LUÍSA — Mas por quê, Alberto? Por que não faz o conserto pelo seguro? Vai jogar fora quinhentos cruzados?

NICOLA — Tô falando pra ele. Ma non qué fazê pelo seguro...

LUÍSA — Faça pelo seguro, Alberto. Você paga o seguro e não usa? Qual o sentido?

NICOLA — Non qué fazê a ocorrência policial... Grande coisa, faz a ocorrência, fica entre nós, ninguém fica sabendo...

LUÍSA — Do que é que você tem medo, Alberto?

ALBERTO — Luísa, meu amor, deixa eu resolver este problema sozinho?

LUÍSA — Só porque estava com a namoradinha no carro na hora do acidente?

NICOLA — Bobagem, dottore, hoje ninguém mais liga pra isso!

LUÍSA – É, porque se o governador fica sabendo que o seu querido secretário é amante de uma menininha de colégio, já imaginou a tragédia?

ALBERTO – Por favor, Luísa. O que é que você pretende? Me desmoralizar publicamente?

NICOLA – Por mim non, que non tô nem aí... Podem se xingá à vontade!

ALBERTO – Não aconteceu nada além daquele maldito acidente! Não tinha ninguém no carro! Hoje você já fez papel ridículo com o Amato, será que não chega?

LUÍSA – O que o Amato tem com a história?

ALBERTO – No telefone! A esta hora toda a Federação das Indústrias está rindo de mim, é bonito? Já disse e repito: não tinha ninguém no carro comigo! Seu Nicola, o senhor que é o maior prejudicado da história, a vítima que estava lá, que presenciou tudo; o senhor pode dizer a minha senhora se tinha alguém no meu carro na hora do acidente?

NICOLA (*a Galdino, que está próximo*) – La signora chi è?

GALDINO – A doutora Luísa é a esposa do doutor Alberto, é assessora administrativa aqui da secretaria...

NICOLA – No, non tinha ninguém com ele. Fica tranquila que ele tava suzinho na hora da batida...

ALBERTO – Está convencida agora? Ele é o dono do Opala, estava lá, viu, assistiu tudo, tanto é que está aqui pra eu lhe pagar o acidente.

LUÍSA – O senhor tem cerreza de que ele estava sozinho? Não tinha uma mocinha de uniforme escolar com ele no carro?

NICOLA – No, non tinha. Tô lhe dizendo que ele tava suzinho.

Se tivesse eu falava. Que interesse tinha eu de esconder, é ou não é?

LUÍSA – Mas eu vi. Tenho quase certeza de que vi.

ALBERTO – Quase certeza... Quase me leva à loucura, me ofende, me desmoraliza na frente de terceiros! O que está havendo com você, Luísa?

LUÍSA (*confusa*) – Alberto, sabe o que é? Eu tive a impressão...

ALBERTO – Depois eu quero ter uma conversa muito séria com você, Luísa! Galdino, faz um cheque de quinhentos cruzados novos e paga o seu Nicola. Estamos certos assim?

NICOLA – Só quero o que é meu. Se ficá em quatrocentos venho devolvê. Agora, se ficá em seiscentos, trago a nota, combinado?

ALBERTO – Combinado. Amigos, sem rancor?

NICOLA – Ma claro... Amici... (*Entrega o cartão a Galdino.*) Precisando dum táxi é só telefoná e chamá pelo Nicó. (*Vai até Luísa e lhe dá outro cartão.*) Signora: discrezione e puntualità.

ALBERTO (*para Galdino*) – Preencha um cheque e depois me traga pra assinar. Antes peça pro doutor Sílvio fazer um recibo, uma carta, enfim, um documento que encerre o caso por aqui, certo?

GALDINO – Deixa comigo, doutor.

ALBERTO (*para Nicola*) – Com licença. Precisando da secretaria, estamos aqui a sua disposição. (*Cantando, enquanto sai de cena.*) "Champagne/ per brindare un incontro/ con te..."

NICOLA (*depois de acompanhá-lo na canção*) – Ma è un professionista!... No fundo é uma boa pessoa... Un po' covarde, ma una boa pessoa...

GALDINO – Eu vou preparar o cheque e o recibo. O senhor poderia esperar lá fora, por favor?

LUÍSA – Não, Galdino, deixa o seu Nicó. É Nicó o seu nome, não é?

NICOLA – Nicola, ma pode chamá de Nicó.

LUÍSA – Pode esperar aqui mesmo, seu Nicó...

GALDINO – Então o senhor poderia me emprestar a sua carteira de identidade e o seu CIC, por favor?

NICOLA – Ah, documento tenho tudo em ordem... Modelo dezenove, PIS, Pasep, INPS, TRU, Impalvea, seguro! (*Entrega tudo a Galdino.*)

(*Angelina entra na sala de Ivani e troca algumas palavras com a secretária.*)

IVANI (*entrando na sala de Alberto*) – Com licença? Está aí fora uma moça procurando o seu Nicola. Diz que é sua filha...

NICOLA – Angelina? Deixa ela entrá, por favor. Poverina... Deve está mortificada.

(*Ivani introduz Angelina na sala e vai para sua sala, onde pega alguns papéis, e sai de cena. A jovem está de jeans e camiseta. Ela e o pai se abraçam.*)

NICOLA – Angelina, figlia! Você viu o Opala lá embaixo? Grazie a Dio não foi nada, figlia, ninguém se machucô.

ANGELINA (*aliviada*) – Está tudo bem mesmo, papà? Tem certeza de que não está ferido?

NICOLA – Macché, figlia, nem no carro eu tava... Bene, questa é Angelina, minha figlia, esta é a doutora Luísa, é esposa do secretário que me bateu na trasêra, este é o doutor Galdino...

ANGELINA – Então já podemos ir pra casa, papai?

NICOLA – Tô dependendo do cheque. Acho que non demora, demora?

GALDINO – Cinco minutos. É só fazer o cheque, assinar e preparar o recibo. Me dão licença? (*Sai.*)

NICOLA – Como é que você sôbe, bambina?

ANGELINA – Passei na frente, vi o carro, aí perguntei para o guarda e subi...

NICOLA – Viu que estado que ficou, figlia?

ANGELINA – O que importa é que ninguém se machucou, papà. Já imaginou que perigo?

NICOLA – Quando não chegô a hora, não adianta se despedi...

ANGELINA – Se está tudo bem, eu já vou indo, papà. Amanhã tenho prova...

NICOLA – Nem por Cristo, figlia, aspetta! Guarda como tô tremendo. Fiquei em estado de choque. Sabe o Bar do Ettore? Ero lá, sossegado, prendevo um café, sùbito ascolto um impacto, vado a porta e vedo o figlio di una puta se escapando numa Mercede... (*Angelina o censura pelo palavrão e Nicola se dirige a Luísa.*) Scusi, signora...

LUÍSA – Sentem-se e fiquem à vontade.

(*Angelina censura o pai outra vez. Nicola se senta no sofá, apanha uma revista e começa a ler.*)

INTERFONE (*da sala de Ivani*) – Gabinete, aqui é a garagem...

GALDINO (*entra e responde ao interfone*) – Fala, garagem...

INTERFONE – Seu Galdino, estou mandando o Mercedes pra oficina e tem uma bolsa de estudante aqui no banco detrás. É de uma tal de Angelina. O que é que eu faço? Mando aí?

GALDINO — De quem é a bolsa?

INTERFONE — Angelina... Deixa ver aqui... Angelina Foroni...

GALDINO — Segura aí que tô descendo. Não entrega essa bolsa pra ninguém, Carmelo, só pra mim! (*Sai correndo.*)

LUÍSA — Angelina, quantos anos você tem?

ANGELINA — Dezoito.

NICOLA — Dezoito... Essa é o espírito de contradiçon. Toda as mulhé qué sê moça, ela qué sê velha. Ma che 18, nem os 17 ela tem. Garanto que quando tivé a idade da signora, aí vai começá a diminuí... (*Angelina o censura novamente e ele se dá conta da grosseria.*) Scusi, signora...

LUÍSA — Também tenho uma filha: Renata. Tem a sua idade. Um pouquinho mais velha. Sabe o que aconteceu hoje de manhã? Fui ao quarto dela e bem assim, em cima da mesinha de cabeceira, dentro de uma caixinha, encontrei uns cigarros de maconha. Não é o cúmulo? Hein, Angelina, o que é que leva vocês a fazerem uma coisa dessas?

NICOLA — Epa, dotôra, vai me desculpá, ma non mete a Angelina nesse angu... É vero isso que ela falou, figlia? Você também fuma maconha?

ANGELINA — Claro que não, papà!

NICOLA — Enton vai me perdoá, ma non confunde a tua figlia com a minha...

LUÍSA — O senhor que é pai, me explica. Não falta nada em casa. Se quiser sair, sai; se quiser ficar, fica. Volta na hora que quer. Somos abertos, discutimos todos os assuntos, eu aconselho, sou confidente, se quiser passar as férias na fazenda, vai pra fazenda; se quiser ir pra praia, vai pra praia. Tem carro, tem moto, tem tudo. Então por quê?

NICOLA — A signora qué mesmo a minha opinion?

LUÍSA — Por favor.

NICOLA — Chi é essa tua figlia? A Cleópatra? No, assim é demais. Dá um tanque de rôpa pra ela lavá, pra ver se ela pensa em fumá a maconha!

LUÍSA — Como assim?

NICOLA — Criança é criança, não pode ficá dando corda. E depois tem que trabalhá, porque enquanto trabalha não fica enchendo a cabeça de porcaria. Essa daqui (*Aponta Angelina.*) quando tinha dez ano já cuidava da casa, cozinhava, lavava e passava. E olha que não é por sê minha figlia, ma nem namorá, ela namora...

LUÍSA — Será que é isso? Será que é falta do que fazer?

NICOLA — Claro que é! Não conhece os ditado? "L'ozio è padre di tutti i vizi!" "La pigrizia è ozio di tutti gli ozi!"

LUÍSA — O que eu já passei hoje...

NICOLA — A senhora não tem o teu marido pra vê isso?

LUÍSA — Meu marido tem uma amante!

NICOLA — Ah, sì?

ANGELINA — Papà, a minha prova amanhã é dificílima, eu preciso estudar... Posso ir?

NICOLA — Dois minuto, figlia. E depois escuta o que a moça tá falando pra dá valor a tua casa. O marito tem amante, a figlia fuma maconha, e son richi, hein! Ma fala, dotôra...

LUÍSA — Descobri hoje... Uma menina. De quanto? Quinze, dezesseis anos?

NICOLA — O quê? O vosso marido tá namorando uma menina de quinze ano?

LUÍSA – O senhor mesmo viu. Aquela que estava no carro com ele...

NICOLA – Ma non, non tinha ninguém no carro...

LUÍSA – Tinha, o senhor sabe que tinha.

NICOLA – E dopo, vamo que tivesse alguém no carro com ele. Isso non prova nada, o que que podia fazer com ela naquele trânsito?

LUÍSA – Eu já estava sabendo. Pensava que fosse uma tonta aqui da secretaria. Agora que eu descobri que é uma menina.

NICOLA – Ma è vero? A senhora tem certeza de que o seu marito tá de namoro com una menina de quinze ano?

LUÍSA – Ninguém me contou. Eu vi!

NICOLA – Vai me desculpá ma aí já é una tara!...

LUÍSA – O que seria isso? Medo da velhice, da impotência, busca da juventude, o que que é?

NICOLA – No, sabe o que tá faltando? Religion! Ninguém acredita em mais nada! Só ganância, dinhêro, safadeza... Poca vergonha... Essas novela é que ensina. Non precisa ir longe. Veja o seu marito: bate no carro e sai correndo. E se os boliviano invade o país, ele sai correndo? (*Angelina está indócil.*) Ma para, figlia, o que é que tem? Formiguinha?

ANGELINA – Por favor, será que eu podia usar o toilette? (*Angelina dirige-se para a direita, mas Luísa indica-lhe a esquerda.*)

LUÍSA – É a segunda porta à direita, querida...

NICOLA – Non me deixa aqui suzinho, figlia! (*Angelina sai, Nicola examina a prova do cartaz de Alberto.*) Olhando assim, ninguém diz que o homem é un tarado! Ma as vêis não regula... Mussolini também gostava de menina. E Mussolini não foi un grande uomo? Non regula...

LUÍSA – Quantos filhos o senhor tem?

NICOLA – Só a Angelina.

LUÍSA – Sua mulher não quis mais filhos?

NICOLA – Lucia è morta...

LUÍSA – Sinto muito. Faz tempo?

NICOLA – Treze ano.

LUÍSA – E o senhor não casou de novo?

NICOLA – No.

LUÍSA – E ficaram só vocês dois?

NICOLA – Sì... Esperamo nove ano pra tê essa figlia. Foi uma luta. Ma Lucia queria porque queria. Quando tivemo a Angelina, nunca mais ela ficô boa. Viu a menina fazê dois ano e se foi...

LUÍSA – Quer dizer que foi o senhor que criou a Angelina?

NICOLA – Sì.

LUÍSA – Deve ter sido bem difícil pro senhor.

NICOLA – No, foi divertido. A gente brincava. Era così piccola a Angelina... Io dava banho, vestia, dava comida, brincava com ela de boneca, de casinha...

LUÍSA – Só o senhor?

NICOLA – Tinha uma negrona que me ajudava, a Gilda... Era engraçada a Gilda. Già è morta... Ela vivia con o nonno desde pequena... E na guerra de quarenta a senhora sabe que os italiano foram proibido de falá italiano? Ma lá em casa a gente só falava italiano. Io nem sabia falá uma palavra de brasilêro. Anche a Gilda, essa negrona, só falava italiano... A senhora acredita, dotôra, que aquele polícia cretino me prende a Gilda como fascista! E foi essa Gilda que me aju-

85

dava com a Angelina. Ma quando ela non tava era eu a mãe, o pai, tudo! Nos domingo ela ia trabalhá comigo.

LUÍSA – O senhor trabalhava em quê?

NICOLA – No meu táxi. Nunca fiz outra coisa...

LUÍSA – E ela ia trabalhar com o senhor no táxi?

NICOLA – Nos domingo. Sentava ela sentadinha no banco da frente, numa caderinha, amarrava a caderinha com uma tira de coro e ela andava comigo o domingo interinho... Os freguêis gostava... Tava sempre alegrinha, dando risada... A senhora pergunta se foi difícil. Acho que hoje é bem mais difícil!

LUÍSA – Ela é uma boa filha...

NICOLA – E tutta la mia vita... A gente dava tanta risada... Aquele tempo era mais engraçado! Ecco! Antigamente era bem mais engraçado. Tinha as quermesse, a festa de San Vito Martire, a Madonna Aquiropita no Bixiga... Ma non a Aquiropita de oggi. Una festa! Tinha as cançoneta, o jogo de morra... (*Ouve-se a* Tosca, *de* Puccini; *sem canto.*) Descendo a minha rua tinha os alfaiate... O Perrelli, os Gibello, o Toschi e Marugi, o Ferrari. Tinha os vendedor. Era bonito... Os castagnari ... "Arancia pera do Rio u tuston cada una... U tuston!", "Batata assada u furn!"... Io levava Angelina – no Santo Angélico. Aquilo era um colégio... Ma che colégio! Una fazenda com pato, marreco. Angelina gostava de dá milho pras galinha-d'angola... Acho que tem uns dez ano que non vejo una galinha-d'angola... Um dia de tarde ela me apareceu com um pintinho dentro da lanchêra... Dio mio, criamo ele dentro da cozinha... Ficô um galo così grande... Cantava como una sirene. Um dia vuô da janela e um carro matô ele... Angelina ficô de cama una settimana, poverina... Tinha a Chácara do Occhialini... Derrubaram tutto. Só tem os viaduto. O Bruno foi pra Penha, o Carmelo mudou pro Paraná...

Ninguém mais canta como naqueles tempo. Só tem as ponte e os viaduto. Tá ficando cada vêis mais difícil se diverti... (*Para disfarçar a emoção apanha um lenço e finge enxugar o suor.*) Dio Santo, ma como demora esse cheque! Será que non era um cheque do Comind?

IVANI (*entrando*) – Com licença? O senhor poderia ir até o caixa pra receber o cheque e assinar o recibo?

NICOLA – Meno male...

IVANI – Pode me acompanhar...

NICOLA – Com licença, dotôra. Pede pra minha figlia me esperá. (*Ele e Ivani saem.*)

(*Pausa. Galdino entra com a bolsa de Angelina.*)

GALDINO – Com licença, doutora Luísa? A senhora está se sentindo melhor?

LUÍSA – Muito melhor... Esse homem tem uma vida tão triste... O que é isso?

GALDINO – Encontraram esta bolsa no Mercedes do doutor Alberto. Achei melhor trazer pra cá antes que alguém passe a mão. É uma bolsa de escola, deve ser da Renata...

LUÍSA – Não, não é da Renata. A Renata odeia esse tipo de bolsa. Deixa ver. (*Ela apanha a bolsa e lê a etiqueta.*) Angelina... Essa bolsa é da Angelina. Deve ser dessa menina, filha do homem do táxi. Deixa que eu entrego a ela.

GALDINO – Ué... Mas por que a bolsa da Angelina iria parar no banco detrás do Mercedes do doutor Alberto?

LUÍSA – Como é que é?

GALDINO – Foi o garagista que descobriu a bolsa no carro e ligou pra cá. Alguém esqueceu lá. Angelina? Esquisito mesmo...

87

LUÍSA (*caindo em si*) – Era ela que estava com o Alberto na hora do acidente! Como é que a idiota aqui não percebeu? Olha que putinha descarada! Veio aqui me afrontar! Na minha cara, na minha sala! Mas não é o fim do mundo?

GALDINO – Não, deve ser engano! Claro que não pode ser ela!

LUÍSA – Lógico que é ela. Está claro como água! Olha que menininha filha da puta!

ANGELINA (*entrando*) – Com licença... Meu pai já saiu?

LUÍSA – Ele foi apanhar o cheque no jurídico, não deve demorar. Sente-se, Angelina, fique à vontade... Você me daria uma licencinha, Galdino?

(*Angelina se senta no sofá, tensa.*)

GALDINO – Veja lá o que a senhora vai fazer... (*Vai para a sala de Ivani.*)

LUÍSA – Me diga uma coisa, Angelina; o que você tem a ver com o Alberto?

ANGELINA (*assustada*) – O quê?

LUÍSA – Ele podia ser teu pai, menina!

ANGELINA – Do que é que a senhora está falando?

LUÍSA – O que é que você pretende com isso?

ANGELINA – Eu não estou entendendo nada...

LUÍSA – É dinheiro que você quer? Você acha que ele vai te dar dinheiro?

ANGELINA – É alguma brincadeira que a senhora está fazendo comigo?

LUÍSA – Pare de ser hipócrita, menina! Eu estou cansada de saber que você tem um caso com o Alberto.

ANGELINA – Não, claro que não!

LUÍSA – Olha aqui a bolsa que você esqueceu no carro dele. Não é tua essa bolsa?

ANGELINA (*levanta-se desesperada e aproxima-se de Luísa*) – Por favor, doutora Luísa, não conte pro meu pai! Pelo amor de Deus, ele me mata!

LUÍSA (*avança para cima de Angelina*) – Ah, é isso? Ele te dá dinheiro! Você é uma profissional?

ANGELINA (*recua*) – Não, claro que não!

LUÍSA – Como não? Você trabalha pra alguma dessas agências? Dessas que fornecem putinhas pra executivos impotentes, é?

ANGELINA – Não, juro que não!

LUÍSA – Você sabe que o Alberto tem uma filha mais velha que você?

ANGELINA – Sei... Quer dizer, não sabia que era mais velha que eu...

LUÍSA – Vocês saem e ele te dá dinheiro?

ANGELINA (*ofendida*) – Eu não quero o dinheiro dele!

LUÍSA – Então o que é? É um namoro?

ANGELINA – Por favor! Fale baixo!

LUÍSA – Você está apaixonada pelo Alberto?

ANGELINA – Eu não sei... (*Vai em direção ao sofá.*) Ai, meu Deus do céu!...

LUÍSA – Como não sabe! Vocês vão pra cama?

ANGELINA (*aproxima-se de Luísa e lhe toca o braço*) – Por favor, tia...

LUÍSA (*retira o braço bruscamente e Angelina cai sentada na mesinha das revistas*) – Eu não sou sua tia, menina! Não me confunda com a cafetina do teu bordel! Vocês vão pra cama?

ANGELINA – Não...

LUÍSA – Então o que é que vocês fazem?

ANGELINA – Nada...

LUÍSA – É um namoro platônico?

ANGELINA – Não...

LUÍSA – O que é que vocês fazem?

ANGELINA – A gente conversa.

LUÍSA – Onde?

ANGELINA – Por aí...

LUÍSA – Nos motéis?

ANGELINA (*foge para a direita*) – Claro que não.

LUÍSA (*segue Angelina*) – Quer dizer que vocês trepam em pé mesmo, aí pelas esquinas?

ANGELINA – Não, a gente só conversa.

LUÍSA – Há quanto tempo vocês estão trepando?

ANGELINA – Não, por favor! (*Tenta fugir para a esquerda.*)

LUÍSA (*segurando firme o braço de Angelina*) – Pare de representar, menina! Há quanto tempo vocês estão trepando?

ANGELINA – Há quase um ano.

LUÍSA (*joga Angelina sentada no sofá*) – E o que levou você a escolher o trouxa do meu marido?

ANGELINA – Não sei. Aconteceu...

LUÍSA (*afasta-se, com expressão de sofrimento*) – Como "aconteceu"?

ANGELINA – Ele foi fazer uma palestra no meu colégio, a gente se olhou, quando percebi estava conversando com ele...

LUÍSA – Você dá pra todo mundo, ou só pro meu marido?

ANGELINA – Só pro seu marido...

LUÍSA – Muito obrigada pela consideração. Você também fuma maconha?

ANGELINA – Não, não tenho nenhum vício.

LUÍSA – Olha, que menininha pura... Não tem nenhum vício. Seu único vicio é trepar, né, piranhinha?

ANGELINA – Eu juro, é sem nenhuma maldade...

LUÍSA (*senta-se na mesinha, próxima a Angelina*) – E qual é o plano? Vão se casar, ter filhos ou pretendem ficar apenas na base da sacanagem?

ANGELINA – Não, sem nenhuma sacanagem...

LUÍSA – Pretendiam pelo menos me convidar pra madrinha?

ANGELINA (*levanta-se e escapa para a esquerda*) – Pare com essa tortura, por favor! Pare com isso! Se a senhora soubesse o que eu tenho sofrido com essa história! (*Chora.*)

LUÍSA – Ah, mas eu imagino, deve ser uma coisa horrorosa! Vai pro motel, tira a roupinha, trepa, veste a roupinha, tira a roupinha, trepa de novo... Deve ser uma coisa bárbara!

ANGELINA – Pare! Pare!

LUÍSA – Hipócrita! Você só trepa com o meu marido?

ANGELINA – Claro que sim!

LUÍSA – Você não está dando pra algum viado, não?

ANGELINA – Claro que não!

LUÍSA – Se além de me meter os cornos você ainda me passar Aids, eu te mato, viu, menina? (*Ao interfone.*) Galdino, você pode vir aqui um minuto, é um assunto urgente.

ANGELINA (*aproxima-se de Luísa*) – Por favor, doutora Luísa, não deixe meu pai saber, pelo amor de Deus! Eu prometo que nunca mais falo com o doutor Alberto, juro!

GALDINO (*entrando*) – O doutor Alberto está com o governador. Quer que eu o chame?

LUÍSA – Deixa que eu chamo. (*Ao interfone.*) Diolinda, o Alberto está aí com o governador, você pode interromper a reunião e pedir para que ele venha até o gabinete correndo, que tem um galho com a filha dele?

INTERFONE – Pois não, doutora Luísa.

LUÍSA – Guarda esta bolsa pra mim, Galdino. Me deixa um pouco sozinha com a Angelina, por favor. (*Galdino fica; Angelina tenta sair, mas Luísa a segura.*) Se você tentar sair desta sala eu conto tudo ao teu pai. Mando chamá-lo agora e faço um escândalo! É isso que você quer?

ANGELINA – Não! Se eu ficar a senhora não conta pra ele?

LUÍSA – Ainda não sei.

ANGELINA – Ele é um homem maravilhoso, doutora Luísa, ele é bom, carinhoso, confia em mim, trabalha dia e noite. Se ele souber disso é até capaz de morrer! Por favor!

LUÍSA – Ele não deve ser tão bom assim. Pra criar uma piranha como você, não deve ser grande coisa!

ANGELINA – Não fale assim do papà, ele é a pessoa mais linda que eu conheço!

LUÍSA – Piranha... Senta aí e fica calma ou eu acabo com você! (*Dirigindo-se a Galdino.*) Eu não mandei você sair?

(*Galdino vai para a outra sala e se encontra com Ivani.*)

IVANI – Galdino, quer dar um visto nesta cópia do recibo do seu Nicola?

GALDINO – Ivani você não imagina a zona que tá isto aqui! Essa menina que tá aí, a filha do motorista, é a ninfetinha que roubou o teu namorado!

IVANI – O quê?

GALDINO – O doutor Alberto, o teu principezinho encantado, estava levando a pivetinha para o motel e bateu na traseira do pai dela! É essa menina que tá aí com a doutora Luísa!

IVANI – Você está brincando comigo, Galdino?

GALDINO – Tô te falando... Olha a bolsa que ela esqueceu no Mercedes. Mostrei a bolsa pra doutora Luísa e você nem sonha o que ela já aprontou lá dentro!

IVANI – Essa menina que eu recebi agora há pouco? Mas é uma criança!

GALDINO – Está vendo em que canoa você embarcou? Cai fora, Ivani! Se apoia em mim, porra! Ivani, topa cair fora agora, neste minuto? Vamos largar esta merda fedorenta e vamos sair por aí! Tomar um drinque, um sorvete, sei lá, respirar um pouco, escapar desta fedentina! Nós vamos apodrecer juntos, Ivani! Topa dar um pulo até o Ibirapuera, deitar na grama e esperar a lua? Hoje, só de sacanagem com esses putos? Topa? Vem comigo!

IVANI – Não, Galdino, eu quero conversar com essa putinha...

GALDINO – Pra quê? O cara não te liga, ele é um puta cafajeste, não se desgaste! Vamos a um cinema, vai! Vamos comprar pipoca e entrar no cinema?

IVANI – Obrigada, Galdino, mas eu não posso.

GALDINO – Você tá a fim desse filho da puta mesmo, não é? Não importa que ele arrebente com a tua vida, não é? (*Ela assente.*) Como é que você pode ser tão burra, Ivani, como é que você se odeia a ponto de...

IVANI (*interrompendo*) – Pare, Galdino. Eu não sei explicar, eu gosto dele. Tem hora que eu tenho vontade de matar, de me matar, mas eu gosto dele, eu não sei por quê!

GALDINO – Tudo bem, você é que sabe. A vida é assim mesmo, já estou acostumado...

IVANI (*entra na sala de Luísa*) – Dá licença? Eu estou procurando o doutor Alberto...

LUÍSA – Foi ótimo você ter chegado. Olha aí, Ivani, você jogou tanto charme, comprou tanto cravinho vermelho, tanta dedicação e no fim vem a piranhinha aí e puxa o teu tapete, na maior! Aliás, não só o teu. Principalmente o meu!

IVANI – Não sei do que a senhora está falando...

LUÍSA – Não se faça de tonta, Ivani. Chega de hipocrisia, você sabe que eu sei. Você carrega um trem pelo Alberto. Esta aqui é a Angelina, conhece a Angelina? E esta é a Ivani, uma concorrente. Já somos três. Poderíamos até reunir as mulheres do Alberto num grande Congresso Nacional das Mulheres do Alberto...

IVANI (*aproxima-se de Angelina*) – Então é você que vive telefonando pra cá, é? É você que vive perguntando pelo doutor Alberto de cinco em cinco minutos? Você não tem vergonha na tua cara? Você não sabe que ele é um homem casado, que tem filhos, tem responsabilidades como homem público? Pra você isso não tem importância, né?

LUÍSA – Olha quem fala! Vocês duas! Duas putinhas. Podem dar as mãos e sair marchando em direção ao La Licorne que vai ser o maior sucesso!

IVANI – Não admito que a senhora me compare a esta vagabunda! Sou uma secretária decente, vivo do meu trabalho, cumpro as minhas obrigações e nunca atrapalhei a vida do doutor Alberto.

ANGELINA (*levanta-se*) – Me deixa ir embora, doutora Luísa, me deixa?

LUÍSA (*apontando o sofá*) – Senta aí!

(*Ivani, que está atrás do sofá, agarra Angelina pelas costas e a força a sentar.*)

ALBERTO (*entrando afobado*) – O que é que houve com a Renata?

LUÍSA – Chegou! Agora sim, todos reunidos!

ALBERTO – Quem é essa moça?

LUÍSA – Olha a surpresa dele! Já sabemos de tudo, meu querido, já está tudo esclarecido.

ALBERTO – Esclarecido o quê?

LUÍSA – Poderíamos até fazer uma surubinha, os quatro...

ALBERTO – Mas o que é que está acontecendo aqui? Quem é essa moça? Eu quero saber!

LUÍSA – Eu é que quero saber quem é essa moça! O que é que essa moça significa pra você?

ALBERTO – Esta aqui é uma repartição pública! Hein, mocinha, o que é que você está fazendo aqui na secretaria? Você é funcionária de algum departamento?

IVANI – Ela é filha do seu Nicola, doutor Alberto.

(*Angelina recomeça a choramingar.*)

ALBERTO – E por que é que não deram o cheque a esse homem ainda, meu Deus! Tudo tem que ser feito da maneira mais lenta aqui nesta secretaria?

NICOLA (*entrando*) – Bene, tutto a posto, tutto finito. (*Vê Angelina chorando.*) Ma, Angelina, non piangere, figlia! Non foi nada, una batidinha no para-choque! Essa é assim, qualquer coisa com o pai é o fim do mundo! Bene, signora... piacere...

Mocinha... Signor secretário, foi un onore... Sô pobre, ma se vuol bere una grappa lá em casa, una Fernet Bianca...

ALBERTO — Precisando de alguma coisa, a secretaria é do senhor...

NICOLA — Esqueci de apresentá... Esta é Angelina, minha figlia. Este é o secretário, Angelina. Bateu na minha trasêra, ma afinal acabou tudo bem, non é seu secretário?

LUÍSA — Ah, mas é comovente essa cena em família... Todos felizes, contentes...

ANGELINA — Por favor, a senhora prometeu...

NICOLA — Non posso dizer que tô felice, ma também infelice não posso dizer que tô. Tô médio. Eco! Bene, ci vediamo. Signora, calma: piano piano si va lontano!

GALDINO (*entrando com a bolsa de Angelina*) — Não esquece de levar a bolsa da Angelina.

NICOLA — Ah, sì, a borsa. Onde é que você tinha esquecido, Angelina?

GALDINO — No banco detrás do Mercedes. O garagista achou e mandou entregar.

LUÍSA — Não, Galdino, a bolsa ela deve ter esquecido aí na sala de espera.

GALDINO — Absolutamente, doutora Luísa, a bolsa foi encontrada no banco detrás do Mercedes pelo garagista. Foi ele que me comunicou e eu fui apanhar.

LUÍSA — Por que isso agora, Galdino?

NICOLA — Que Mercedes? Na Mercedes que bateu?

GALDINO — Isso mesmo, no Mercedes que bateu!

ANGELINA — No, papà, esqueci no Ettore e aí mandaram entregar aqui. Vamos embora que eu preciso estudar, vamos!

NICOLA – Dio Santo! Era você que tava no carro com ele, Angelina!...

ANGELINA – Eu, papà? Que carro?

NICOLA (*para Luísa*) – Era ela que tava com o seu marido no carro? É ela a menina de uniforme?

ALBERTO – Vocês querem parar com essa conversa de cortiço aqui na...

NICOLA – Cala a boca! Lógico! Tudo combina! Era você Angelina...

ANGELINA – Não, claro que não!

NICOLA – Eu vi, ninguém me contô. Eu vi! Me responde, era o non era?

ANGELINA – No, papà...

NICOLA – Non mente pra mim! Non mente pro teu papà! (*Angelina começa a choramingar.*) E cosa facevi? Ah, già, son innamorati! ... É a namorada do teu marido! Ma é una menina! Maledetta! (*Batendo em Angelina.*) Io t'ammazzo! Cosa hai fatto, maledetta!

ALBERTO – Para com isso, seu Nicola, para!...

(*Nicola abandona a filha e parte para cima de Alberto, que foge correndo pela sala. Em meio à gritaria geral, entra o garçom com a bandeja, mas, como de hábito, ninguém lhe dá atenção.*)

NICOLA – Figlio de una puta! T'ammazzo! (*As pessoas tentam segurá-lo, mas ele continua a perseguição. Galdino apenas assiste, impassível.*)

LUÍSA – Pare com isso, pelo amor de Deus, pare!

IVANI – Não faça isso, por favor, não faça!

NICOLA – Sei un uomo morto! Figlio di una puttana. Oggi, domani, fra un secolo, io ti mato, lo giuro! (*A fim de pegar Alberto, salta sobre o sofá, que se desequilibra e vira. Volta ao ataque mas Ivani se interpõe entre os dois.)*

IVANI – Chega!...

*(Nicola para, pois não tem coragem de agredir Ivani.)*

LUÍSA – O senhor quer se controlar? Galdino, ajuda aqui! Qual é a tua, você fica aí parado, assistindo?

GALDINO – Isso não é comigo. Eu tive um outro tipo de educação, graças a Deus!

*(Desconsolado, sem servir ninguém, o garçom sai.)*

NICOLA *(mais calmo)* – Cosa faccio? Que vergonha! Figlia... Bambina... Maledetta! Voglio la polizia! La polizia e un médico! Voglio un médico pra examinar a menina! *(Vai até a mesa, apanha um telefone e disca.)*

ANGELINA – Papà! Não aconteceu nada disso que o senhor está pensando!

NICOLA – Um médico! Ela é menor, io voglio un médico!

ALBERTO *(tenta tirar-lhe o telefone)* – O senhor está levando a coisa por um lado absurdo, vamos conversar...

NICOLA *(livra-se dele)* – Non encosta a mon que t'ammazzo! Se duçon de menor, estupro, atentado, rapto, fornicaçon. Você pega uns trinta ano de cadeia, seu figlio da puta! Sátiro da Nova República!

LUÍSA *(arranca o telefone das mãos de Nicola, que, abatido, se deixa dominar facilmente)* – Pare com essa paranoia! O senhor não vê que vai destruir a vida da sua filha? É assim que o senhor gosta dela?

NICOLA – A vida da minha figlia è distrutta! Cosa importa? Angelina... Perché, Angelina, perché?

ALBERTO — Seu Nicola, vamos conversar como gente civilizada, por favor?...

NICOLA — Grazie a Dio tua mamma é morta, Angelina! Perché si no, agora é que ela morria de vergonha.

ALBERTO — O senhor não acha que já passou dos limites? Quer se retirar, por obséquio?

NICOLA — Você vai ver quando o Afanásio Jazadi fizé un programa interinho com você.

LUÍSA – Claro que o senhor não vai fazer uma coisa dessas!

NICOLA — Saio daqui e vô na Rádio Capital. Ah, se vou! Vou contar tudo, tintim por tintim.

LUÍSA – O senhor vai expor sua filha num programa desses?

NICOLA — Non só a minha figlia. Vô expô anche a tua figlia.

LUÍSA – O que é que a minha filha tem com isso?

NICOLA — Non é maconhêra? Enton. Vamo botá a maconhêra no programa! (*Se afasta abatido e quase chorando.*)

LUÍSA – E você, Alberto? Você não faz nada? O que é que você pretende?

ALBERTO — Como assim?

LUÍSA – O que é que você pretende? É sério? Ela significa alguma coisa pra você, é uma brincadeirinha pra testar a sua libido, é a menopausa, o que é?

ALBERTO — Luísa, você ainda não percebeu que eu não tenho nada com essa moça?

LUÍSA – Meu Deus do céu! Você vai pra cama com ela durante um ano, se acariciam, trocam confidências, juras de amor, e depois de tudo isso você nega que tem uma relação com ela?

ALBERTO — Você não vê que é tudo um equívoco?

LUÍSA — Alberto, mas mesmo se fossem dois animais, teria ficado algum resíduo, alguma sensação, saudade, necessidade, hábito, sei lá!

ALBERTO — Vamos acabar com essa palhaçada, Luísa! Não aconteceu nada! Nunca houve qualquer coisa entre nós! Estou no meio do expediente, isto aqui não é um consultório sentimental, é uma repartição pública, vocês não percebem que eu preciso trabalhar?

NICOLA — Ah, sì? Me estupra a menina e fica por isso mesmo?

ALBERTO — Agora chega! Eu não sei que tipo de conversa mantiveram na minha ausência, que tipo de maledicência a mente imunda de vocês acabou criando. Cuidado! Cuidado com a difamação! Cuidado com a injúria e a calúnia, cuidado! Se estão tentando arranhar a minha honra, eu meto vocês na cadeia! Seja lá quem for! Não confundam a minha gentileza com tolerância, que eu não sou tolerante!

NICOLA — Aô! Ora é ele que é a vítima? Daqui a pouco vai me dizer que foi a Angelina que estuprou ele?

ALBERTO — Minha paciência esgotou! A próxima gracinha eu mando prender o senhor! O senhor está pisando em território do governo estadual. Se o senhor não sabe respeitar as instituições da República, vai aprender na cadeia. (*Nicola abaixa a cabeça, abatido.*) Eu não tive nada com a sua filha, estou vendo esta menina pela primeira vez hoje! Não a conheço e é só. E agora, por favor, saiam da minha sala!

LUÍSA — Alberto, ninguém inventou nada, não! A própria Angelina me contou. Com todos os detalhes, há cinco minutos! A bolsa dela foi encontrada no seu carro...

ALBERTO — E você, idiota, acreditou?

LUÍSA – Estou dizendo que ela me contou!

ALBERTO – Uma vigarista que você nunca viu na vida te conta uma história absurda e a imbecil acredita! No teu marido, com quem você vive há mais de vinte anos, nesse você não acredita. Obrigado, Luísa!

LUÍSA – Eu vi, Alberto, eu vi!

ALBERTO – Viu coisíssima nenhuma! Viu o quê?

LUÍSA – Ele, o pai, ele também viu!

ALBERTO – Claro que viu. Ele é o pai! Ele já não levou quinhentos! Será que é só isso que ele quer? Quem garante que não foi ele que pôs a bolsa da filha no meu carro?

ANGELINA (*avança*) – Não adianta mais esconder, Alberto. Eles já sabem. É verdade, eu amo o Alberto. Não é culpa minha, mas eu amo!

ALBERTO – Está louca! Está completamente louca!

ANGELINA – Perdão, Alberto. Eu jurei que nunca ia contar, mas não aguento mais. Eu te amo, e eu tenho certeza de que você me ama também...

NICOLA – Dio Santo!...

LUÍSA – Você está ouvindo?

ALBERTO – Então, deixa ela falar. Só quero ver até onde ela chega com essa fantasia!

ANGELINA – Desde a primeira palavra que ele me disse. Quando fez a palestra no colégio, no final, eu pedi um autógrafo e ele me olhou... Aí perdi a respiração, um batimento surdo no meu peito, um calor, comecei a suar... Uma vertigem... Aconteceu, papà. De repente acordei...

NICOLA – Ma è un uomo sposato, figlia, podia ser teu pai...

ANGELINA — Eu sabia que estava errado, mas não tive culpa! Quando percebi, estava amando... Nunca tinha acontecido comigo... Eu sabia que ia te magoar, papã, eu sabia que não era direito e juro, juro pela alma da mamma, que eu tentava parar. Eu até tapava os ouvidos para não escutar o amor, mas ele fluía como uma torneira quebrada, e ia alagando tudo e eu me afogava todos os minutos, todos os segundos...

LUÍSA — Olha aí, Alberto!

ALBERTO — De onde é que você tirou essa novela, meu Deus!

ANGELINA — Você não percebe que é inútil, Alberto?

ALBERTO — Pare de representar, menina! Qual é a sua intenção? Me comprometer? Qual é o jogo? É dinheiro? É o PT? Você é militante do PT e quer desestabilizar o governo? É isso?

ANGELINA (*choramingando*) – Eles já sabem, Alberto!

ALBERTO — Você está me tomando por algum débil mental? Você não precisa disso, é bonita, jovem, tem toda a vida pela frente, por que começar pelo lado errado da vida?

ANGELINA — Mas eles já sabem!

LUÍSA — Mas ele está negando, menina, ele está negando, por que é que você continua?

ANGELINA — Não faça isso comigo, Alberto...

LUÍSA — Olha, que atrevida! Se ele está dizendo que não tem nada com você, por que é que você insiste? O que é que ela pretende, Alberto?

ALBERTO — Eu é que sei? É pra você ver o mundo em que estamos metidos!

ANGELINA — Que coisa horrível, Alberto, que coisa horrível!

LUÍSA — Olha, que atrevida!

ALBERTO — Chega! Não te conheço, não sei quem você é, acabe com esse circo, mocinha!

ANGELINA — O que aconteceu com você, Alberto? Por que agora...

NICOLA — Non di' niente, figlia! (*Vai até Angelina e a protege.*) Non piangere. Bambola, bambolina, non piangere! Capisco, adesso capisco! Anche mangiando pane e pane sono meglio di questo canaglia! Dimentichiamo questo schifo!

ANGELINA — O senhor nunca vai me perdoar, vai, papã?...

NICOLA — Perdonare, io? Non è successo niente, figlia, perdonare cosa?

ANGELINA — O que eu fiz, papà, foi tão feio...

NICOLA — Ma non hai fatto niente, figliola, non è successo niente! È stato tutto un pesadelo. (*Abraça carinhosamente a filha.*) Guardami: sono sempre tuo papã, capisci?

ALBERTO — Você ouviu, Luísa? Não sou eu, é ele quem está dizendo que não aconteceu nada. Dá pra confiar um pouco em mim, agora?

NICOLA (*para Alberto*) — Sai perché non t'amazzo? Perché non voglio sporcarmi le mani. Perché tu non vali niente. Tu è un verme sono lo stesso! (*Tira o cheque do bolso, amassa-o e o atira aos pés de Alberto.*) Andiamo, figlia, andiamo via. (*Saem abraçados.*)

GALDINO — Que merda, hein?

ALBERTO — Como tem gente demente neste mundo, meu Deus! E a segurança desta secretaria? E se esse louco está armado, já imaginaram o que podia acontecer?

IVANI — Será que eu poderia ir pra casa, doutor Alberto? Não estou me sentindo bem...

103

ALBERTO — Claro, Ivani, claro... (*Ela se prepara para sair.*) Ivani, chega um pouco mais cedo amanhã, que eu vou precisar de você...

IVANI — A partir de amanhã eu não estarei mais trabalhando aqui. Gostaria que o senhor recomendasse a minha transferência para a Secretaria da Fazenda.

GALDINO — Posso te acompanhar até a sua casa?

IVANI — Não, Galdino, quero caminhar um pouco sozinha, obrigada... (*Sai.*)

ALBERTO — Fiz tudo por essa Ivani... Era caixeira das Lojas Americanas, trouxe ela pra cá, dei força, passou a auxiliar, fiz dela minha secretária particular! E olha só, como é que ela me recompensa... No momento em que eu mais preciso dela!

GALDINO — A vida do homem público é assim mesmo, doutor Alberto...

ALBERTO — Você, eu não quero mais aqui na minha secretaria.

GALDINO — Está falando comigo?

ALBERTO — Não admito deslealdade, Galdino. E com você não vai ter transferência, vou te botar pra fora a bem do serviço público. E vou tratar disso pessoalmente!

GALDINO — E o uísque, o que eu faço com o uísque?

ALBERTO — Que uísque?

GALDINO — As duas caixas de uísque que o senhor mandou pegar no My Friend.

ALBERTO — Eu mandei pegar?

GALDINO — Em quase dois anos o senhor tomou alguma dose de uísque frio? Eu saio, muito bem. Onde é que o senhor vai descolar dólar ao preço que eu consigo? E a menina do De

Paula, a do banheiro? E a batida do Mercedes? Isso só pra falar no expediente de hoje. Mas tudo bem, doutor Alberto, se o senhor não me quer mais aqui na secretaria, tudo bem. Agora vou lhe dizer uma coisa... (*Toca o telefone, ele atende.*) Alô. Um minuto. É pro senhor.

ALBERTO — Alô. Ah, como é que vai, ministro, tudo bem? Para mim seria uma honra. Não, uma outra gozação aí do Ulisses? Quem é que me indicou? Entendo. Sim, o governador me convidou, eu aceitei, acho que o meu desempenho não é dos piores, modéstia à parte, mas isso não quer dizer que eu concorde com tudo o que o governador está dizendo. Não, ministro, minha posição no caso é até oposta à do governador. Seria uma honra pra mim... Não, eu acho que aí não seria nenhuma deslealdade. Sempre apoiei o presidente, você sabe disso. Luísa? Não, pelo contrário, a Luísa adora Brasília. Hoje? Posso ir, sim. A que horas? Eu estarei aí. No primeiro avião. Será uma honra. Olha, pra todos os efeitos estou indo a Brasília pra consultar o ortopedista do Ulisses, ok? No primeiro avião. Dá um abraço no presidente. (*Desliga.*)

GALDINO – O senhor tem grandeza. Não disse que o senhor ia chegar lá?!

ALBERTO — Me vê uma passagem no primeiro voo, Galdino.

GALDINO (*ao interfone*) – Lucinda, reserva uma passagem pra Brasília pro doutor Alberto agora!

ALBERTO — Eu vou até o palácio e depois a Brasília. (*Nicola entra na cozinha de sua casa.*) Se eu não voltar amanhã, é que as coisas começaram a dar certo, Luísa. Eu vou estar no Hotel Nacional, assim que eu puder eu te ligo.

LUÍSA — Você não tem que conversar com a sua filha?

ALBERTO — Prefiro falar quando voltar. Não se preocupe, Luísa, isso não é nada. Qual é a menina da idade dela que não fumou um cigarrinho de maconha? (*Angelina entra em casa.*) Galdino, manda o motorista me pegar no palácio com a passagem. (*Prepara-se para sair.*)

GALDINO – E eu, como é que eu fico?

ALBERTO – Vamos todos pra Brasília. Esquece. (*Sai. Nicola põe na vitrola o disco de Mano Del Monaco. O cantor entoa a ária "E lucevan le stelle" desde o início.*)

GALDINO – Luísa, topa comprar um saco de pipoca e entrar num cinema agora?

LUÍSA – Não, Galdino, obrigada. Hoje não sou uma boa companhia pra pipoca.

NICOLA – Il più grande cantante del mondo.

GALDINO – Nem um porre pra comemorar Brasília?

NICOLA – Sono stanco!

GALDINO – Vamos todos pra Brasília!

LUÍSA – Nada! (*Sai. Galdino fica sozinho.*)

ANGELINA – Só queria perguntar uma coisa, papà...

NICOLA – Sobre quello schifo, no! Per favore!

NICOLA – Mas é importante, papà, depois eu não toco nunca mais no assunto...

NICOLA – Va bene, parla, Angelina.

ANGELINA – Tá bom que o senhor é orgulhoso, é siciliano, mas afinal ele amassou o teu carro. Por que o senhor jogou fora o cheque?

(*Galdino, na secretaria, pega o cheque, desamassa, guarda no bolso e sai.*)

106

NICOLA — Perché... Perché me deu vontade de jogar, joguei, pronto!

ANGELINA – Mas papà, eu não entendo, não foi uma loucura?

NICOLA — Ma che loucura, ma che loucura! Aquele cheque não ia dar sorte, capisci? Ma che loucura!

ANGELINA – Ainda assim eu não entendo. Perché?

NICOLA — Perché... Bene, foi um gesto bonito, assim teatrale, que io sempre quis fazer. Sabe um gesto dramático, trágico, um gesto d'opera?

ANGELINA – Papà... (*Se abraçam. Toca o telefone. Angelina atende.*) Alô! É Angelina. Oi, Giovanni, tudo bem com você? Claro que não esqueci de você, é que tenho andado muito ocupada. Ué, quando você quiser, Giovanni, por mim tudo bem...

NICOLA — Giovanni... Meno male!

(*Angelina começa a rir.*)

# QUALQUER GATO VIRA-LATA TEM UMA VIDA SEXUAL MAIS SADIA QUE A NOSSA

TATI — 22, 25 anos

MARCELO — 25, 27 anos

CONRADO — 30, 35 anos

São três jovens. Claro que as idades podem variar, desde que se guarde uma relação lógica. Conrado pode ser um pouco mais velho. Ele tanto pode ser um brilhante erudito de 28 anos, desses ratos de biblioteca com lentes fundo de garrafa, como um jovem professor de 40 anos. Aí é lutar pela melhor opção. Tati é uma universitária. Entre 22 e 25, 26 anos. Há um número enorme de jovens atrizes talentosas nessa faixa etária. O importante é que seja talentosa. Se linda, infinitamente melhor! Marcelo é o grande malandro simpático e descontraído. Não estudou, não gosta do trabalho e vive de simpatia e irresponsabilidade. Deve ser um homem bonito.

## SUGESTÕES EVENTUALMENTE INÚTEIS

— 1 —

Um excelente cenógrafo poderá apenas sugerir espaços sobre o palco nu. O bar são duas cadeiras e uma mesa. O apartamento de Tati, a sugestão de uma porta e um sofá podem resolver. A palestra de Conrado na faculdade não requer nada, porque ele fala para a plateia. De qualquer forma, o fundamental é a criatividade de um maravilhoso cenógrafo e uma ótima luz. Quanto à luz, trata-se de uma comédia, o que requer bastante luz, e luz de frente para o brilho dos olhos dos atores. Esta observação não é irrelevante porque os espetáculos de vanguarda e experimentais acabaram consagrando aqui no Brasil – e só aqui – a iluminação apenas a partir do urdimento e das coxias, em meio a uma névoa quase que permanente. O efeito visual é belíssimo mas o espetáculo é gelado e a empatia com os atores, zero. Porque os atores ficam virtualmente no escuro, com sombras fantasmagóricas sob os olhos e o nariz, provocadas pela luz projetada de varas de refletores colocadas em cima de suas cabeças. Outra paixão dos nossos diretores experimentais é o sépia crepuscular, aqueles tons outonais, gradações sobre o dourado, fins de tarde tchecovianos, tristes e repousantes, que tão bem traduzem a melancolia da burguesia decadente, mas que nada têm a ver com uma comédia de costumes. Portanto, luz de frente para brilhar os olhos dos atores! Como aliás ocorre em todo o mundo. Como diz Bibi Ferreira, Peter Stein e dizia Tadeusz Kantor, "comédia é luz nos olhos dos atores".

— 2 —

Tanto no texto de *Meno male!* como no de *Procura-se um tenor* eu escrevi uma observação sobre a comédia, a pedido de Bibi Ferreira. E vou repeti-la aqui. "*O gato vira-lata* é uma comédia realista. Qualquer tentativa de fazer graça, de super-representar, de puxar pelos cabelos ou chanchar, resulta em absoluto desastre! As situações são apenas engraçadas para os espectadores, mas não têm a menor graça para os atores, que vivem em clima de permanente conflito. Para eles nunca é engraçado. Ao contrário, todos estão em crise. Tati vive em permanente expectativa e ansiedade. Ama e é humilhada por Marcelo. Se angustia e chora por um amor que só lhe causa dor e infelicidade. Marcelo é inseguro, ignorante e emocionalmente instável. Namora Tati mas tem que se afirmar através de ligações clandestinas, que nada lhe trazem de positivo além de aviltar seu próprio caráter. Quando finalmente se apaixona por Tati é tarde demais e ela o rejeita. Conrado é inteligente, culto, mas imaturo e solitário. Os livros e a erudição não lhe deram sequer uma namorada. Quando afinal a descobre e se dispõe a tudo para conquistá-la, ela está de partida. Portanto, temos que representar esta comédia a sério. Não se pode fingir o choro! A lágrima tem que ser autêntica, o sofrimento legítimo e o desespero verdadeiro. Quanto mais verdadeira, mais engraçada."

*Juca de Oliveira*

# Personagens

TATI     – 22, 25 anos
MARCELO – 25, 27 anos
CONRADO – 30, 35 anos

# Cena 1

*(Pátio da faculdade)*

TATI – Eu não sou romântica? Depois de tudo que eu tenho feito por você, você tem a coragem de dizer que eu não sou romântica?

MARCELO – Você não é romântica, Tati. Porra, vamos ser honestos, mas você não é romântica.

TATI – Em que que eu não sou romântica? Vai, fala! No que, Marcelo, me explica, eu quero saber. Se eu estiver errada, tudo bem, eu procuro modificar.

MARCELO – Ninguém disse que você está errada, eu só disse que você não é romântica!

TATI – Então, é isso que eu estou falando! Me diga no que eu não sou romântica! Você fala que eu não sou romântica e acabou?

MARCELO – Porra, não grila. E eu nem sei se isso é um defeito! Pode não ser defeito nenhum. Minha mãe não é muito romântica, nem meu pai é romântico e eles não estão lá, juntos, há uns 200 mil anos? Tem gente à beça que não é romântica. E ninguém morre por causa disso! (*Tati começa a chorar.*) Ah, não, drama, não. Grande merda, Tati, vai ver é uma puta vantagem não ser romântica. Vai ver quem não é romântica sofre menos, não é uma boa?

TATI (*choramingando*) – Sofre menos? Eu só sofro! Por isso é que eu tenho certeza de que sou romântica, porque eu sou – de todas as minhas amigas – a que mais sofre e, portanto, a que é mais romântica! Até flores eu dei pra você, Marcelo! E dar flores para um homem nem é comum e eu não te dei flores? Você lembra que eu te dei flores?

MARCELO – Taí, lembrei. Não achei aquilo um treco romântico!

TATI – As flores são uma espécie de símbolo do romantismo, seu idiota! No dia do teu aniversário eu te mandei flores e quando nós fizemos seis meses de namoro eu te dei uma belíssima orquídea num xaxim de quase dois metros de comprimento.

MARCELO – Ah, não sei explicar, Tati. Quando você dá uma flor parece que você vem junto com a flor, pô... Tá bom, eu compreendo que as flores são românticas, mas quando você dá, não é romântico. Agora, se você me perguntar por quê, eu não vou saber responder.

TATI – Você nunca pensou que o problema pode estar em você? Você nunca se perguntou – nesse caso – por que é que você não gosta de flores?

MARCELO – Tá legal, então não é isso. Eu não estou bem certo, acho que não é que você não seja romântica. É, você tem razão, você é romântica. É outra coisa. Vamos fazer uma coisa, Tati? Vamos dar um tempo? Então ficamos assim, você me dá um tempo, uma hora a gente se cruza, precisando de mim me dá um toque, numa boa, ok? Beijão, Tati, a gente se vê. (*Vai saindo.*)

TATI – Espera aí, Marcelo! Você não vai saindo assim sem mais nem menos!

MARCELO – Ai, meu saco!

TATI – Por que você não é claro? Por que você não diz a verdade? "Olha, Tati, eu quero dar um tempo porque eu não gosto de você, a verdade, nua e crua, é que eu jamais gostei de você." Há séculos que eu sei disso, que eu devia ter mandado você à merda, mas como eu sou uma tonta, eu fui ficando. Você não gosta de mim, Marcelo, essa é que é a verdade!

MARCELO — Não é isso, mas já que você acha que é, então é. Posso ir?

TATI — Pode, vá embora, seu monstro!

MARCELO — A gente se vê, ok? Qualquer coisa eu telefono.

(*Ele sai. Ela fica choramingando.*)

## CENA 2

(*Sala de conferência de Biologia*)

(*Conrado dá sua conferência sobre psicologia evolucionista. Aliás, está terminando.*)

CONRADO — Ninguém é feliz. As meninas reclamam: os meninos não namoram direito, são cafajestes, marcam e não aparecem, preferem um papo com os amigos... e quando vai rolar alguma coisa dão mil desculpas e nunca escrevem poemas de amor. O romance acabou. Os meninos também reclamam porque as meninas atacam, marcam pesado, telefonam demais, não são românticas...

TATI — Como, não são românticas?

CONRADO — Não são românticas... Estão sempre fazendo fofoca com as amigas, que são a coisa mais importante da vida delas... Quem casa se separa antes de completar um ano...

Quem fica casado só fica porque não tem coragem de separar. Qualquer gato vira-lata tem uma vida sexual mais sadia que a nossa. Qualquer marreco do brejo transa com a marreca do brejo sem precisar passar o resto da vida num divã de psiquiatra. Por quê? Erros básicos no comportamento biológico. As mulheres deveriam ser recatadas, mas assediam sexualmente os homens, e os homens que deveriam assediar se apavoram e saem correndo. Bom, se ninguém quer perguntar nada, a palestra terminou, obrigado.

TATI — Professor! Posso fazer mais uma pergunta, por favor?

CONRADO — Bem rápido, por gentileza.

TATI — O senhor disse que a grande responsável pelo desastre das relações amorosas é a mulher, porque ela toma a iniciativa, ela assedia o homem sexualmente, que ela devia ser passiva.

CONRADO — Eu não usei a palavra passiva. Quando falamos em evolução, nada é passivo. O que eu disse é que em todas as espécies a fêmea é recatada. Recatada é uma pessoa que tem pudor, que é modesta, que tem comportamento honesto. A mulher não, a mulher é a única que está na contramão da natureza...

TATI — Quer dizer que eles são cafajestes porque nós não somos honestas?

CONRADO — A mulher — a exemplo do seu ancestral selvagem — deveria ser mais recatada sexualmente que o homem, porque o macho pode fazer centenas de filhos em um ano. A fêmea só pode fazer um.

TATI — É por isso que o macho pode tudo e a fêmea não pode nada? Além de carregar aquela imensa barrigona devemos ficar aplaudindo enquanto ele faz centenas de filhos durante a gravidez?

CONRADO — Deveriam ficar, mas não ficam.

TATI — O senhor é muito machista, ouviu, professor. O senhor fala em contramão, mas é o senhor que está na contramão!

CONRADO — Desculpe, mas infelizmente eu não tenho tempo para escutar palpites. A Biologia é uma ciência, não é um palpite. O homem é sexualmente ativo não por uma decisão pessoal. O negócio dele é transmitir o gene, é perpetuar a espécie. É o projeto mais importante de todos os bichos e a força mais poderosa da vida. Ele é atrevido sexualmente, porque ser atrevido é desejável na biologia. A mulher é recatada sexualmente porque ser recatada é desejável geneticamente. Se ele for um banana, ele vai transmitir características de banana e a espécie humana vai acabar. Ninguém tem culpa. É assim.

TATI — E quando exigimos um pingo de igualdade ficamos responsáveis pela extinção da espécie?

CONRADO — Mocinha, hoje em dia há milhões de homens desamparados e inseguros. Eles são acusados de insensibilidade, de cafajestes, como você mesma disse. Na verdade eles estão apavorados porque vocês estão atacando. Eles estão morrendo de medo. O que eles querem é apenas um cafuné, uma sessão de cinema e um saco de pipoca. Esses são fatos. Brigue com eles, não adianta brigar comigo. Bom, se não tem mais perguntas, obrigado.

(*Ele começa a arrumar seus papéis e livros para se retirar. Tati vem da plateia de onde esteve interrogando o professor Conrado e sobe no palco.*)

TATI — Professor! Espere, professor! (*Conrado, que estava saindo pela coxia, para.*) Professor, posso falar um pouco com o senhor? Eu achei fantástica a sua palestra.

CONRADO — Achou? Mas você discordou de tudo.

TATI – É que o senhor falou de erros que eu cometo de cinco em cinco minutos, como se o senhor estivesse falando diretamente comigo. Professor, eu quero que o senhor me ajude.

CONRADO – Se eu puder...

TATI – Eu queria que o senhor me orientasse sobre os erros que eu venho cometendo.

CONRADO – Não entendi...

TATI – Os erros que eu cometo com o meu namorado. Ou com os meus ex-namorados. Nada dá certo pra mim. Eu nunca tive muitos namorados. Antes do Marcelo eu namorei o Osmar, o Marcos, o André e o Simão. Mas ou eles me traíam ou...

CONRADO – Um momento. Você é aluna aqui da faculdade?

TATI – Não, eu estudo Direito, não tenho nada a ver com Biologia. Eu briguei com o meu namorado, comecei a chorar e quando vi estava assistindo à sua palestra.

CONRADO – Obrigado por ter escolhido a minha palestra pra chorar...

TATI – Eu não quis ofender, pelo amor de Deus, eu adorei...

CONRADO – Amanhã eu vou dar um seminário de zoologia... Se você brigar com algum dos seus namorados pode ir chorar na zoologia...

TATI – Não, o senhor está enganado, eu adorei a sua palestra. Eu fiquei superimpressionada, por isso é que até estou pedindo ajuda...

CONRADO – Não sei se você percebeu, mas eu sou um professor de Biologia. Que ajuda você quer?

TATI – Uns conselhos, ora.

CONRADO — Sobre o quê? Sobre os seus namorados? Foi isso que eu entendi?

TATI — É, é exatamente isso!

CONRADO — E como é que eu posso ajudar você com os seus namorados... além de dar palestras pra você chorar?

TATI — Sei lá, me indicando. Me dando dicas. A roupa certa que eu devo vestir, quando é que eu devo beijar, olhar... Quando ele fica meio paradão eu vou à luta ou espero que ele tome a iniciativa?

CONRADO — Mas eu não sou conselheiro matrimonial. Eu sou um professor de Biologia.

TATI — Então! Eu acompanhei a sua palestra e pela primeira vez eu compreendi que há uma saída, uma solução.

CONRADO — Solução pra quê?

TATI (*segurando Conrado*) — Até a sua palestra eu achava que era assim mesmo, que o sofrimento fazia parte do amor, que a infelicidade conjugal vem junto com a paixão. Ontem, quando me despedi do Marcelo — Marcelo é o meu namorado, é não, era —, eu pensei seriamente em entrar para um convento...

CONRADO — Que bobagem... Uma garota tão bonita...

TATI — Mas sem utilidade prática ultimamente... Voltando à sua palestra, à medida que o senhor falava as coisas iam ficando mais claras, comecei a ver uma saída... É tudo muito mais simples do que eu pensava!

CONRADO — Bondade sua. Mas não vejo como possa te ajudar. Qualquer coisa, amanhã na zoologia. (*Vai saindo.*)

TATI — Eu pago.

CONRADO — Como?

TATI – Eu pago pela sua ajuda. O senhor faria um trabalho profissional.

CONRADO – Eu já tenho um emprego. Obrigado pelo seu interesse, mas eu trabalho aqui na faculdade. Não parece que eu trabalho? (*Vai saindo.*)

TATI – Você fala, fala, fala, e não tem interesse em confirmar o que diz? Que diabo de cientista é você? Por que não defende uma tese, pelo menos? Ou você não é um cara sério?

CONRADO – Tese? Que tese?

TATI – Você falou, falou, mas por enquanto é tudo teoria! Por que não prova que você está com a razão? Eu posso ser a sua tese. Você pode aplicar em mim a sua teoria e se der certo, todo mundo na faculdade vai achar você o maior gênio! Não é uma boa?

CONRADO – Mas não há o que provar. O que é, é, e pronto. Provar o quê?

TATI – Que eu sou infeliz porque não me comporto biologicamente da forma correta.

CONRADO – Eu não estou interessado em provar absolutamente nada!

TATI – Mas eu estou! Se der certo, se depois das tuas lições eu não for mais infeliz, a tese deu certo.

CONRADO – Você está falando sério?

TATI – Claro!

CONRADO – Mas, mocinha, uma tese é uma coisa complicada. Você teria tempo, disponibilidade pra trabalhar comigo numa tese?

TATI – Você acha que eu não ia ter tempo para a minha felicidade?

CONRADO — Você sabe pelo menos o que é psicologia evolucionista?

TATI — Não. Mas se for preciso eu aprendo...

CONRADO — Não precisa... Quanto menos souber, melhor... Você e a sua vida amorosa seriam a minha tese. Você fala sério?

TATI — Claro que eu falo sério!

CONRADO — A condição é que você seja infeliz... Você é infeliz?

TATI — Superinfeliz! Eu tive cinco namorados com o Marcelo e todos foram um suplício! Eu sobrevivi porque sou teimosa.

CONRADO — Não brinque, isso é muito sério! Vai envolver toda a comunidade acadêmica! Gente que adoraria me ver numa lata de lixo!

TATI — Estou lhe dizendo que sou uma infelicidade só! Eu posso provar, meu Deus!

CONRADO — Muito bem. Mas vai ser do meu jeito! Eu estabelecendo os horários e a forma de trabalho. Quero gravar e fotografar tudo. Todo material que usarmos na pesquisa vai correr por sua conta. Se eu tiver que contratar um ajudante é você que vai pagar o salário dele, de acordo?

TATI — Claro que estou de acordo. Você aceita?

## CENA 3

*(Apartamento da Tati)*

*(Marcelo entra furioso e toca a campainha da porta de Tati. Ela está dentro e não tem a intenção de abrir. Está nervosa.)*

MARCELO — Tati! *(Bate.)* Tati!!! Eu sei que você está aí, Tati, quer abrir essa porta? *(Tati quieta.)* Pô, abre que eu quero conversar com você! Tati, por favor, Tati! Eu estou pedindo por favor. Eu não sou de pedir por favor, você sabe disso! Por favor! (*Bate.*) Tati!!! (*Bate com violência na porta. Conrado aparece e fica olhando. Marcelo não vê Conrado e continua.*) Aquela menina tá a fim da minha prima, você pensou que eu estava com ela? Eu não tenho nada com ela, sua tonta. O negócio dela não é homem, cara... Ela tava me pedindo pra dar uma força com a minha prima, só isso. Tati, você ainda não sacou que você é a mulher da minha vida? (*Bate, perdendo a paciência.*) Quer abrir essa merda dessa porta, porra! Eu vou embora, hein? Mas se eu for embora agora, eu nunca mais olho pra tua cara! Tati! (*Bate e aí vê Conrado.*)

CONRADO — Não deu pra você perceber que ela não está em casa?

MARCELO — Claro que ela tá em casa! Como é que você sabe que ela não está em casa?

CONRADO — Você quase derrubou a porta do apartamento dela. Se ela estivesse em casa teria atendido.

MARCELO — Você está me censurando por eu ter batido na porta da Tati? Foi isso que eu entendi?

CONRADO — Não por você ter batido na porta da Tati. Estou achando absurdo uma pessoa bater dessa forma em qualquer tipo de porta.

MARCELO — Como você é engraçadinho, meu!... O que é que você tem a ver com a Tati?

CONRADO — Nós estamos fazendo um trabalho na faculdade.

MARCELO — É a segunda vez que eu te vejo fuçando por aqui. É bom registrar que não estou gostando nada, nada...

CONRADO — Não sabia que você era o síndico do edifício... (*Vai saindo.*)

MARCELO (*segurando Conrado pelo braço*) – Pera lá, chefia. Você não acha que é muito folgado, não?

CONRADO – Quer tirar a mão, por favor?

MARCELO – Você é um puta cara folgado, meu. Já não gostei de você da primeira vez que a gente se cruzou.

CONRADO – Eu tô morrendo de medo de você...

MARCELO – Você tá querendo levar um sopapo no focinho, é?

CONRADO – E quem é que você vai chamar pra fazer isso?

MARCELO (*joga Conrado na parede*) – Escuta aqui, ô vagabundo!

(*Conrado está superassustado, acha que vai levar porrada e o outro é dez vezes mais forte. No que Marcelo vai descer a pua, entra Tati.*)

TATI – Pare com isso, Marcelo! (*Puxa Marcelo para tirá-lo de perto de Conrado.*) Você quer me complicar aqui no prédio?

MARCELO – Esse carinha aí já torrou o meu saco.

TATI – Deixa ele, vai! Deixa ele, Marcelo!

MARCELO – Essa você fica devendo pra ela, ô babaca! Se não é o gongo eu ia te ensinar a não ser folgado...

(*Tati o puxa para dentro.*)

TATI – Vem, Marcelo, vem!

CONRADO – Dê graças a Deus ela ter aparecido!

MARCELO – Olha que filha da puta!

TATI (*segurando Marcelo*) – Você é doido, Marcelo? Entra! E você, Conrado, vá embora! Eu falo com você na faculdade! (*Para Marcelo.*) Se o síndico escuta essa discussão eu estou na rua, é isso que você quer? Levei seis meses pra alugar este apartamento e olha o clima que você cria!

124

MARCELO — Qual é, porra! O cara é um puta espaçoso, comigo não. Quem é esse filha da puta, hein? Já te vi umas duas ou três vezes com ele. Você conhece esse filha da puta?

TATI — Nós estamos fazendo um trabalho da faculdade. O que é que você tem com isso?

MARCELO — Olha como ela fica... Você já deu pra esse cara, é?

TATI — Claro que não!

MARCELO — Olha que filha da puta, você tá transando com esse cara!...

TATI — Quer parar de ser grosso?

MARCELO — É isso mesmo, ele falou de você como se já tivesse te comido, olha que filha da puta!

TATI — Eu quero que você vá embora.

MARCELO — Filha da puta!

TATI — Você ouviu o que eu disse? Eu quero que você vá embora! Eu quero QUE VOCÊ VÁ EMBORA!!!

MARCELO — Sério?

TATI — Sério.

MARCELO — Por causa desse filha da puta?

TATI — Não, Marcelo, não é por causa dele. E depois não é "filha" da puta é "filho" da puta!

MARCELO — Tá me chamando de analfabeto, é?

TATI — Você quer sair daqui, por favor? E por favor, sem escândalo.

MARCELO — É por causa desse babaca?

TATI — Não, Marcelo, não é por causa desse babaca. Eu quero que você vá embora, porque você é um cafajeste. Eu namoro você há quase um ano e nesse tempo você fez comigo as piores canalhices que alguém pode fazer com uma mulher.

MARCELO — Canalhice? Que canalhice?

TATI — Que canalhice? Então vamos lá: (*Apanha uma agenda.*) Um: no dia 7 de setembro a gente estava no cinema assistindo a *O carteiro e o poeta*, você foi ao banheiro, eu aproveitei para comprar pipoca e peguei você no telefone da bombonnière com o seguinte diálogo: "Estou falando daqui do hospital, meu bem! Minha tia foi atropelada na saída do Fasano e toda minha família está aqui no hospital".

MARCELO — O que você não está sabendo...

TATI — Pelo amor de Deus, não me interrompa! Dois: no dia 27 de setembro – porque eu sou uma retardada mental –, nós voltamos. Três: no dia 29 de setembro eu não fui trabalhar porque tinha prova na faculdade e você apareceu na secretaria, no meu departamento, com uma morena alta, cabelos compridos, um pouco vulgar e muito maquiada, e no pátio do estacionamento ficaram, dezoito minutos cronometrados pela Vanessa, num amasso incompatível com o local, a hora e as circunstâncias. Chorei de 29 de setembro a 15 de outubro, e como não passo de uma retardada mental, acabei voltando pra você. Quatro: jantar no dia 26 de outubro. Me deixou plantada até às duas da manhã. Desculpa: atropelamento da tia. Cinco: jantar no dia 11 de novembro. Me deixou plantada. Desculpa: atropelamento do tio. Seis: fim de semana em Ilhabela. Esperei de malinha pronta de sexta, dezoito horas, até sábado, 23 horas, quando meu pai me levou para o Pronto-Socorro Santa Lúcia para sonoterapia e soro na veia. Desculpa: atropelamento de um priminho. Mas como não passo de uma jumenta, voltei outra vez. Há uma semana você me larga na porta da Biologia chorando, pede perdão durante 45 minutos e este muar de inteligência volta pela bilésima vez. E por último, te apanho anteontem – eu, pessoalmente – aos beijos e abraços com a Jéssica, minha melhor amiga! E então, em vez de me internar novamente, resolvi te deixar para sempre e cuidar da minha vida, do meu futuro e da minha felicidade. Vá embora e, por favor, não volte nunca mais, ouviu? Nunca mais, eu nunca mais quero ver a tua cara!

MARCELO – Você não acredita que aquela menina era a minha prima?

TATI – Não, Marcelo, aquela menina não era a sua prima. Segundo você, aquela menina estava a fim da sua prima.

MARCELO – Isso, você não acredita que ela está a fim da minha prima?

TATI – Claro que acredito! Piamente.

MARCELO – Você não gosta mais de mim?

TATI – Por favor, Marcelo!

MARCELO – É só você dizer: eu não te amo e acabou. Juro. Mas pra isso, Tati, você vai ter que olhar bem no fundo dos meus olhos e dizer: eu não te amo mais! Saio por aquela porta e nunca mais você vai me ver, juro por Deus!

TATI – Eu não te amo mais.

MARCELO – Você não sabe o que está falando. Quantas vezes nós brigamos? Dez, vinte? Quantas vezes você voltou? Deixa de ser ridícula, Tati. Você não me ama?

TATI (*meio que perdendo o controle*) – Tá bom, eu te amo, Marcelo, você sabe que eu te amo. E daí? O que é que isso muda na nossa vida? Eu não quero mais! E agora será que você podia sair da minha casa?

MARCELO — Porra, me dá uma chance, Tati. E depois olha aí, você está chorando. Você chora porque é apaixonada por mim, tá super na cara!

TATI — Não, Marcelo, eu choro de ódio de ser tão burra!

MARCELO (*tira a jaqueta e fica bem à vontade*) — Eu vou ficar aqui.

(*Conrado surge e fica assistindo. Ele não participa da cena. Aqui é apenas o observador. É como se estivesse vendo a cena contada por Tati.*)

TATI — Não senhor! Essa casa é minha e eu quero você fora daqui. Fora! Você não tem o direito de ficar dentro da minha casa nem um minuto, Marcelo, por favor! (*Marcelo se deita no sofá e lê uma revista.*) Você não vai sair? Marcelo, pelo amor de Deus! (*Ela pega o telefone e disca.*) Mamãe? É a Tati. Mamãe, sabe o Marcelo, aquele meu namorado? Ele está aqui no meu apartamento e não quer sair. Você liga pra polícia pra mim, mamãe, por favor? Diga que ele se recusa...

MARCELO (*se precipita e arranca o telefone da mão dela*) — O que é que deu em você? Você enlouqueceu, guria?

TATI — Quer dar o meu telefone, por favor?

MARCELO — Você ia dar queixa de mim na polícia? O que é que você tem nessa tua cabeça? Merda? (*Joga o telefone em cima dela.*) Taí, liga! Liga pra sua mãe! Me entrega pra polícia, sua filha da puta. Piranha! Você tem sorte, porque se me pega num dia atravessado eu te dou umas porradas, piranha... (*Sai puto e vai embora.*)

# Cena 4

*(Apartamento da Tati)*

CONRADO *(que estava assistindo)* – Fino esse teu namorado, hein?

*(Toca o telefone.)*

TATI *(atendendo)* – Alô! Oi, mamãe, é a Tati. Não, ele já saiu. Foi um recurso que eu usei, mamãe, ele não é perigoso, é só mal-educado. Não, eu estou bem, não precisa chamar a SWAT. A SWAT é americana, mamãe, só nos Estados Unidos. Você está no clube? Mamãe, você não tinha parado de beber? Eu estou sentindo o cheiro de uísque daqui! A que horas você vai pra casa? Um beijo. *(Desliga.)* O que que eu fiz de errado?

CONRADO – É isso que vamos ver. *(Ela desata a chorar.)* Não chora, não chora que você fica feia...

TATI – Porra, não é por estar na minha presença, Conrado, mas eu acho que sou uma garota legal. Eu trabalho, eu ganho meu próprio dinheiro. Faz séculos que eu não peço um mísero real pra minha mãe ou para o meu pai. Sou eu que ponho gasolina no meu Fusca meia um. Não fumo, não fumo cigarro, crack, charuto, nada. Não cheiro, não tomo nem aspirina, juro por Deus. Sou leal, sou superfiel com esse filho da puta que não me dá nada em troca! Estou no quarto ano de Direito da São Francisco e sou estagiária num dos melhores escritórios de advocacia de São Paulo. Posso até me tornar uma promotora pública, uma delegada, uma juíza bem linha Camile Paglia e meter o filho da puta do Marcelo numa masmorra fedorenta com 250 delinquentes bem da pesada e no dois por dois pra enrabar o Marcelo durante uns quinhentos anos! Eu estou brincando, Conrado. Não, eu não estou brincando, eu estou sofrendo... (*Respira fundo.*) Conrado, o que é que está errado? Até rimou, meu Deus...

CONRADO — Me fale dos seus namorados.

TATI — Eu só tenho um namorado.

CONRADO — Você não teve um monte de namorados?

TATI — O Marcelo... o Marcos, o André, o Osmar, o Simão... Acho que é só. O que você quer saber?

CONRADO — Como você conheceu o André?

TATI — O André? Foi no shopping. Ah, eu não lembro... Serve o Marcelo? (*Ele faz que sim.*) Nós fomos a uma boate. A Paula e eu. Na Number One, você conhece? Sábado. Tava duro de gente. Nisso entrou um cara de blazer branco acompanhando o ritmo da música com o corpo.

(*Cria-se um clima de boate, luz negra, telão, fumaça. Marcelo entra marcando o ritmo. A ideia é que a cena se passa na imaginação de Tati. À medida que ela conta, a cena se materializa e Conrado vê a cena como uma espécie de espectador privilegiado que tem o poder de interrompê-la e fazê-la continuar, à medida que tiver interesse em esclarecer os vários pontos da narrativa de Tati.*)

Gatésimo! Cabelos pretos, bem pretos, ondulados. De onde eu estava eu não podia ver, mas eu tive quase a certeza de que os olhos dele eram azuis. Fiquei na marcação, mas ele nem aí. Tive a impressão de que a metade das meninas do Number One estava olhando pra ele. Aí eu fui chegando, fui chegando mais pra perto dele. Mas tinha muita fumaça, quase nenhuma luz e nada de ver os olhos dele. Fiquei uns quinze minutos tentando sacar. Tinha hora que pareciam verdes, ora castanhos, ora azuis.

(*Ela se aproxima.*)

TATI — Desculpe, só uma curiosidade: seus olhos são azuis?

MARCELO — São. Azuizinhos. Por que você quer saber?

TATI — Curiosidade... (*Pausa.*) Você vem sempre aqui?

MARCELO — De vez em quando...

TATI — É que eu nunca tinha te visto aqui. (*Pausa.*) Vamos dançar?

(*Marcelo sai para dançar, mas Conrado interrompe.*)

CONRADO — Pare, pare! (*Interrompe-se a música. Marcelo continua neutro na cena.*) Tá errado!

TATI — Errado por quê?

CONRADO — Você não pode falar com ele!

TATI — Como, não pode falar com ele?

CONRADO — Você não pode nunca falar com ele! Isso é básico! É primário!

TATI — Eu não entendi!

CONRADO — É ele que tem que tomar a iniciativa. Você escolheu, já fez a sua parte. Se ele não fala com você, você não fala com ele!

TATI — Mas ele não falou comigo, seu idiota, você não viu que eu esperei horas e ele não tomou a iniciativa?

CONRADO — Porque ele não tomou a iniciativa, você toma a iniciativa por ele? A iniciativa é dele! Você não pode inverter.

TATI — Por que que eu não posso inverter? Que importância tem eu falar com ele ou ele falar comigo?

CONRADO — Faz quinze milhões de anos que o marreco encontra a marreca e diz: "Bom dia, marreca". Agora, quinze milhões de anos depois, você quer inverter. Você quer que a marreca é que diga bom dia marreco! Você já imaginou como é que vai ficar a cabeça desse marreco?

TATI — E se o marreco chega com aquela tremenda cara de marreco babaca e não diz nada. Qual é o mal da marreca dizer a porra do bom-dia?

CONRADO — Nos mamíferos, nas aves, nos répteis, nos peixes, nos insetos – vaga-lume, joaninha – e até entre os crustáceos – camarão, pitu, siri – há diferenças entre os sexos. E essas diferenças seguem sempre as mesmas regras: os machos fazem a corte, são caras de pau, e as fêmeas são tímidas, quietinhas. Quer dizer, quem convida pra dançar é o caranguejo, não a carangueja. Quem fala primeiro, quem pergunta a cor dos olhos é o camarão, o besouro, não a camaroa ou a besoura. Entendeu?

TATI — Eu não entendi! Se eu não falo com ele não acontece nada!

CONRADO — Só vai acontecer alguma coisa se você não falar com ele!

TATI — Mas falar não tira pedaço. É só falar...

CONRADO — Ele tem que escolher você! Ou melhor, você tem que dar a impressão de que foi ele que escolheu você. E tem mais: ele tem que ter a certeza de que você é uma segurança para o filho de vocês.

TATI — Mas quem disse que eu quero ter filho?

CONRADO — Não interessa o que você quer! Quando você olhou pra ele na boate, começou a fazer o filho.

TATI — Não, não e não!

CONRADO — Começou sim. E um filho complicado. Um filho que precisa de uma mãe superespecial.

TATI — Por que uma mãe superespecial?

CONRADO — Especial porque o filho é um filho cheio de grilo.

TATI — Grilo? De que filho você está falando? Do filho do marreco?

CONRADO — Não, do filho do homem. Estou falando da pré-história da humanidade.

TATI — Ah, não, eu quero resolver a minha vida sexual e não fazer um curso de veterinária da pré-história.

CONRADO — No que o homem se tornava inteligente, sua postura foi ficando ereta. Ele não andava mais de quatro e começou a ficar em pé. Daí é que surgiram os problemas de coluna. Não fomos desenhados para andar em pé e a anatomia humana começou a dar defeito. Mas pra andar em pé tinha que ter uma bacia mais estreita, o canal do nascimento, o colo uterino, a vagina, a vulva, tudo mais estreito. Mas como estávamos ficando mais inteligentes, a nossa cabeça ia crescendo. Qual a solução? Fazer os bebês nascerem prematuros. Porque se nascessem prontos, com aquelas cabeçonas enormes, não passavam. O nosso irmão chimpanzé, no que nasce, já agarra no pescoço da mãe e vai passear pela floresta.. Nós, não. Nós somos um monte de carne imprestável. Qualquer passarinho, com um pouco mais de apetite, come a gente com casca e tudo. Então, o homem e a mulher têm que batalhar para a sobrevivência dessa coisa malformada. Por isso se formaram os casais. O macho está sempre grilado porque se a mulher não ficar ali, em cima do fetinho, o gene dele dança. Agora eu pergunto: que garantia tem ele de que o bebê está protegido se a piranha da mulher chega pro primeiro que encontra e convida o cara para dançar?

TATI — Piranha, você já sabe quem é...

CONRADO — Perdão, não quis ofender...

TATI — Bom, por tudo isso que você falou, não devo falar com ele.

CONRADO — Não fale e, se possível, não olhe!

TATI — Como, não olhar pra ele? Não posso olhar, não posso flertar com ele?

CONRADO — Você não disse que todas as meninas da boate estavam olhando pra ele? Quem ele vai notar? Em quem ele vai prestar atenção? Naquela que não estiver olhando para ele!

TATI — Mas me explica: se ele não olha pra mim o que é que eu faço?

CONRADO — Vá ao banheiro, tome água, desfile, mas não olhe e não fale!

TATI — E se fechar a boate e ele não falar comigo?

CONRADO — Você vai embora, espera pelo seu grande amor num outro dia, mas não fale. Outra coisa que tinha esquecido. Jamais convide um homem para dançar! Se ele não se digna a lhe estender a mão pra dançar, você acha que ele vai trocar o courinho da torneira quando ela começar a pingar? (*Tati pega uma caneta e um caderno e começa a anotar.*) Não precisa anotar, depois eu lhe passo uma apostila.

TATI — Se eu não posso olhar, não posso falar, não posso dançar, o que é que eu vou fazer na merda daquela boate?

CONRADO — Bom, você viu o Marcelo na boate, falou com ele, convidou aquela pessoa tão simpática pra dançar, e depois?

TATI — Eu dei o meu telefone, ele deu o dele e a gente se despediu. No dia seguinte eu liguei.

(*O telefone toca, Marcelo atende.*)

MARCELO — Alô!

TATI — Marcelo, é a Tati.

MARCELO — Que Tati?

TATI — A gente se encontrou na Number One, lembra?

MARCELO — Ah, sei, a menina que me perguntou dos olhos.

CONRADO (*interrompendo*) — Você não podia ligar pra ele!

TATI — Como, não podia ligar pra ele?

CONRADO — Ligar para um homem é a mesmíssima coisa que perseguir esse homem!

TATI — Você está a fim de me enlouquecer? Todo mundo liga, qual é?

CONRADO — Quando você liga, é como se você invadisse o mundo infantil dos meninos. Eles estão lá com os amigos, o futebol, a cervejinha, a fofoca sobre as meninas, e você liga? Se ele não romper com você na hora, ele vai te odiar para o resto da vida!

TATI — Eu não acredito nisso!

CONRADO — Já viu uma gata interromper dois gatos brincando? Os dois partem pra cima dela de porrada.

TATI — Por que ele iria cair de porrada pelo simples fato de eu telefonar pra ele? Olha aqui, se complicar mais um pouco eu caso com a Paula!

CONRADO — Você já viu uma vaca no cio? Ela não fica esfregando o rabo no focinho do boi. Ela fica na dela. Ele que tem que ir à luta.

TATI — Sinceramente, eu não me sinto esfregando o rabo no focinho de ninguém. E depois não sou nenhuma vaca!

CONRADO — Mas na escala da evolução a diferença entre você e uma vaca é mínima!

TATI — Muuuuuuuuuuuu!

CONRADO — Já que você gosta tanto de ficar no telefone, me diga: quem é que desliga o telefone primeiro? Quem liga ou quem atende?

TATI — Quem liga, claro!

CONRADO — Então por que é que quando a mulher liga é o homem que sempre desliga?

TATI — Nem sempre!

CONRADO — Sempre! Não só com você. Com todas as mulheres. Eles sentem a aflição delas e desligam. Bom, e aí?

TATI — Bom, aí continuamos a nossa conversa... (*Pega o telefone imaginário e fala com Marcelo.*) E aí, o que é que você tem feito de bom?

MARCELO (*ao telefone*) — Não muita coisa. Escuta, Tati, eu estou esperando uma ligação de Nova York, minha irmã viajou pra lá, depois que ela chamar eu te ligo, tudo bem?

TATI — Tudo bem. Você tem o meu telefone?

MARCELO — Tenho sim, mas me dá de novo, assim eu já anoto na agenda...

TATI — Então anota aí: 265-3643.

MARCELO — Ok, depois eu te ligo. Beijos. (*Marcelo desliga.*)

CONRADO — Viu? Foi ele que desligou...

TATI — E por que ele não pode desligar? E depois ele estava com problema, lembra?

CONRADO — Sempre que a mulher liga é o homem que desliga. Bom, aí, o que aconteceu depois?

TATI — Aí eu fiquei esperando. Uma semana, duas, na terceira ele ligou. (*Marcelo disca. Tati se precipita e atende imediatamente.*) Alô!

MARCELO — É o Marcelo.

TATI — Marcelo, que maravilha você ligar, estava morrendo de saudade! Onde é que você está?

CONRADO (*interrompendo*) – Pode parar!

TATI — Foi ele que ligou, você não percebeu que desta vez foi ele que ligou? Onde é que está o problema dessa vez?

CONRADO — Não dê a impressão de que você está numa prateleira à disposição dele! Deixe o telefone tocar. No nono toque – só no nono – você atende. Mesmo que você esteja com o telefone no colo. Sem aflição.

TATI — Por que no nono?

CONRADO — Pra complicar. Também pode deixar na secretária eletrônica. No fim da mensagem dele você atende.

TATI — Meu Deus do céu! Não dava pra ser um pouquinho mais simples?

CONRADO — Bom, aí você atendeu. E depois?

TATI — Como, depois? Depois, como qualquer namorado que se preze ficamos horas ao telefone, o que você queria que a gente fizesse?

CONRADO — Horas? Que absurdo!

TATI — E daí se fiquei horas no telefone?

CONRADO — No primeiro telefonema?

TATI — Não era o primeiro telefonema! E daí, se fosse o primeiro? Por acaso é você quem paga a conta?

CONRADO — Não converse no telefone com um homem mais do que dez minutos!

TATI — De onde é que saíram esses dez minutos? Da sua cabeça doente?

CONRADO — Não passe de dez minutos. Dê uma desculpa e desligue. Invente um compromisso.

TATI — Claro, é simplíssimo! "Olha, você vai me perdoar, mas infelizmente já se passaram os dez minutos do Conrado. Me ligue amanhã para conversarmos mais dez minutos. Se a nossa conversa for de trinta minutos em três dias liquidamos."

CONRADO — Invente uma desculpa. Diga que você tem um milhão de coisas pra fazer, que o seu bip está tocando, qualquer coisa.

TATI — E se eu conversar onze minutos, o que acontece?

CONRADO — Se você tem dificuldade para calcular o tempo, instale um cronômetro no telefone, com uma campainha. Atendeu, ligue o cronômetro. No que tocou a campainha você entra com a desculpa e desliga!

TATI — Mas por quê? Me explica por quê?

CONRADO — Se você desanda a falar acaba revelando os seus sentimentos. Você fica vulnerável, é péssimo!

TATI — Mas eu quero falar com ele! Isso que você está me propondo é ruim, é desagradável.

CONRADO — É apenas o jogo da sedução. A égua dá coices no cavalo, a leoa arranha o leão, a gansa arranca as penas do ganso e você desliga o telefone depois de dez minutos!

TATI (*desalentada*) – Acho que eu não quero mais brincar...

CONRADO — Você pode falar com todo mundo: com amigos, o seu psiquiatra, a Paula, sua mãe, parentes, fale comigo, mas não fale com homens mais do que dez minutos!

TATI — Você não é homem?

CONRADO — Eu digo homem em quem você esteja interessada.

TATI — Ué, e eu não posso me interessar por você?

138

CONRADO — Não, você já tem os seus namorados.

TATI — Eu não tenho namorados! Eu só tenho um namorado, o Marcelo. Aliás, tinha! Você não tem namorada?

CONRADO — Nós estamos fazendo um trabalho sobre você, e não sobre mim!

TATI — Não, agora eu quero saber. Como é a sua namorada? Como é que é namorar a Enciclopédia Britânica? Quando você vai transar ela conta até nove? (*Ele se mantém firme, não desarma e ela choraminga.*) Você é a pessoa mais horripilante que eu já conheci!

CONRADO — Vamos em frente?

MARCELO (*ao telefone*) — Estou aqui no escritório. Fico aqui até fechar o expediente. Você não quer sair hoje à noite comigo?

TATI (*ao telefone*) — Claro, Marcelo, eu adoraria! A que horas?

CONRADO (*interrompendo*) — Você faz tudo errado! Não pode aceitar convite de última hora. Eu já disse que você não está numa prateleira à espera do primeiro que ligar!

TATI — Mas eu estou doida pra sair com ele!

CONRADO — Diga que você já tem compromisso e desligue. Invente, diga que já tinha feito planos pra noite.

TATI — Mas eu não tenho nenhum plano. O meu plano é justamente sair com ele e eu tenho que dizer que tenho outro plano?

CONRADO — Só vai dar certo se você seguir a minha regra. Da tua cabeça não vai dar nada certo, Tati, juro! É supermaravilhoso inventar planos que não existem. Vai lhe dar uma aura de mistério. O Marcelo vai adorar, confie em mim! Ele tem que aprender que para sair com você o planejamento tem que ser um pouco mais a longo prazo.

TATI — Não! Eu não posso fazer exatamente o contrário do que pretendo. Isso é um troço esquizofrênico, que pra mim não faz o menor sentido!

CONRADO (*exultante*) – É isso! Não tem um cara que vive ligando e você não dá a mínima? Um cara que não larga o teu pé?

TATI — Claro, tem um monte... Tem o Ricardinho, o Rafael...

CONRADO – O que é que eles querem?

TATI — Sei lá! Sair, ir ao cinema, jantar, transar, eles são uns pentelhos!

CONRADO — E você?

TATI — Eu digo que não, que saí, faço as maiores grossuras! Os caras são uns chatos, eles não desconfiam, é um saco!

CONRADO — E eles desistem?

TATI — Desistem porra nenhuma! Eles continuam. Já quis até mudar pro Rio por causa deles!

CONRADO — E por que eles não desistem?

TATI — Por quê?

CONRADO — Porque você não está nem aí! Você nunca percebeu que o interesse deles é proporcional à sua indiferença? É essa a técnica: você tem de agir com quem ama da mesma forma que você age com quem você despreza!

TATI — Mas então por que é que nós estamos aqui? Se vai ser sempre uma merda, se eu vou estar sempre fazendo o oposto do que eu quero, então viva o Marcelo, meu Deus! Pelo menos entre uma porrada e outra eu acabo me divertindo alguns segundos... (*Empurrando Conrado para fora, cheia dos sermões.*) Pra mim chega! Foi um prazer imenso! Mande a minha conta por boleto bancário! (*Ele sai.*) Contar até nove... Era só o que me faltava...

140

# Cena 5

## (*Apartamento da Tati*)

(*Passagem de tempo. Sumária, praticamente uma mudança de luz, para que o andamento não diminua. Marcelo telefona para Tati. Ela vai atender mas se lembra dos ensinamentos de Conrado.*)

TATI — Três, quatro, cinco, seis, sete, oito, nove. Alô!

MARCELO — Onde é que você estava? Pensei que você tivesse morrido afogada na banheira, pô!

TATI — Quem é?

MARCELO — Como "quem é?"? Faz umas duas semanas que eu não te vejo e você não reconhece mais a minha voz?

TATI — Quem está falando, por favor?

MARCELO — Porra, Tati, sou eu, Marcelo, qual é a tua?

TATI — Ah, Marcelo, como vai?

MARCELO — Eu não vou, né? Tati, por que é que você sumiu da minha vida assim sem mais nem menos?

TATI — Tenho andado muito ocupada...

MARCELO — Tati...

TATI — Pois não, Marcelo.

MARCELO — Estou morrendo de saudade de você... Se eu fiz alguma coisa pra você e eu não percebi, eu tô pedindo perdão, pronto...

TATI — O que você tem feito de bom?

MARCELO — Nada de bom. O que é que eu posso fazer de bom sem você? Tati, topa jantar comigo hoje no Fasano? Tô a fim

141

de abrir uma Moet Chandon Imperial Brut bem geladinha, do jeito que você gosta...

TATI — Que pena, já assumi um compromisso pra hoje, Marcelo. Quem sabe num outro dia...

MARCELO — Tati, você tem certeza que ouviu o que eu disse? Eu falei Moet Chandon Imperial Brut no Fasano!

TATI — Me liga uma hora pra gente botar o papo em dia, ok?

MARCELO — Pô, Tati, me dá uma chance, pelo amor de Deus, vá! Deixei quinhentos recados na tua secretária, você não retornou um, qual é?

TATI — Marcelo, meu bip está tocando e eu tenho um milhão de coisas pra fazer. Outra hora a gente conversa...

MARCELO — Tô morrendo de saudade de você, Tati. Do teu beijo, do teu carinho... Pô, Tati, a vida tá ficando uma merda sem você, juro por Deus...

TATI — Meu celular também está tocando, Marcelo. Agora é o bip e o celular. A gente se encontra por aí. E obrigada pelo teu telefonema...

(*Desliga. Marcelo desliga desesperado.*)

## Cena 6

(*Conrado estuda*)

MARCELO (*entrando*) — É com você mesmo que eu estou querendo ter um particular... (*Conrado olha para os lados procurando o interlocutor de Marcelo.*) Não banca o engraçadinho, não. É com você mesmo...

CONRADO — Comigo?

MARCELO — Sim, com você. Você conhece algum outro intelectual de merda que adora atravessar o caminho de cidadãos pacatos como eu?

CONRADO — Não, não conheço.

MARCELO — Então é contigo mesmo.

CONRADO — Mas em compensação não conheço nenhum "cidadães pacatos".

MARCELO — Qual é, ô trouxa! Tô cansado de saber que é cidadãos. Mas eu curto falar cidadães, e daí? Vai me denunciar ao Conselho dos Intelectuais de Merda?

CONRADO — Não é o Conselho dos Intelectuais de Merda que julga erros de português de cidadães pacatos...

MARCELO — Ah, quer dizer que é a sua mãe que tá julgando agora, é?

CONRADO — Bom, diga o que você quer de mim que eu estou superocupado...

MARCELO — Vocês nunca têm tempo, não é? Vocês só têm tempo de se meter com a garota dos outros. Você também não tem bip e um celular que toca tudo ao mesmo tempo?

CONRADO — Bom, *ciao*, amigo, a gente se vê.

MARCELO — Não, espera aí, porra! Que é que está havendo com a minha garota, hein? Que porra de minhoca você meteu na cabeça dela?

CONRADO — Eu não tenho nada a ver com a sua garota. Ela só faz um trabalho de faculdade comigo.

MARCELO — Então por que a mudança? Ela tá distante, cheia de frescuras, metida a besta.

CONRADO — Por que que você não pergunta a ela?

MARCELO — E quando é que eu vou perguntar a ela? Ela não tem tempo! Ela só tem tempo pra se encontrar com você. Sexta-feira você se enfiou na casa dela às duas da tarde e saiu de lá às duas da manhã. Que porra de trabalho é esse que tanto vocês fazem?

CONRADO — Você anda me espionando, é?

MARCELO — Ando! Estou na tua cola, meu! Mijou fora do pinico, eu te arrebento. Por enquanto é escola, é faculdade. Muito bem. A hora que eu perceber que essa presepada de vocês escorregou pra fora do currículo escolar eu vou jogar pesado com você, ok? Se cuida!

## Cena 7

### (*Apartamento da Tati*)

(*Ela se prepara para sair, Conrado ouve e toma nota.*)

TATI — Ele está mudando, Conrado, eu sinto que ele está mudando. O fato de ele brigar com você é superpositivo, você não está percebendo?

CONRADO — E se ele me dá uma porrada, é superpositivo?

TATI — Parece que ele está com ciúme! Você já imaginou? Marcelo com ciúme? Não é o apocalipse?

CONRADO — Aí ele telefona e você aceita correndo o convite dele?

TATI — Não senhor! Não seja injusto comigo! Eu não aceitei correndo. Fiz tudo dentro do seu sistema! Deixei a secretária eletrônica uma semana. Só atendi depois de o telefone tocar umas quinhentas vezes. Só aceitei porque ele telefonou na segunda para jantarmos no sábado. Não estou fazendo certo?

CONRADO – Se esse cara não tem chance, por que você continua saindo com ele?

TATI – Você é que tem que me responder. Por quê?

CONRADO – Deve ser a sequela de alguma doença mental.

TATI – Não, não fuja não. Eu quero saber por quê. Você não sabe tudo? Não é o maior gênio da cidade? Então me diga.

CONRADO – Tem muito mais coisas que eu não sei do que coisas que eu sei.

TATI – Outro dia eu perguntei se você tinha namorada e você desconversou...

CONRADO – Eu não quero falar sobre isso.

TATI – Mas não é uma coisa do outro mundo. É só dizer sim ou não. Você tem namorada?

CONRADO – No momento, não.

TATI – Viu como não doeu nada?

(*Tati vai vestindo uma roupa unissex. Calça jeans, blazer etc.*)

CONRADO – O que é isso que você está vestindo? Isso é roupa de mulher? (*Marcelo surge na mesinha de um restaurante vestido exatamente igual a Tati.*) Homem gosta de roupa sexy. Mas não unissex! Use alguma coisa decotada. Homem adora peito. Ele tem que ver em você uma boa matriz reprodutora. Ele quer transmitir seu gene às gerações futuras, ele precisa de leite! Você tem seios lindos, mostre os seios.

TATI (*superanimada*) – Você acha que eu tenho seios lindos?

CONRADO – Estou vendo apenas do ponto de vista genético. São tetas bem implantadas, bem vascularizadas...

TATI — Vascularizadas?

CONRADO (*mostrando pra ela*) — Estes riscos azulados são artérias. Está vendo? São vasos bem grossos que vão garantir uma boa produção de leite.

TATI (*vestindo uma saia*) — Quanto mais você fala, mais eu me sinto uma vaca holandesa...

CONRADO — Essa saia não.

TATI — Não?

CONRADO — Valorize as pernas. Você tem pernas bonitas.

TATI — Você acha?

CONRADO — Acho. (*Ela olha censurando o biólogo.*) Não só do ponto de vista genético...

TATI — É a primeira vez que você é gentil. A que se deve tão honrosa exceção?

(*Ela está pondo uma microssaia.*)

CONRADO — Essa saia é exagerada. Quem sabe uma saia comprida? Se você puder mostrar as pernas de vez em quando. (*Ela experimenta até encontrar uma ótima.*) Ótimo! (*Põe uma blusa superdecotada, porém não agressiva demais.*) Não, isso de jeito nenhum!

TATI — Você não disse para eu mostrar as tetas, que ele quer ter a certeza de que eu vou ter leite para o maldito gene?

CONRADO — Mostrar escondendo. Recato, pudor. Esconda para que ele descubra.

TATI — Cada vez mais eu acho a Paula a melhor opção.

CONRADO — A roupa provocante só atrai por uma noite. Mas não tem a menor atração para um programa de longo prazo. Para a companheira, de muito tempo ele prefere recatada, porque precisa de segurança para o filho. Por isso que a falta de experiência acaba sendo um fator de atração sexual na mulher.

TATI — Não vem com essa, não! É claro que as supergostosas têm mais chance!

CONRADO — De transar. Ele tem um caso, mas ele não casa com ela. Essa roupa está ótima. (*Ela começa a prender o cabelo.*) Não prenda o cabelo!

TATI — Mas tá na moda...

CONRADO — A moda que se dane! Homem adora cabelo comprido. Duas éguas no cio, uma de crina tosada e outra de crinas ao vento, o garanhão vai de crina comprida.

TATI — Ah, não, essa você chutou. Chutou ou não chutou?

CONRADO — Chutei. Mas no caso da mulher, crina comprida.

TATI — Você vai ter que levar um papinho com o meu cabeleireiro...

CONRADO — Cabeleireiro gosta de menino!

TATI — E o que que eu tenho com isso?

CONRADO — Se ele não quiser te deixar com cara de menino, nada! Não se esqueça que você é menina e homens gostam de meninas e não de meninos!

TATI — Homens adoram meninas! Vocês são tarados por meninas! Seus indecentes! Você fala tanto em recato e aposto que se masturba com esses calendários de meninas peladas de 11, 12 anos!

CONRADO — Você é que é a culpada!

TATI — Eu? Há seis meses publicaram um livro erótico com meninas nuas de 9 anos de idade e eu é que sou culpada?

CONRADO — Você ataca os caras nas boates e eles saem correndo atrás da pureza que você perdeu! A menina de 12 anos não assedia, ela é inocente, ela é pura, ela é recatada. Você não percebe que é justamente o recato que você não tem mais que eles estão procurando na menina?

TATI (*ela vai pôr um perfume*) — Sua tese agropecuária hoje está mais asquerosa do que nunca!

CONRADO — Tati, devagar com o perfume. Pouquíssimo, só insinue. É sempre bom deixar um pouco do seu próprio cheiro.

TATI — Cheiro de suor, você diz?

CONRADO — Homem gosta do suor da mulher. Aliás, todos os animais cheiram. Tigre cheira tigre, gato cheira gato. Só homem cheira Lux.

TATI — Que coisa nojenta, Conrado! Pode me ajudar aqui? (*Ela dá um colar para ele fechar.*)

CONRADO (*colocando-se atrás dela e falando quase no seu ouvido*) — A explosão do amor só acontece durante o sexo e quando os dois estão transpirando e exalando os seus cheiros. A escolha genética é feita pelo cheiro. Pelo cheiro e pelo suor. O cheiro atrai muito mais que a aparência...

(*Ambos não conseguem escapar ao fato de que estão muito perto, se tocando e falando de sexo. Eles se envolvem e ele escapa.*)

TATI — Onde é que você aprendeu tudo isso?

CONRADO — Eu sou um professor.

TATI — Para um professor de Biologia você não está muito adiantado, não?

CONRADO — Mas eu não sou um professor qualquer. Eu sou um ótimo professor.

TATI – Todo esse conhecimento acaba te ajudando com a sua namorada?

CONRADO – Eu não estou namorando no momento.

TATI – E nos outros momentos, ajudou?

CONRADO – Pra ser bem sincero, acho que não...

TATI – Que coisa curiosa... E por que não?

CONRADO – Talvez porque eu não tenha encontrado a pessoa certa...

TATI – Talvez o cheiro dela não combinasse com o teu cheiro...

(*O telefone começa a tocar.*)

CONRADO – É provável, eu não me lembro.

TATI – Você acha que combina com o meu cheiro?

CONRADO – Não sei... (*Caindo fora do mal-estar.*) Você não vai atender o telefone?

## Cena 8

(*Apartamento da Tati*)

TATI – Sete... oito... nove... Alô, é a Tati.

MARCELO (*num celular*) – Por que é que você demora tanto pra atender esse telefone?

TATI – Estava pondo em dia a minha correspondência. E aí? O que é que você quer fazer?

MARCELO – Estava pensando em tomar um drinque, comer alguma coisa no Arábia, dançar um pouco...

TATI — Perfeito! Inclusive é o meu caminho, eu te pego aí...

CONRADO (*interrompendo o telefonema*) — Não!

TATI (*no telefone*) — Um minuto!

CONRADO — Não facilite o encontro. Ele que venha te buscar! Que dê duro pra te ver!

TATI (*destapando o bocal e voltando a falar ao telefone*) — Ah, Marcelo, agora que eu lembrei. Meu carro está com problema, você vai ter que me pegar.

MARCELO — Pô, que chato. Tá legal, eu te pego. Ou você prefere se encontrar comigo no Arábia?

TATI — Não, não, Marcelo, inclusive agora que eu me lembrei que hoje não estou muito a fim de comida árabe...

MARCELO — Mas por quê?

TATI — Sei lá, agora me deu uma vontade de não ir lá, tudo bem?

MARCELO — Onde é que você quer ir?

TATI — Você escolhe. Onde você escolher está ótimo.

CONRADO — Ele que procure nas *Páginas amarelas*, na *Vejinha*, que telefone para os amigos. Se você facilita demais ele se decepciona!

TATI — Se eu fosse tua namorada, você ia ter que me levar todos os dias no Leopoldo, juro por Deus!

(*Tati sai.*)

# Cena 9

(*Bar*)

(*Tati e Marcelo entram.*)

MARCELO (*ajudando Tati a se sentar*) – Que tal? Gostou do restaurante que eu escolhi? (*Tati faz que sim.*) Chopinho pra mim, Tonhão! E a gata predileta do meu gatil?

TATI – Chope pra mim também.

CONRADO (*interferindo*) – Você não bebe.

TATI – Não, não. Água mineral.

MARCELO – Como, água mineral? A gata está tomando penicilina?

TATI – Água mineral. Sem gás e sem gelo.

MARCELO – Gata, por falar em água mineral, escuta só a piada que me contaram hoje no Paulistano...

TATI – Não, senhor! Primeiro eu. Você conhece a do cara que estava fumando no velório?

CONRADO – Não conte piadas cafajestes! Seja feminina e um pouco misteriosa.

(*Ela muda de atitude, séria.*)

MARCELO – Porra, e a piada?

TATI – Sabe que eu esqueci?

MARCELO – E a tua mãe, aquela minha sogrinha predileta?

TATI – Mamãe, como ela faz durante 365 dias do ano, está jogando no clube. E se embriagando. Se tudo correr bem, lá pelas quatro da manhã, deverá estar chegando na casa dela em coma alcoólico, se Deus quiser.

CONRADO – Não fale coisas deprimentes! Ele é o seu namorado, não seu médico psiquiatra!

TATI (*mudando de tom, simples e simpática*) – É uma brincadeira que eu costumo fazer com mamãe...

CONRADO — Ele não vai enfiar o seu gene num útero cheio de problemas mentais!

TATI — Nada grave. É um traumazinho de nada, coisas da infância.

CONRADO (*cortando*) — Não fale de suas neuroses! Ninguém casa com uma psicopata!

TATI — Estou fazendo uma piada com você, a gente se adora. Mamãe não bebe e não joga. A esta altura ela deve estar lendo um clássico da literatura. Só *Guerra e paz* ela já leu cinco vezes! Me passe o cinzeiro, por favor...

CONRADO — Você não fuma!

TATI (*devolvendo o cigarro*) — Eu não fumo, obrigada...

MARCELO — Como não fuma? Você sempre fumou...

CONRADO — Ele não vai confiar o futuro genético a um útero empestado de nicotina.

TATI — É que eu parei...

MARCELO — Eu parei faz oito anos. Mas essa história de que cigarro faz mal é presepada. Meu avô morreu aos 97 fumando! O meu tio João, em compensação, nunca tinha botado um maço de cigarro na boca e morreu de câncer aos 42. Câncer no pulmão. Quando abriram o pulmão dele...

TATI — Sabe que eu acho essa história que você está me contando tremendamente...

CONRADO — Não interrompa o seu homem. Se mostre interessada. Você é uma companhia alegre, descontraída...

(*Tati fica bem descontraída e sorridente.*)

MARCELO (*retomando a narrativa*) — Se não chegou a tua hora, você pode fumar cinco maços de cigarro por dia que não te acontece nada!

152

(*Ela continua rindo.*)

CONRADO — Não ria, o assunto é sério.

(*Ela fica séria e um pouco enternecida.*)

MARCELO (*continuando*) – Por essas e outras é que estou tentando voltar a fumar outra vez. Já tentei umas duas ou três vezes, mas não consegui! Me dá muito enjoo, sabe?

(*Tati continua olhando enternecidamente.*)

CONRADO — Não fique olhando romanticamente para ele, sua débil. Te dá um olhar de idiota e parece que você está pressionando o cara! Examine os quadros da parede.

(*Tati obedece.*)

MARCELO — Mas desta vez estou superconfiante e vou em frente, não vou desistir de jeito nenhum. Quero começar com um, dois por dia até chegar a uns dez! Em três ou quatro meses eu quero estar fumando pelo menos uns dois maços por dia, se Deus quiser. Saúde!

(*Marcelo brinda com o chope e Tati toma água aos golões.*)

CONRADO — Não entorne a água! Você é um beija-flor e não chofer de caminhão. (*Ela sorve superelegantemente a água.*) Estão olhando pra você. Não desvie os olhos. Olhe através deles. Não flerte com eles, mas não abaixe os olhos. Sorria. Descruze e cruze novamente as pernas. Elegância, sensualidade. Isso. Peça licença para ir ao toalete.

TATI (*pedindo licença*) – Com licença. Eu não demoro...

CONRADO — Agora caminhe com segurança. Todos estão te olhando. E ele está registrando o efeito que você está causando. Está todo orgulhoso de a sua fêmea ser cobiçada. Ombros pra trás. Não há ninguém como você. A Sharon Stone perto de você é uma empregadinha doméstica da periferia. Agora volte para o seu lugar. Sensual, segura.

MARCELO — Porra, gata, hoje você está um tesão, sabia?

CONRADO — Olha o cabelo. Arrume com elegância. Apenas um movimento sensual de cabeça. Isso!

MARCELO — O que é, porra! Será que esses caras nunca viram uma mulher? E você, também, veja lá, hein? Não fica dando bandeira que os caras caem em cima mesmo! Eu vou acabar engrossando.

CONRADO — Vai nada! Está superorgulhoso.

MARCELO (*ao garçom imaginário*) — Você quer ver a minha conta, chefia? (*Para Tati.*) Vamos rachar?

TATI — Se você estiver duro eu posso pagar.

CONRADO (*quase gritando*) — Não faça isso!

TATI (*em cima, vasculhando a bolsa como desculpa*) — Hiii... peraí...

CONRADO — Não divida! Deixe que ele pague! Você pagar a conta toda nem com anestesia geral!

TATI (*acabando de revistar a bolsa de cabo a rabo*) — É, realmente estou sem dinheiro, sem cheque, sem cartão, e sem tíquete.

CONRADO — Facilite e ele vira gigolô!

MARCELO — Salgadinha, hein, chefia?

CONRADO — Se não puder te levar ao Massimo, que leve ao McDonald's, mas pague a conta!

MARCELO (*paga a conta*) — Vambora!

TATI (*despede-se de Conrado*) – A gente se encontra por aí...

CONRADO – No horário de sempre.

## Cena 10

*(Apartamento da Tati)*

*(Conrado sai e senta no meio-fio curtindo a maior solidão. Tati e Marcelo chegam ao apartamento dela. Musiquinha, uisquinho, começa um tremendo amasso, que vai evoluindo para a cama. Começam a se despir, temperatura superquente, clima supererótico e quando a coisa vai chegar às vias de fato, Conrado como que acorda da sua fossa.)*

CONRADO (*entrando esbaforido no quarto e apanhando-os em flagrante*) – Não! Não é pra você dormir com ele tão cedo, sua débil mental!

TATI (*puta com ele, pelada*) – Ah, não! Agora você não vai se meter! É assunto pessoal meu, e você não tem nada com isso!

CONRADO – Claro que tenho!

TATI – Coisíssima nenhuma! Você pode até controlar o meu namoro. Mas não o meu tesão! Você enlouqueceu?

CONRADO – Se no primeiro cafuné que ele fizer você for logo baixando a calcinha, você vai dançar, Tati!

TATI – A calcinha é minha, eu faço o que bem entender com ela! Vai dormir, vai!

CONRADO – Ele está te testando, sua boba!

TATI – Testando? Ah, mudou de nome, é?

CONRADO — Se você não der pra ele, se ficar sexualmente indiferente, você passa no teste de esposa!

TATI — E quem quer passar no teste de esposa? Eu quero ser a outra, é muito mais divertido!

CONRADO — Se transar com ele, se der uma de galinha, você passa no teste de puta e é reprovada no de esposa!

TATI — Ele está a fim de mim e eu estou a fim dele, o que há de errado nisso, meu Deus?

CONRADO — Claro que ele está a fim! Ele vai dar a maior força pra te comer e depois que te comer vai te punir justamente por ter te comido, sua burra!

TATI — Mentira! Na cama ninguém mente, seu bobo. É muito mais fácil eu mentir do que ele!

CONRADO — Ninguém vai comprar uma vaca se puder tirar o leite de graça!

TATI — Vaca é a puta que te pariu!

CONRADO — Ele vai te usar sexualmente, não vai ficar com você e ainda por cima vai te desprezar sem nenhum remorso. Você acha legal?

TATI — Acho legal sim! Porque ele não pode me desprezar! Porque eu sou igual a ele! Não temos um pinto, mas somos iguaizinhas a vocês! E é isso que está enlouquecendo vocês. Vocês estão todos cagados de medo porque nós descobrimos que somos iguais!

CONRADO — E o que é que vocês ganharam com isso?

TATI — Nós ganhamos respeito!

CONRADO — Até financeiramente vocês dançaram. Os homens divorciados aumentaram o padrão de vida e vocês diminuíram. Vocês são iguais, mas os homens estão mais fortes e mais ricos. Que merda de igualdade é essa?

TATI — Qual é a proposta? A greve do sexo, seu imbecil? Graças a Deus essa burrice está morta e enterrada!

CONRADO — Morta pra você que pensa que é muito esperta e não é! Você pensa que é assim, de estalo, que você elimina uma característica genética de 25 milhões de anos? Basta dizer eu sou igual e você fica igual?

TATI — É isso aí. Dou pra quem eu quero, quando eu quero e do jeito que eu quero! Ou melhor, dou, não: como quem eu quero!

CONRADO — Só porque você quer! Vamos até a veterinária pra você me mostrar uma novilha comendo um touro!

TATI — Já te disse um milhão de vezes que eu não sou uma vaca! Sou um ser humano com livre-arbítrio, não é o instinto que me domina, eu é que domino o instinto!

CONRADO — "Eu sou quem domina"! Não domina a gramática e quer dominar o instinto?

TATI — Não domino a gramática mas tem um cara peladinho me esperando. E você que domina a Enciclopédia Britânica e nem a merda de uma namorada você tem?

CONRADO — Você tem hoje. Amanhã você tem?

TATI — E daí? Ninguém tem amanhã. Amanhã é amanhã.

CONRADO — As meninas estão estuprando os meninos! Tem mais mulher galinha que chuchu na serra, sua tonta! Quando o cara encontra uma que não dá, ele fica louco! É mais rara que o mico-leão-dourado!

TATI — Ah, chega, Conrado! A tese acabou, afundou, não deu certo. Antes da sua tese eu tinha doze segundos de felicida-

157

de por dia. Agora não tenho nenhum! Se acha que é uma boa pegue uma outra idiota por aí. *Ciao*!

(*Vai voltar para o quarto.*)

CONRADO — Sou eu que não quero que você vá pra cama com ele!...

TATI — O que você disse?

CONRADO — Eu é que não quero que você vá pra cama com ele!

TATI — E por quê?

CONRADO — Porque tá me doendo, Tati...

TATI — Por que está te doendo? Isso é um assunto meu e do Marcelo, você não tem nada com isso.

CONRADO — Eu acho que estou gostando de você, Tati...

TATI — O que que você disse?

CONRADO — Eu acho que estou gostando de você...

TATI — Acha? Você é tão complicado que não tem certeza nem do que sente?

CONRADO — É que eu nunca senti isso que estou sentindo.

TATI — E o que é que você está sentindo?

CONRADO — Ternura, vontade de ficar com você. Ódio de você namorar o Marcelo.

TATI — Sim, e daí?

CONRADO — Daí, como?

TATI — O que é que você pretende fazer?

CONRADO — Eu não sei. Eu nunca me senti tão paralisado.

TATI — Eu te ajudo. Quando você estava com a tal namorada e

sentia ternura por ela, ou ciúme de alguém em relação a ela, o que é que você fazia?

CONRADO — Eu nunca tive nenhuma namorada...

TATI — Você nunca namorou ninguém?

CONRADO — Nunca...

TATI — Você nunca transou?

CONRADO — Claro que transei... Mas acho que só por instinto porque...

TATI — E por que você nunca namorou?

CONRADO — Não sei, acho que porque nunca gostei de ninguém.

TATI — Mas se não gostou de ninguém por que você acha que gosta de mim?

CONRADO — Porque é uma sensação muito forte e muito diferente. Estou suando, Tati. Eu acho que geneticamente...

TATI — Não! Isso não! Geneticamente não! Eu não quero mais saber disso, Conrado! Meu Deus, é você que está decidindo o destino da minha vida e nem sequer namorou... O que é que eu faço agora?

MARCELO (*gritando do quarto*) — Tati, vai demorar muito, é? Porra, estou aqui há séculos, o que é que você está fazendo? Vem pra cá...

CONRADO — Não vá, Tati, por favor!...

MARCELO — Tati, você vem ou quer que eu vá te buscar? (*Ele vem e pega Tati pelo braço.*) Deixa esse pentelho, vem pra cá...

CONRADO (*segura Tati pelo outro braço*) — Por favor!

TATI (*fugindo*) — Chega! Chega! Eu vou pra casa da minha mãe! Eu quero a minha mãe! Eu quero a minha mãe! (*Sai correndo.*)

# Cena 11

## (*Bar*)

(*Conrado bebe chope. Chega Marcelo já meio de pileque.*)

MARCELO — Faz dias que estou lhe procurando, ô meu, onde é que você andava? Algum Congresso de Intelectuais de Merda? (*Conrado não dá bola. Ele também está meio de pilequinho.*) Você está tomando chope? Eu sempre pensei que intelectuais de merda só tomassem néctar dos deuses. Você permite? (*Conrado faz que sim.*) Dois chopes, Tonhão.

CONRADO — Pra mim, não, já tomei o suficiente hoje.

MARCELO — Os dois são pra mim, ô trouxa! Eu andei indagando por aí e me disseram que você é um biólogo. O que vem a ser exatamente um biólogo?

CONRADO — Biólogo, no meu caso, é um cara que não sabe porra nenhuma.

MARCELO — Pra mim você não é biólogo bosta nenhuma. Pra mim você é um puta enganador, desses gurus que enchem a cabeça das meninas pra levarem elas pra cama. Tá cheio de cara assim hoje em dia. É tudo zen, meditação, relaxamento, ioga. E no que as meninas bobeiam eles comem elas todas na maior. Você já comeu a Tati, é?

CONRADO — Comer a Tati? Eu? Você não tá sabendo de nada...

MARCELO — Me diga uma coisa, ô biólogo? Que trabalho você faz com a Tati?

CONRADO — Não faço nenhum trabalho com a Tati...

MARCELO — Como, não faz trabalho com a Tati? Tá a fim de tirar um sarro, é?

CONRADO — Eu não faço trabalho com a Tati. Eu fiz um trabalho com a Tati...

MARCELO — E sobre o que é esse trabalho?

CONRADO — É sobre o nada.

MARCELO — Como, sobre o nada?

CONRADO — Qualquer papo com você é droga...

CONRADO — Eu explico: era uma tese acadêmica. A tese era sobre o nada. Então a gente, a Tati e eu, a gente queria provar que esse nada era nada. E foi um trabalho superbem-sucedido. Depois de vários meses de experiências e relatórios, conseguimos provar que nada é nada. Agora, acabou.

MARCELO — A Tati mudou, cara. A Tati, eu posso classificar em antes e depois do intelectual de merda. Tem droga no meio, cara? Se tiver droga, numa boa, não sou careta, já me apliquei e coisa e tal, mas eu preciso saber, você me entende? Se ela tá usando droga, eu preciso saber, você concorda? Nesse troço que vocês fazem juntos, vocês pegam em droga?

CONRADO — Tudo é droga, meu. O segundo Big Mac é droga. A terceira trepada é droga. O terceiro vídeo é droga.

MARCELO — Eu detesto falar da minha vida pessoal, cara, não comento problemas meus nem com a minha mãe. Mas vou abrir uma exceção com você, porque estou desesperado. Quando eu comecei a namorar a Tati, eu cagava e andava pra ela, juro por Deus.

CONRADO — Qualquer papo com você é droga...

MARCELO — Porra, eu fiz cada uma pra essa menina que me dá até medo! Eu cheguei a ter quatro namoradas, cinco com a Tati, você acredita? Eu marcava com ela, aí uma menina me dava uma bola e eu me mandava. Uma semana depois eu voltava e inventava mil e uma na maior cara de pau. Teve uma época que eu mentia tanto, cara, dava tanta confusão, que eu tive que organizar uma agenda pra não misturar mentira. Mas a Tati eu podia telefonar às três, às quatro, às cinco da manhã que ela nem perguntava. Se vestia e ia me encontrar onde eu estivesse. Agora mudou. A Tati pra mim é a rainha do Egito, cara. Hoje em dia ela é uma deusa pra mim. Eu sempre ali, babando em cima dela, pedindo pelo amor de Deus e ela me tratando com casca e tudo, uma coisa que nunca admiti de mulher nenhuma, cara! Pois a Tati me humilha e eu faço que não vejo, você acredita? Me explica, meu, que é que está acontecendo?

CONRADO — Você fala demais!

MARCELO — Como, falo demais?

CONRADO — Fala demais! "O que sabe, não fala. O que fala, não sabe". Lao-Tsé. Você é basicamente um cara chato e cansativo!

MARCELO — Não é verdade! Já ganhei até concurso de simpatia na escola!

CONRADO — Na escola primária, quando você tinha 8 anos. Acontece que o tempo passou e você ficou com 8 anos. Você é mimado, não tem equilíbrio, não tem responsabilidade.

MARCELO — Porra, você tá a fim de me deprimir, é?

CONRADO — Só estou falando porque você me pediu. Você não é o centro do universo. Nem uma flor você admira. Você acredita que o mundo é dos mais espertos...

MARCELO — E não é?

CONRADO — Claro que é. Só que você está excluído, porque você não é esperto. Prefere puxar ferro a puxar pela imaginação. É preguiçoso. Entre a meditação zen e a boa forma física você prefere uma rede pra cochilar. Não atualiza as suas piadas.

MARCELO — Para com isso, pelo amor de Deus!

CONRADO — As meninas não te levam a sério, porque você não se leva a sério. Ou se leva excessivamente a sério.

MARCELO — É mentira, as meninas me adoram.

CONRADO — Não como namorado.

MARCELO — Para com isso! (*Começa a chorar.*) Por que é que você está fazendo isso comigo? Porra, cara, você tá me jogando no lixo, meu. Se eu sou essa merda que você pintou, eu estou fodido. Você pensa que eu não tenho sentimentos? Eu tenho sentimentos. Você quer ver? Você não sabe, mas eu te admiro paca. Sempre te admirei, cara, você é uma puta cabeça. Todo mundo na faculdade te admira. Mas não tem ninguém que te admire mais do que eu. Sabe por quê? Porque eu sempre quis ser um intelectual, meu, uma inteligência. Mas minha cabeça não acompanha essa minha vontade, sacou? Agora você me pergunta: por que é que você está me dizendo tudo isso? Pra você ver que eu não sou toda essa bosta que você falou. Se eu consigo reconhecer em você o gênio que você é, se eu consigo confessar isso a você, mesmo morrendo de medo de a Tati estar apaixonada por você, mesmo sabendo que eu não posso competir com você, se eu sou capaz de reconhecer, então é porque eu não sou uma merda total. Bom, agora eu falei. É isso, cara, estou morrendo de ciúme de você, essa é que é a verdade.

CONRADO — Você é muito chorão. E para de me bajular! Não é puxando o meu saco que você vai conseguir as suas coisas. Vai à luta e para de choramingar!

MARCELO — Porra, você é foda, hein? Me dá um refresco, cara!

163

CONRADO — Qual é o teu problema?

MARCELO — Como, qual é o meu problema? O meu problema é a Tati, você está cansado de saber!

CONRADO — E o que você pretende fazer?

MARCELO — Eu não posso fazer nada, você não entendeu? Eu quero a Tati, mas acho que ela não me quer mais!

CONRADO — Pra que é que você quer a Tati?

MARCELO — Pra ficar com ela, pra amar a Tati, pra fazer a Tati feliz!

CONRADO — E como você pretende fazer a Tati feliz?

MARCELO — Sei lá, acho que casando com ela!

CONRADO — Então por que é que você não casa com ela?

MARCELO — Porque ela não quer, ora essa é boa!

CONRADO — Já pediu?

MARCELO — Como, já pediu?

CONRADO — Já pediu ela em casamento?

MARCELO — Não, claro que não.

CONRADO — E por que não pede?

MARCELO — Eu? Eu pedir a Tati em casamento?

CONRADO — Não é isso que você quer?

MARCELO — Porra, meu, pedir em casamento? Nunca pensei em pedir ninguém em casamento... Minha mãe não ia deixar, cara, a velha ia ficar uma arara. E depois o que eu ganho não dá pra me sustentar, como é que eu ia sustentar a Tati? Na verdade, cara, eu vivo de mesada do meu padrasto. Como é que eu vou pedir ao meu padrasto ou pedir à minha mãe que peça ao meu padrasto pra me pagar o aluguel de um apartamento pra eu morar com a Tati?

CONRADO — Então, foda-se!

MARCELO — Pera aí, meu! Antes de ir embora me dá uma luz, cara! Você me enche de caraminhola, me arrebenta todo meu ego e cai fora? Me dá uma força aí, meu. Custa você me dar um palpite?

CONRADO — Que palpite você quer?

MARCELO — Você acha mesmo que eu devo casar com a Tati? Você tá falando sério?

CONRADO — Eu não posso dar opinião nesse caso, Marcelo.

MARCELO — Mas por quê?

CONRADO — Porque você está cansado de saber, eu sou um intelectual de merda... (*Sai.*)

## Cena 12

*(Orelhão e apartamento da Tati)*

*(Conrado disca, o telefone toca na casa da Tati. Ela corre para atender, mas de repente se lembra das lições de Conrado, desiste e fica esperando alguns toques antes de atender.)*

TATI — Quatro, cinco, seis, sete, oito... Alô!

CONRADO — Tati? Aqui é o Conrado.

TATI — Oi, Conrado, tudo bem?

CONRADO — Tudo bem. Tati, pra gente concluir o trabalho, eu gostaria de sugerir um jantar, um drinque, sei lá. Enquanto isso você dava uma olhadinha no relatório, o que é que você acha?

TATI — Ah, Conrado, que pena. Eu bem que gostaria, mas acontece que eu já assumi um compromisso para o jantar...

CONRADO — Ah, sem essa comigo, Tati. Essa é a lição número dois...

TATI — Não, não tem nada a ver com lição. Assumi um compromisso mesmo.

CONRADO — Tudo bem. É que eu queria encerrar esse nosso trabalho pra dar uma satisfação na faculdade... Eu estou um pouco em falta com eles... (*Marcelo chega com uma maleta e aperta a campainha da Tati.*) Quem sabe amanhã, caso você esteja livre...

TATI (*interrompendo*) — Conrado, você não me leva a mal, mas eu vou ter que atender a campainha. Eu facilitei um pouco e agora estou com uma tonelada de matéria atrasada. Depois da prova a gente conversa, ok?

CONRADO — Depois de amanhã, então, Tati.

TATI (*com pouca paciência*) — Depois a gente conversa, já disse!... (*Desliga.*)

## Cena 13

(*Apartamento da Tati*)

TATI (*atende a porta*) — Oi, Marcelo. Tudo bem com você?

MARCELO — Oi, Tati. Vai me deixar em pé aqui, de sentinela?

TATI — Amanhã eu tenho prova. Estou com milhões de coisas atrasadas. Você não me leva a mal se eu não te convidar pra entrar?

MARCELO — Claro que não. Isso é pra você. (*Entrega a maleta.*)

TATI — O que é isso?

MARCELO — É pra você.

TATI — Pra mim? O que que é?

MARCELO — Abra. (*Ela abre.*)

TATI — É um computador. Que lindo! Nossa, tem CD-ROM. O que é isso? Entrada pra fax, que coisa linda... Você está me emprestando?

MARCELO — Não, estou te dando, é seu.

TATI — Você enlouqueceu? Ah, Marcelo, eu não posso aceitar um presente desses!

MARCELO — Por quê?

TATI — É um presente muito caro. O que que te deu na cabeça?

MARCELO — Eu quis te dar, ora, você não estava doida por um computador?

TATI — Ah, eu sei lá, o que é que eu digo, meu Deus?

MARCELO — Diga que você gostou, ora.

TATI — Claro que eu gostei, é lindo... Mas eu me sinto constrangida. Eu sei da sua situação, Marcelo, sei o que custa pra você um presente como este... Você não quer trocar por alguma coisa mais simples? Juro que eu ia me sentir mais à vontade pra te botar pra fora...

MARCELO — Eu já estou saindo... Boa sorte na prova...

TATI — Marcelo, se você se arrepender, ele está aqui à sua disposição, tudo bem?

MARCELO — Casa comigo, Tati?

TATI — O quê?

MARCELO — Casa comigo?

TATI — Você andou bebendo, Marcelo?

MARCELO — Não, não bebi uma gota hoje. Desde ontem estou pensando nisso. Eu amo você, Tati, eu quero que você case comigo.

TATI — Que loucura, meu Deus! Claro que você andou bebendo... Pra ser sincera, acho que nunca pensei em me casar com você de verdade... Também nunca esperei que você me fizesse uma proposta dessas... Meu Deus, e as tuas namoradas, a Denise, a Vânia, a Luciana?

MARCELO — Elas não significam nada na minha vida, Tati. Eu só gosto de você, juro por Deus... Eu demorei a perceber, mas agora eu sei o que você significa pra mim... (*Toca o telefone. Tati não atende.*) Você não vai atender o telefone?

TATI — Claro que vou. (*Contando.*) Seis, sete, oito, nove. (*Atende.*) Alô. É Tati. Oi, Davi, como vai? Pois é, faz tempo. Um ano e meio, já? Passa mesmo. Vivendo. Mais ou menos. Que pena, Davi, já tinha assumido um compromisso pra hoje à noite. Quem sabe. Você não leva a mal, é que meu bip está tocando... Voltar pra onde? Ah, voltar pra você? (*Ela ri gostosamente.*) Infelizmente agora eu tenho que desligar mesmo. A gente se fala. Desculpe, mas agora não dá. (*Desliga.*) Você estava dizendo...

MARCELO — Eu estava dizendo que te amo, que quero casar com você...

TATI — Marcelo, Marcelo, meu querido Marcelo... Como foi sofrido descobrir que você é tão menino...

MARCELO — Diga que você aceita, pelo amor de Deus!

168

TATI — Marcelo, eu jurei a mim mesma que ninguém me faria sofrer outra vez o que eu sofri com você. Então pense bem antes de me responder. Não minta pra mim: você tem certeza que me ama?

MARCELO — Claro que eu tenho certeza.

TATI – Pra viver junto comigo a vida inteira? Você tem ideia do que significa não um fim de semana, mas uma vida inteira?

MARCELO — Eu estou te pedindo em casamento! Eu nunca pensei em pedir ninguém em casamento!

TATI – Você já contou a sua mãe?

MARCELO — Ainda não. Mas ela vai aprovar. Porra, mamãe te adora, Tati.

(*Conrado toca a campainha da porta.*)

TATI – Eu vou ver a porta. (*Ela atende.*) Oi, Conrado!

CONRADO — Eu preciso falar com você, Tati.

TATI – Eu estou com o Marcelo.

CONRADO — É muito importante!

TATI — Agora eu não posso, Conrado. Estou resolvendo um assunto supercomplicado.

CONRADO — Mas eu não posso esperar.

TATI – É sobre a nossa tese?

CONRADO — É e não é.

TATI — A tese acabou, Conrado. Deu certo! Você é um gênio. Marcelo acaba de me pedir em casamento! Há dois meses ele me tratava como um cão sarnento e agora me pede em casamento! Aconteceu exatamente o que você tinha previsto. O Marcos quer sair comigo. Sabe o Osmar, o meu ex-

-namorado da Hípica? Me pediu perdão de joelhos e está desesperado pra me ver!... O Davi, o Davi acabou de me ligar e quer voltar comigo, e agora o Marcelo me pede em casamento! Pode uma coisa dessas?

CONRADO — Eu não quero que você case com ele!

MARCELO — Com quem você está falando, Tati?

TATI — Marcelo, olha quem está aqui. Conrado, se tudo der certo, você aceitaria ser nosso padrinho de casamento?

MARCELO — Tati, se você não me leva a mal, padrinho acho que não...

TATI — Ué, mas se a gente casar não vamos ter que ter padrinhos? O Conrado fica meu padrinho, pronto.

MARCELO — É que esse cara me deprime paca.

TATI — Seu bobo, o Conrado é o nosso casamento. Sem ele a gente nunca estaria aqui marcando data.

MARCELO — Ele também te incentivou, é?

TATI — Ele incentivou você?

MARCELO — Eu levei um papo tão construtivo com ele que por pouco não baixo a UTI do Hospital das Clínicas.

CONRADO — Eu não quero que você case com ele.

TATI — Olha o presente que ele me deu! (*Mostra o notebook.*)

CONRADO — Ele não te ama!

MARCELO — Como, não amo?

TATI — Como é que você sabe que ele não me ama? Você acha que quem não ama dá um notebook como este de presente? Você sabe quanto é que custa este notebook?

CONRADO — Isso é um presente impessoal, por isso é que eu sei que ele não te ama.

TATI — Impessoal? Marcelo é duro! Pra me dar um computador como este o mínimo que ele fez foi assaltar um banco!

MARCELO — Aí também não, né Tati?!

CONRADO — Presente de amor, presente de quem ama, é uma coisa pessoal, Tati. Uma flor, um poema. Esse computador é uma mentira.

MARCELO — Mentira? Quer que eu te mostre o talão de cheques pré-datados que eu deixei na loja pra você ver se é mentira?

CONRADO — Por favor, eu preciso falar, Tati! Aconteceu um imprevisto que normalmente não acontece em experiências científicas. Eu me apaixonei por você, Tati.

TATI — O quê?

MARCELO — Eu sempre te achei um cara folgado, meu, mas nunca imaginei que você fosse tão fundo!

CONRADO — Me apaixonei, pronto, eu não fiz de propósito! Eu nem sabia que existia essa sensação que eu estou sentindo! É como se alguém tivesse pintado o mundo enquanto eu estava dormindo, Tati! Eu não sinto sede, eu não sinto fome! Faz uma semana que eu não durmo e nunca me senti tão acordado! Eu não quero que você case com o Marcelo!

MARCELO — Olha que filha da puta!

CONRADO — Eu adoro você, Tati, nunca imaginei...

TATI — Não diga mais nada, por favor! Que coisa maluca, meu Deus! Conrado, te admiro como homem, te respeito como professor, eu gosto de você.

CONRADO — Então, o que é que você quer mais? Isso é mais do que suficiente!...

TATI — Deixa eu terminar! Talvez você seja o cara mais bacana, mais inteligente, mais culto que eu conheci...

CONRADO — Você acha mesmo, Tati?

TATI – Mas eu não te amo...

MARCELO — Ela não te ama, cara, cai fora!

CONRADO — Você pensa que não ama! O que eu estou sentindo por você é muito grande pra eu ter feito tudo sozinho! Não adianta negar, Tati, você ajudou.

TATI – Eu ajudei? Ajudei em quê?

CONRADO — Inconscientemente, mas ajudou! Tem hora que eu acho que você é que fez tudo e eu só fiquei olhando...

MARCELO — Que filha da puta!

CONRADO — Você não ama o Marcelo...

TATI – Claro que eu amo...

MARCELO — Claro que ela ama!

CONRADO — Não ama!

TATI (*bem alto*) – Amo! Amo! Amo!

MARCELO — O que que você quer mais? Uma escritura definitiva?

CONRADO — Está bem, está bem. Sou um professor, não tenho nenhuma posse, admito até que ganho uma merda.

MARCELO — Merda por merda, ela fica comigo!

CONRADO — ... mas eu também tenho algumas qualidades. Pode não parecer nada, Tati, mas os pequenos detalhes são os que mais contam na vida de um casal: eu sou fiel, não vou

172

trocar você por nenhuma outra, por mais linda e gostosa que seja! Vou ser gentil, carinhoso ao extremo e te respeitar, porque você é frágil e ao homem compete a defesa da sua mulher. Não jogo lixo pela janela, não furo o rodízio de carros a não ser em época de provas, nunca...

MARCELO — Olha que filha da puta!

TATI (*já sem paciência*) – *Filho* da puta, Marcelo! Já te corrigi umas quinhentas vezes! *Filho* da puta!

MARCELO — Olha que filho da puta!

CONRADO — Posso continuar?

MARCELO — Agora deixa eu falar, porra?

TATI – Não grite, por favor!

MARCELO — Só ele que fala! Eu não tenho o direito de falar?

CONRADO — Está bem, pode falar, Marcelo!

TATI — Como, pode falar? A casa é minha. Eu é que dou ordens aqui dentro.

CONRADO — Desculpe. Então você não pode falar, Marcelo.

TATI — Tá bem, pode falar.

MARCELO — Posso ou não posso falar?

TATI — Eu já disse que pode. Fale de uma vez, vai!

MARCELO — É pouca coisa, vou ser bem rápido. Bom, acho que não é o caso de ficar competindo com um cara tão filha da puta como... desculpa, tão filho da puta como ele, mas eu também tenho qualidades, Tati. E se me permite a falsa modéstia, aí, eu sou muito mais eu. Eu não racho conta, abro a porta do carro pra você sair...

TATI — Agora, porque há muito pouco tempo eu é que tinha que abrir a porta do carro pra você!...

MARCELO – Mas eu mudei! O que importa é que eu mudei! Me deixa continuar: não troco você pra beber com meus amigos, não digo uma palavra se chego em cima da hora pra te pegar e você ainda está enrolada na toalha... Onde é que você acha isso hoje em dia?

TATI – Mas até chegar a esse ponto você tem consciência do que eu sofri? Você tem consciência?

MARCELO – Mas eu mudei, Tati, você veja o que é a força do amor!

CONRADO – Que força do amor! Ele mudou porque eu te ensinei, Tati. Não é uma atitude autêntica dele.

MARCELO – Filho da puta!

TATI – Cala essa boca, Marcelo!

CONRADO – Se você casar comigo, no começo a gente pode morar na USP.

Tati (*gritando*) – No Crusp? Nem amarrada, Deus me livre e guarde!

CONRADO – Não é no Crusp. Mas tá bom, no começo podemos morar na casa da minha mãe, depois arranjamos um apartamentinho no Butantã...

TATI – Eu não quero morar no Butantã...

CONRADO – Em Pinheiros, pronto, onde você quiser!

MARCELO – Porra, que cara teimoso, ela não quer morar com você em lugar nenhum, será que você não se manca?

CONRADO – Se for por causa do lugar, Tati, você pode até continuar aqui.

TATI – Eu não vou casar com você, eu não te amo, será que você é surdo? E eu não quero mais falar sobre esse assunto. Acabou! Dá licença, Conrado? Chega! Não me leva a mal, mas acho melhor a gente não se ver mais. Eu te odeio, eu te odeio! Você quer sair da minha casa, por favor? ... (*Chora. Conrado não entende nada e fica paralisado.*)

MARCELO — Você não ouviu o que a moça disse? Cai fora, meu... (*Vai até ele e o agarra pelo braço.*) Sai, cara, sai! (*Conrado não sai e Marcelo empurra pesado.*) Sai, porra!

TATI – Não ponha a mão nele!

MARCELO – Porra, Tati, você bate e assopra, é?

TATI — Não ponha a mão nele! Me perdoa, Conrado. Eu não te odeio, claro que eu não te odeio! Eu gosto de você! Claro que eu adorei o que você fez por mim. Você me deu tanta coisa, você me ensinou tanta coisa! Antes de você, Conrado, eu era nada, um zero, uma palha na ventania... E agora estou quase sabendo quem é a Tati. E é por isso que estou tão assustada, você me perdoa?...

CONRADO — Tati, eu gostaria...

TATI — Não me interrompa, por favor. Agora eu preciso raciocinar com muito cuidado... Durante o nosso trabalho, naquelas nossas pesquisas, eu tenho certeza que te amei, Conrado!

MARCELO (*entredentes*) – Filho da puta...

TATI — Houve momentos em que eu teria largado tudo e te seguido como uma cadela no cio.

CONRADO — Perdão, Tati, mas a cadela no cio não segue ninguém. Os cães é que seguem a cadela no cio.

TATI – Tá bom, eu teria ido atrás de você como um desses bichos que costumam ir atrás dos outros bichos.

CONRADO — Mas que bicho, Tati? É importante saber que bicho.

MARCELO — Deixa ela falar, porra! O que que interessa a merda do bicho?

CONRADO — É claro que interessa. Se ela me diz o bicho eu sei o sentimento. Se é uma arara, eu morro e ela continua me amando!

TATI — Mas eu não sou uma arara, Conrado! Antes eu era uma vaca, agora sou uma arara?

MARCELO — Você ainda não sacou que esse cara é um puta dum matusquela?

CONRADO — A arara é fiel e monogâmica! Ela se casa para sempre! Ela faz o ninho, cria os filhotes e jamais se separa! Não flerta com outra arara, não trai e nunca será infiel! Se o macho morre ela continua viúva, ela jamais se acasala novamente!

MARCELO — Que puta bicho burro, meu!

TATI — Me deixa continuar, por favor!...

MARCELO — Tati, esse cara é um merda!

TATI — Cala a boca, Marcelo!

MARCELO — Cala a boca? Você me manda calar a boca de cinco em cinco minutos e eu é que sou grosseiro? Esse cara acabou com a vida da gente e você ainda fica do lado dele?

TATI — Eu não fico do lado dele!

MARCELO — Então bota ele pra fora e acabou, porra!

TATI — Mas eu também não estou do teu lado!

MARCELO — Olha aqui, menina, meu saco vai acabar estourando, tá sabendo?

TATI — O que que você disse?

MARCELO — Isso que você ouviu. Porra, para de pentelhice, meu! Puta menina chata! Quer, não quer, ama não ama, casa não casa. Vá se foder, porra! Não me tira do sério que não me custa nada te dar uns peteleco, guria!

TATI — O quê? O que é que você está pensando? Que você está falando com a tua mãe, é?

MARCELO — Louca! Você é louca!

CONRADO — Não chama ela de louca! Não admito que você chame ela de louca!

TATI — Parem com isso! Parem! Posso falar? Deixa eu falar. Acho que descobri. Você, Conrado, o que aconteceu com aquele fogo, Conrado? Você era seguro, tinha tanta certeza, nada te abalava. E agora... você ficou tão frágil, tão dependente... Eu não posso amar uma pluma, Conrado, um colibri, uma rolinha, como você costuma dizer. Onde é que está o velho Conrado do mundo animal?

MARCELO — Esse cara é um merda!

TATI — Você também, Marcelo... O que que houve com você? Hoje em dia você abre a porta do carro pra mim, tá bom, é gentil, é uma coisa superlegal pra uma mulher. Fica horas me esperando nas lojas do shopping sem reclamar... Quem não adora? Mas, pensando bem, será que eu adoro? Você não reclama nunca! Onde é que está aquele Marcelo cafajeste, mal-educado e supergrosseiro? O Marcelo que me deixava plantada uma semana esperando o telefone tocar? É esse o Marcelo que eu quero! Todo mundo me ama, todo mundo me pede em casamento e que merda! O que aconteceu? Eu era infeliz mas uma infelicidade superlegal! Eu levantava e ia à luta! Agora eu analiso. Eu meço, eu pondero, eu espero. E planejo. Agora eu sou paciente. E é horrível, é horrível. Eu vou sair.

CONRADO — Tati...

TATI — Por favor... (*Vai até a porta, lembra-se do computador e o apanha.*) Adorei, Marcelo. Mas não posso aceitar um presente desses. (*Devolve a Marcelo, vai até a porta, para, e vira-se para os dois, que estão estupefatos.*) Depois joguem a chave por baixo da porta. Vou ficar uns dias na casa da minha mãe... Desculpa, perdão, meus queridos. Eu preciso descobrir direito o que aconteceu comigo. Mas não posso casar com vocês! (*Sai. Eles estão estupefatos.*)

MARCELO (*vira-se lentamente para Conrado*) – Como você é filha da puta!!!

*CAIXA DOIS*

# ANOTAÇÕES SOBRE A COMÉDIA

Depois de *Meno male!*, resolvi acrescentar na introdução às minhas peças, por sugestão da minha querida Bibi Ferreira, algumas observações que fui aprendendo com os grandes diretores com os quais tive a honra e o privilégio de trabalhar. Com José Renato, a quem considero um dos mestres da comédia, Augusto Boal, Aidê Bitencourt, Alberto D'Aversa, Flávio Rangel, Flávio Império, Paulo José, Antunes Filho, Osmar Rodrigues Cruz, Fauzi Arap e Bibi Ferreira, para citar apenas alguns. E gostaria de repeti-las aqui.

*Caixa dois* é uma comédia realista. Qualquer tentativa de fazer graça, de super-representar, de puxar pelos cabelos ou chanchar resulta em absoluto desastre! As situações são apenas engraçadas para os espectadores, mas não tem a menor graça para os atores, que vivem em clima de permanente conflito. Para eles nunca é engraçado. Ao contrário, todos estão em crise.

ROBERTO, 55 anos, trabalha há vinte e cinco anos no Banco Federal, mas ainda não conseguiu comprar o carro dos seus sonhos, um simples Golf. Adora os filhos, mas ainda não pode contar com eles para a complementação do apertado orçamento doméstico. Ao contrário: oneram as contas a pagar não observando medidas de economia. Paga o aluguel com frequentes atrasos. Seu modelo de virtude é o dr. LUIZ FERNANDO, uma farsa, a quem ama e admira. Alimenta a esperança de que um dia ainda manterá um diálogo franco e aberto com seu herói, selando em definitivo uma sólida relação de amizade, iniciada há anos num congresso em Serra Negra. De repente é despedido, os sonhos e a esperança desabam.

LINA, 45, 50 anos, é funcionária pública, ganha salário mínimo, a ponto de ser isenta de imposto de renda; ajuda no que pode, mas não consegue sequer manter sua filha BIA (que não aparece na peça) acordada. Sua conta bancária está no vermelho. O único filho homem, HENRIQUE, é apaixonado por uma mulher que ela não considera adequada como nora. De repente surge um dinheiro na sua conta. Perigo. O dinheiro não lhe pertence. É melhor devolver o quanto antes para não ser acusada de ladra!

HENRIQUE, 23, 25 anos, jovem bonito, sarado, estuda engenharia, dá aulas particulares que ninguém paga e não tem recursos para levar ANGELA para um motel. Faz restrições ao pai, que jamais conseguiu passar de gerente do Bairro do Limão, futuro que rejeita para si mesmo. Pretende morar com ANGELA e viver provisoriamente a suas expensas, o que o humilha. Ama, mas não confia. A mãe está no vermelho, mas devasta suas economias jogando no 0900, prenúncio de conflito quando o pai tomar conhecimento. De repente descobre o dinheiro na conta da mãe. Estupefação. De onde surgiu tanto dinheiro? Ao se conluiar com Capilé (apenas a voz) na busca de respostas, trilha o perigoso caminho da contravenção penal que pode dar cadeia. Perigo!

LUIZ FERNANDO, 60, 65 anos, banqueiro rico, de família tradicional, fazendeiro, ambicioso e arrogante é publicamente vilipendiado pela mulher que o trai no banheiro do Clube. Apaixona-se por ANGELA, a quem oferece presentes caros e promessas de futuro, mas não consegue manter um desempenho sexual compatível com as exigências da namorada. Usa Viagra e tem cãimbras durante o ato sexual. Pactua com a corrupção reinante, e serve a um único senhor: o dinheiro. Não tem amigos e pouca afinidade com os filhos.

182

ANGELA, 25, 28 anos, linda, secretária, bem-vestida, *up-to-date*, joias, vive o dilema da infidelidade. Ama Henrique, mas não tem coragem de assumir seu amor e abandonar as mordomias de LUIZ FERNANDO. Seu desejo de poder e prestígio, sua necessidade compulsiva de amor e carinho, a levam a perder tudo, por excesso de ambição e fraqueza de caráter.

ROMEIRO, 40, 50 anos, é um capacho. Pusilânime e subserviente ao todo-poderoso senhor da riqueza, se humilha e se avilta. Não tem amor nem paixões. O seu destino está atrelado ao Banco e aos sonhos de riqueza que não lhe trarão nem paz nem felicidade. Portanto, não há nenhuma razão para esgares e trejeitos, riso ou brincadeira. Todos estão amarrados às suas ansiedades e angústias. A situação é que é paradoxal, inesperada e, portanto, engraçada.

Quanto mais seriamente a comédia for representada, mais engraçada. Quanto mais se tentar fazer graça, menos engraçada e mais desastrosa a representação. Como já ensinava Stanislavski no século retrasado, o ator não "representa" sentimentos ou estados de espírito (espanto, surpresa, chateação, tristeza, infelicidade, felicidade etc. etc.). "O ator (ensina David Mammet mais de 200 anos depois de Stanislavski) apenas soluciona ações físicas simples e verdadeiras, procura conquistar objetivos concretos e muito bem definidos." Apenas isso. Quanto mais se ativer à sua tarefa específica, mais brilhante a sua atuação, porque o espectador, na poltrona, estará ajudando-o a atingir o seu objetivo. Por exemplo, um objetivo simples como ouvir o colega. "Ouvir – como ensinava Edith Evans – é prestar atenção. Ouvir é não reagir." Simples, não? Pois há atores que para chamar a atenção do público, para "roubar" a cena, reagem fazendo caretas e gestos inacreditáveis enquanto o colega está falando. O público que também gostaria de ouvir e é distraído pelo mal-educado, passa, a partir desse instante, a ignorá-lo, a evitá-lo, como na vida evitamos pessoas chatas, mal-educadas. O público é um intelectual coletivo extremamente sensível e de rara inteligência. Ele detecta – sem precisar onde – as absurdas tentativas de sedução mediante caras e bocas e reage com indiferença. Portanto, o choro é o choro, a lágrima é a lágrima.

Quando se finge o sentimento, passamos para o campo da farsa, que é a comédia exacerbada, a praia dos geniais comediantes do Zorra Total, dos Cassetas, do Tom Cavalcanti. Mas, lá são farsas, sátiras. A nossa é uma comédia realista, que suscita o riso do público. Mas cuidado! O público seduz como as sereias que levaram as embarcações de Ulisses a se espatifarem nos rochedos. Mas em seguida, porque fomos subservientes, nos desprezam. A experiência demonstra que ao tentar flertar com a plateia destruímos o espetáculo e principalmente a nossa atuação. O riso, que tanto nos seduziu e nos levou a bajular o público, vai diminuindo na mesma proporção da frequência dos espectadores. O público, como eu, como você, como todos, enfim, despreza quem o bajula. Apenas psicopatas admiram bajuladores. E um grande sucesso na estreia se torna fracasso e decepção em algumas semanas. O espetáculo sai de cartaz e dezenas de profissionais perdem o emprego pela frivolidade e subserviência de apenas um! Nunca devemos nos deixar atrair pelo riso fácil do público. Devemos ser compenetrados e sérios. Como dizia Labiche e Bill Wilder: a comédia se representa a sérios. *Intensos*, como recomenda David Mammet. Todos os dias! E aí sim o riso do público será forte e consistente. E a ovação final será a recompensa verdadeira, a mostra da sua gratidão e seu respeito.

Cada ator deve defender a sua personagem e o espetáculo como um todo. Nenhum ator deve permitir que o outro, por vaidade tola ou egoísmo, lhe "roube" a cena, faça gracinha e ameace a solidez do espetáculo. Deve-se chamar a atenção desse ator com severidade, na frente de todos. Deve-se criar um espírito de corpo tendo em vista a nossa paixão pelo teatro e o respeito às Musas que nos protegem no tablado. É uma arte coletiva. O amor e a solidariedade são o pano de fundo do sucesso. Se alguém for incapaz de se regozijar com o merecido aplauso em cena aberta a um colega de palco, deve abandonar imediatamente o teatro. Porque a precondição para o exercício do ator é a ausência de qualquer preconceito, mas sobretudo o que se manifesta sob a forma de inveja e ciúme. Ator e preconceito são incompatibilidades absolutas. Tudo deve ser dito às claras, em reuniões diárias ou pelo menos semanais. Não há lugar para veleidades, amor-próprio ferido ou suscetibilidades. Nenhuma contemplação para com os renitentes e não solidários. O reincidente deve ser afastado do convívio dos atores porque ele não se presta ao exercício de uma arte coletiva, em que o sucesso de um é o sucesso de todos.

O público não nos conduz! Nós é que conduzimos o público. Bibi Ferreira é quem nos dá uma valiosa lição de teatro: "O espetáculo que fez sucesso foi o espetáculo da estreia!" O que Bibi quer dizer é que o espetáculo a ser tomado como referência é aquele último espetáculo da semana da estreia, quando a interpretação perdeu a tensão, cresceu, e os atores já acrescentaram ao espetáculo o amadurecimento de suas personagens. É este que deve ser mantido com a mais absoluta verdade e precisão. A busca da verdade contida no espetáculo da estreia não implica repetição mecânica. Ao contrário. Deve-se mergulhar em um processo de criação diária, de improviso das situações, climas e atmosferas que mudam com a mudança das plateias, como se elas estivessem ocorrendo naquele preciso instante, sem nenhuma antecipação. Deve-se ter em mente que improvisar não significa substituir ou inventar palavras e novas marcações. Esta é apenas uma forma vulgar e pobre de atuação. Deve-se viver intensamente. Todos os dias! Sete dias ou sete anos.

# O Cenário

O cenário tem dois ambientes:

1 – Sala de visitas da casa de ROBERTO e LINA.

2 – Sala da presidência do dr. LUIZ FERNANDO no Banco Federal.

Parece-me que a melhor sugestão é um cenário moderno, pouco convencional, que privilegie o meio do palco para os dois ambientes. Poucos elementos são essenciais. O computador de Henrique, peça fundamental para as suas pesquisas de *"hacker"*. Outro computador na sala da presidência. O contraste pode ser dado por alguns elementos de cenografia: móveis *high-tech*, lustre riquíssimo no Banco Federal e poucos móveis comuns na casa de LINA e ROBERTO. Tudo muito simples e de bom gosto. De qualquer forma, o fundamental é a criatividade de um cenógrafo competente. Como sugestão, me parece que a ideia melhor seria uma mesa *high-tech* no centro e na frente do cenário. Essa belíssima mesa de acrílico com pés de metal, uma poltrona do presidente e duas cadeiras poderiam representar o BANCO FEDERAL na sua riqueza. Como que abraçando a mesa, a sala da casa de LINA e ROBERTO. Quando a ação muda definitivamente para a casa do bancário, bastaria que LINA jogasse uma toalha sobre a mesa do PRESIDENTE para que esta se integrasse como mesa de jantar da sala, passando a existir daí em diante um cenário único.

# A Luz

É uma comédia que requer bastante luz, e luz de frente para o brilho dos olhos dos atores. Esta observação não é irrelevante porque os espetáculos de vanguarda e experimentais acabaram consagrando aqui no Brasil – e só aqui – a iluminação apenas a partir do urdimento e das coxias, em meio a uma névoa quase que permanente – o indefectível gelo seco. O efeito visual é belíssimo, mas o espetáculo é gelado e a empatia com os atores, zero. Isso porque os atores ficam virtualmente no escuro, com sombras fantasmagóricas sob os olhos e o nariz, provocadas pela luz projetada de varas de refletores colocadas em cima de suas cabeças. Outra paixão dos nossos diretores experimentais é o sépia crepuscular, aqueles tons outonais, gradações sobre o dourado, fins de tarde tchecovianos, tristes e repousantes, que tão bem traduzem a melancolia da burguesia decadente, mas que nada tem a ver com uma comédia de costumes. Portanto, luz de frente para brilhar os olhos dos atores! Como aliás ocorre em todo o mundo. Como diz Peter Stein e dizia Tadeusz Kantor, e Bibi: "comédia é luz nos olhos dos atores".

# Personagens

Angela

Henrique

Lina

Roberto

Romeiro

Luiz Fernando

(*Sala da casa de Lina e Roberto*)

ANGELA – Conta como é que a gente começou?

HENRIQUE – Não, por favor, não! Eu já contei mil vezes...

ANGELA – Ah, conta, conta... Adoro quando você conta... Você chegou com seu pai na sala da diretoria, e aí...

HENRIQUE – Não vou contar coisa nenhuma...

ANGELA – Aí eu saí da sala da presidência e você me viu... E aí, o que aconteceu?

HENRIQUE – Não, eu não vou contar...

ANGELA – Conta... Conta... Você me viu naquele vestido justo, bem decotado... Rosa... Olhou para os meus seios... E aí você pensou...

HENRIQUE – Meu Deus, de onde surgiu essa gostosa?...

ANGELA – Você me acha gostosa?

HENRIQUE – Acho. Vem cá...

ANGELA – Não, tem que dizer: eu te acho gostosa...

HENRIQUE – Eu te acho muito, muito gostosa...

ANGELA – Você sabia que eu era a secretária do presidente?

HENRIQUE – Não, eu não sabia de nada. Só sabia daquele mulherão bem na minha frente e que me deu na hora um puta tesão... Aí você passou por mim, quase me esbarrando...

ANGELA — E você ficou olhando pra minha bunda. Eu sabia que você estava olhando.

HENRIQUE — E você foi mexendo a bunda até a porta da sala do presidente. E aí me olhou, sorriu bem sacana e uma semana depois você estava aqui, gemendo debaixo de mim...

ANGELA — Cafajeste... Você é garoto, mas é bem cafajeste, você sabia?

HENRIQUE — Você gosta de cafajeste, sua... sua vagabunda? Gosta?...

ANGELA – Adoro...

HENRIQUE – Quantos namorados você já teve?

ANGELA — A coisa que mais me brocha é essa tua nostalgia do passado, Henrique. Que pobreza!

HENRIQUE — É que eu não gosto de repartir minhas coisas com ninguém.

ANGELA – Eu não sou tuas coisas.

HENRIQUE – O que é que você faz no banco?

ANGELA — Saco, eu sou a secretária do presidente, ora!

HENRIQUE – Mas o que é que você faz?

ANGELA — Eu assessoro o presidente, ora, ajudo, dou cobertura, apoio.

HENRIQUE – Que tipo de apoio?

ANGELA — Todo tipo de apoio. Apoio técnico, psicológico...

HENRIQUE – Sexual?

ANGELA — Se o presidente está carente ou deprimido eu vou pra cama com ele.

190

HENRIQUE – Você está me gozando?

ANGELA – Não, eu estou te dizendo que esse teu ciuminho careta me enche o saco.

HENRIQUE – Como é que é o nome do presidente?

ANGELA – Luiz Fernando.

HENRIQUE – Como é que ele é?

ANGELA – Alto, loiro, atlético, de olhos verdes...

HENRIQUE – Mentira. Meu pai me disse que o doutor Luiz Fernando é velho, gordo e chato paca.

ANGELA – Teu pai é gerente do Bairro do Limão. Se você quer saber, ele nunca viu o presidente...

HENRIQUE – Como é que você sabe que ele nunca viu?

ANGELA – Eu sei... Eu sei de tudo o que se passa no Banco Federal...

HENRIQUE – O doutor Luiz Fernando te canta, é?

ANGELA – Eu vou embora. Ciúme é a coisa mais brochante que existe...

HENRIQUE – Não, vem cá...

ANGELA – Quando você fica com ciúme, você diminui de personalidade, de caráter, de tamanho, de tudo! O ano que vem você se forma. Pode ser um engenheiro famoso, rico, respeitado, o que você quiser. Então cresça, menino! Eu tenho que ir embora. (*Começa a se vestir.*)

HENRIQUE – Não, senhora, é muito cedo. Você tem duas horas de almoço.

ANGELA – Agora eu só tenho meia.

HENRIQUE — Não, fica, vem cá, vem gostosa... Aí eu olhei pra tua bunda e falei. Porra, ainda vou comer essa bunda...

ANGELA (*ela não suporta esse tipo de sedução*) — Não, Henrique, não faz maldade comigo, eu estou atrasada...

HENRIQUE — Aí eu te esperei no saguão, cheguei bem perto de você e, sem dizer uma palavra, eu te dei um beijo bem, mas bem sacana, na cara de todo mundo...

ANGELA — E se tua irmã acorda?

HENRIQUE — A Bia? Tem dia que ela nem acorda... Gata, tesão da minha vida... (*Recomeça a despi-la. Barulho na fechadura e entra Lina.*) Mamãe!

LINA — Oi, Henrique! Oi, dona Angela!...

ANGELA — Boa tarde, dona Lina...

HENRIQUE — A senhora não devia estar na escola, mamãe?

LINA — Logo hoje sou dispensada para ir ao médico... Não parece coisa do destino?

ANGELA (*se vestindo*) — Ai, que vergonha...

LINA — Não, não se constranja... Só espero não ter interrompido nada pela metade...

HENRIQUE — A culpa é minha, mãe. A Angela está em hora de almoço, passou aqui pra me pegar e eu comecei a conversar, a falar...

ANGELA — Bom, eu já vou indo. Depois eu telefono.

LINA — Não quer almoçar conosco?

ANGELA — Não, obrigada. Eu tomo um lanche no banco.

LINA — Almoça. Assim fica na base da cama e mesa...

ANGELA — Não vai acontecer de novo, eu garanto à senhora.

LINA – Pode voltar outras vezes! Apenas me avisem e eu já deixo o sofá aberto pra vocês.

ANGELA – Com licença, dona Lina, eu estou atrasada... (*Para Henrique.*) Eu telefono.

(*Vai saindo. Lina encontra uma calcinha.*)

LINA (*pegando a peça com dois dedos e oferecendo à Angela*) – Dona Angela! A senhora não vai se resfriar?

ANGELA (*pegando superenvergonhada*) – Obrigada. (*Sai.*)

HENRIQUE (*gritando da porta*) – Angela, a próxima vez que você vir aqui, meu bem...

LINA (*cortando*) – "A próxima vez que você vier!"

HENRIQUE – Mãe, eu posso pedir uma coisa?

LINA – Não fale comigo!!!

HENRIQUE – Por favor, não conte pro papai.

LINA – Você não tem vergonha, Henrique? Você é um homem, não é mais uma criancinha!

HENRIQUE – Desculpe mãe, me desculpe!

LINA – Se você não se respeita, respeite a sua mãe, respeite a sua irmã! E se teu pai chega e pega vocês dois daquele jeito?

HENRIQUE – Desculpa, mãe!

LINA – E essa moça, não é nenhuma menina, uma cavalona daquele tamanho, será que não tem um pingo de pudor?

HENRIQUE – Eu já disse que a culpa foi minha, ela não tem nada a ver com isso!

LINA – Ah, não? A coitadinha passou pra te pegar e, de repente, quando percebeu, estava peladinha de perna aberta?

HENRIQUE — Opa! Não admito que a senhora fale assim da Angela! A senhora, por acaso, nunca namorou?

LINA — Namorei, sim! Mas ninguém tirava a minha calcinha sem eu perceber! Ora, pelo amor de Deus, Henrique, acorda meu filho! Que cio é esse? Na hora do almoço? Não dava pra esperar o final do expediente?

HENRIQUE — Tá legal, mãe, foi um erro, tudo bem. Mas a gente tá namorando, pô. Pra onde é que eu vou levar ela? Se eu tivesse dinheiro ia pra um motel. A senhora, como é que a senhora quebrava o seu galho?

LINA — Eu quebrava o meu galho na sua cabeça, seu mau cafajeste! Eu tinha vergonha na cara, eu tinha pudor!

HENRIQUE — Ok, esquece! Já pedi desculpa, não pedi?

LINA — Pede desculpas e acabou? Então chama ela de volta e continuem a função!

HENRIQUE (*cheio, invocando a Deus*) — Pô, hoje ela me escalou para os dois tempos!...

LINA — O que é que você pretende com essa moça, meu filho?

HENRIQUE — Isso é assunto meu.

LINA — Enquanto você estiver transando no meu sofá que eu comprei com o meu dinheiro, é assunto meu.

HENRIQUE — Mãe, transando? Depois o pai que é boca suja?

LINA — Quer dizer que quando eu falo sou suja, quando você faz é limpo? Você não me respondeu!

HENRIQUE — Estamos namorando, ora. Eu acho que vou morar com ela...

LINA — Como, morar com ela?

194

HENRIQUE — Morar junto com ela, ora, morar na mesma casa, partilhar as coisas.

LINA — Você está pensando em sair de casa?

HENRIQUE — Eu quero ter o meu canto, mãe, os meus livros, o meu computador, a minha cama... Eu não quero mais levar esporro porque estou namorando no seu sofá.

LINA — Você não tem emprego fixo, ainda tem dois anos de faculdade pra se formar! Você tem que construir sua vida! Como é que vocês vão morar juntos?

HENRIQUE — Morando, ora. Eu não posso alugar um apartamentinho pra mim?

LINA — Com que dinheiro você vai pagar o aluguel?

HENRIQUE — A gente se vira, mãe, no começo ela pode me ajudar...

LINA — Ah, gigolô?

HENRIQUE — Não admito, mãe!

LINA — Gigolô! Pra quem vive à custa de mulher o nome é gigolô!

HENRIQUE — A senhora é do século passado, mãe, isso já não existe! Os casais se ajudam, fazem comida, lavam pratos, cuidam dos filhos.

LINA — Casal? Vocês não são um casal.

HENRIQUE — Não? E nós somos o quê?

LINA — Ela é mais velha que você! Tem a carreira dela no banco, carro importado, celular com computador, apartamento nos Jardins! E você, filho, o que é que você tem?

HENRIQUE — Quando a senhora casou o pai tinha muita coisa mesmo!...

LINA — Seu pai começou a trabalhar com 12 anos, menino! Quando a gente começou a namorar ele já sustentava a família dele.

HENRIQUE — Até parece que eu não faço nada. Eu não dou aulas particulares?

LINA — Que não te pagam. Por que é que você não aceitou a vaga que teu pai ofereceu no Banco?

HENRIQUE — Por causa da faculdade, mãe, você sabe disso! E depois eu não quero acabar gerente do Bairro do Limão!

LINA — Respeita seu pai, Henrique! E fique sabendo que é do gerente do Bairro do Limão que vem a tua faculdade, a tua moto, o teu computador, a tua internet!...

HENRIQUE — Tá bom, mãe, o pai é fantástico. Eu vou trabalhar.

LINA (*reparando que ele continua de cueca*) – Você está de cueca por quê? Ela vai voltar?

HENRIQUE — Desculpa mãe, esqueci. (*Veste as calças.*)

LINA — De tirar você não esquece...

   (*Henrique dá um beijinho em Lina, brinca com ela, que não resiste e acaba rindo.*)

HENRIQUE — Mãe, e aquela graninha pra eu trocar a impressora do meu computador?

LINA — Graninha? Pega o meu extrato lá na gaveta do criado-mudo pra você ver a graninha que eu tenho...

HENRIQUE — Eu vou ver aqui no computador. Se tiver saldo pode ficar pra mim?

LINA — Claro! Fica com tudo! Pega tudo pra você!

(*Sala da presidência do Banco Federal*)

(*Toca o telefone e Romeiro entra para atender.*)

ROMEIRO — Presidência, Romeiro. O presidente ainda não chegou. É o assessor dele, doutor Romeiro.

(*Desliga. Entra dr. Luiz Fernando.*)

LUIZ FERNANDO — Bom dia, Romeiro. Bom dia, não, boa tarde.

ROMEIRO (*subserviente*) — Boa tarde, doutor Luiz Fernando.

LUIZ FERNANDO — Cadê a Angela?

ROMEIRO — Foi tomar um lanche. Já deve estar de volta.

LUIZ FERNANDO — Ela não sabia que eu ia chegar?

ROMEIRO — Sabia. Mas ela pediu pra tomar o lanche mais cedo e eu achei que não tinha problema.

LUIZ FERNANDO — Não ache, Romeiro. Deixe que eu acho.

ROMEIRO — Sim, senhor.

LUIZ FERNANDO — Quando eu chego ao banco eu quero a minha secretária.

ROMEIRO — Não vai acontecer outra vez.

LUIZ FERNANDO — O Carlão ligou?

ROMEIRO — Ainda não.

LUIZ FERNANDO — Não é hoje que vai entrar aquela grana?

ROMEIRO — É hoje mesmo!

LUIZ FERNANDO — Está tudo certo?

ROMEIRO — Fecham as debêntures hoje! Está tudo perfeito! Se não fosse caixa dois dava até pra declarar no imposto de renda.

Luiz Fernando – No Brasil não tem mais caixa um, Romeiro, é só caixa dois!

Romeiro – E já tem gente partindo pra caixa três...

Luiz Fernando – Claro que vai ter sempre um filho da puta dizendo que os bancos faturam demais, que o sistema financeiro é o grande privilegiado... Agora, se o Carlão comprou as debêntures por sessenta e eu achei um bom negócio comprar por oitenta, ninguém tem nada com isso!

(*Romeiro apanha uns documentos de dentro da pasta que carrega e põe diante de Luiz Fernando.*)

Luiz Fernando – O que é isso?

Romeiro – É a lista do pessoal que vai pra rua. Negócio da automação. O jurídico está esperando a sua assinatura.

Luiz Fernando – O quê? Vamos dispensar 460?

Romeiro – Não podemos fazer mais nada, doutor Luiz Fernando...

Luiz Fernando – Você vai ver a gritaria. A tecnologia avança, inventam programas de computador que fazem o serviço de dez homens e nós somos os culpados?

Romeiro – Ninguém gosta de dispensar, doutor Luiz Fernando. Mas ou a gente reduz os custos ou vamos no caminho Nacional. (*Toca o telefone, Romeiro atende.*) Presidência, Romeiro. Como é que vai, senador? O que é que o senhor manda? (*Luiz Fernando faz sinal que não está.*) O doutor Luiz Fernando ainda não chegou. O senhor está em Brasília? Assim que ele chegar eu peço para ele ligar para o senhor. Outro pro senhor. (*Desliga.*)

Luiz Fernando – Você viu o que esse filho da puta disse na televisão?

ROMEIRO — Não, não estou sabendo.

LUIZ FERNANDO — Desceu o cacete nos banqueiros.

ROMEIRO — O senhor está brincando...

LUIZ FERNANDO — Claro, quer aparecer, televisão, cadeia nacional, então, porrada nos banqueiros. "Precisamos fazer uma devassa nesse sistema financeiro podre que aí está!" Quem é esse filho da puta pra falar em podridão?

ROMEIRO — Mas meu Deus, nós elegemos esse homem!

LUIZ FERNANDO — Por que é que ele acha que eu fiz a campanha dele? Pra ele ficar fazendo discurso contra banqueiro na televisão?

ROMEIRO — Mas, ele sempre tão amigo, tão prestativo...

LUIZ FERNANDO — O pessoal do Bradesco tá puto, hein? O Lázaro ficou uma vara com essa história da CPI! O Bradesco está fora da campanha política, você está sabendo?

ROMEIRO — Não acredito!

LUIZ FERNANDO — Eles não vão pôr mais um centavo em campanha política. E dou toda a razão, ora. Ele deu sozinho 3 milhões para o Fernando Henrique em 94 e é tratado como um marginal nessa CPI? Onde já se viu uma coisa dessas?

ROMEIRO — Acho isso uma vergonha!

LUIZ FERNANDO — Fazemos tudo para esses políticos de merda e só levamos porrada! Você acha que nessa altura da minha vida eu precisaria ficar trabalhando dezesseis horas por dia? A mulher do ministro precisa comprar calcinha? Lá vai o meu jatinho pra Miami. A filha do governador quer ver *O fantasma da ópera* pro seu trabalhinho de escola? Lá vai a família inteira pro meu apartamento da 5ª Avenida, mordomo à disposição, geladeira cheia... O que que é? A casa da mãe Joana? Tem um néon escrito trouxa aqui na minha testa? Vou mudar pra Europa! Vou pegar esse dinheiro do Carlão, juntar com uns trocados que tenho espalhados pela Suíça e vou morar em Londres.

ROMEIRO — Vai pra Miami, doutor Luiz Fernando, está todo mundo em Miami.

LUIZ FERNANDO — Pra ficar dando trombada em sacoleiro? De brasileiro estou até aqui! Uma gente brega, malvestida, aquela jaqueta de astronauta de gomo, gorrinho de tricô na cabeça, falando alto em restaurante? Vou pra Londres. O Rotschild já me ofereceu até sociedade num banco!...

*(Sala da casa de Lina e Roberto)*

*(Entra Roberto.)*

ROBERTO – Oi, filho! O que que aconteceu? Você não tem aula hoje?

HENRIQUE — Só depois das quatro.

ROBERTO — Olha...

HENRIQUE — Só depois das quatro. E o senhor? Veio almoçar em casa hoje?

ROMEIRO — Resolvi passar na Volks pra ver esse Gol novo.

HENRIQUE — Vai trocar de carro, pai?

ROBERTO — Estou pensando.

HENRIQUE — Pô, que moral, hein? Foi promovido?

ROBERTO — Ainda não, mas quem sabe? Sabe o que eu bolei lá na agência? Um suporte para copinho de papel!

HENRIQUE — É mesmo?

ROBERTO – Desses de tomar cafezinho.

HENRIQUE – Olha!...

ROBERTO – Cada cafezinho que você toma, você joga fora três, quatro copinhos. É um desperdício! É uma coisa simples, filho. Uma presilha de plástico, um elastiquinho desses de empacotar dinheiro e sai um copinho de cada vez. Sessenta por cento de economia. Diz que o doutor Luiz Fernando até mandou pedir o modelo para a agência central.

HENRIQUE – Que legal, hein, pai?

ROBERTO – E lâmpada? Eu cansava de comprar lâmpada para o depósito, para os corredores, para o almoxarifado. Sabe o que eu bolei? Lâmpadas 220! Dá uma luz um pouco mais fraca, mas não queima! Faz um ano que não trocamos uma lâmpada na área de serviço da agência. Você acha que lá na agência central eles não vão notar uma coisa dessas? Uma agência gasta vinte lâmpadas por mês, a outra não gasta nenhuma!... Você não acha que eles vão notar?

HENRIQUE – Claro, claro que eles vão notar. Isso conta pai, claro que conta.

ROBERTO – Estou criando coragem. Uma hora dessas marco uma audiência e vou levar um papo com o doutor Luiz Fernando.

HENRIQUE – Ô, pai, esse cara não é um tremendo pilantra?

ROBERTO – Doutor Luiz Fernando? Gente finíssima! Tremenda cabeça, começou do zero! Diz que carpia café na fazenda do avô dele. Começou como *office-boy*, hoje é presidente do Banco e um dos homens mais ricos deste país!

HENRIQUE – Não foi o que eu ouvi dizer...

ROBERTO – Os gerentes morrem de inveja porque eu sou o único que conhece o homem, o único amigo do presidente do Banco.

201

LINA — Roberto, deixa o menino... Claro que você não é amigo do presidente do Banco!

ROBERTO — Sou amigo do doutor Luiz Fernando! No Terceiro Congresso de gerentes do Banco Federal, em Petrópolis...

LINA — Pronto!...

ROBERTO — Eu estava na piscina tomando um café, ele pediu licença – veja só – pediu licença, sentou na minha mesa, tomou o café comigo, perguntou de mim, se eu era casado, se eu estava contente no Banco, elogiou o meu desempenho na gerência do Bairro do Limão... De repente, assim, sem mais nem menos, ele falou: "Ô Roberto, me passa a manteiga?" Ele me chamou pelo meu nome! Quer dizer, ele estava sabendo quem eu era!

LINA — Tava sabendo nada, Roberto, ele leu no seu crachá.

ROBERTO — Como crachá? Eu ia estar na piscina de crachá? Não sou de esnobar ninguém, mas que o cara é meu amigo, amigo íntimo, isso ele é.

HENRIQUE — O cara é o dono do Banco, pai. Dono de Banco não é amigo de ninguém.

ROBERTO — Não precisa ir longe. Aquela sua namorada não é secretária dele? Pergunta pra ela.

HENRIQUE — Ela é secretária dele, não amiga íntima dele. Ela não fala assuntos pessoais com ele pai.

ROBERTO — Ah, não fala... Ele é um tremendo garanhão, hein? Toma cuidado que ele acaba comendo a tua namorada, hein?

HENRIQUE — Pô, que puta grossura, pai! Isso é jeito de falar?

*(Sala da presidência do Banco Federal)*

LUIZ FERNANDO — A Angela não está demorando demais?

ROMEIRO — Ela deve estar chegando.

LUIZ FERNANDO — Onde é que ela foi tomar esse lanche?

ROMEIRO — Ela não disse...

LUIZ FERNANDO — Romeiro, ontem eu fiz uma coisa horrível.

ROMEIRO — O que foi doutor Luiz Fernando?

LUIZ FERNANDO — Fica entre nós, hein?

ROMEIRO — Claro, claro!

LUIZ FERNANDO — Eu estava jantando com a Anésia e a minha filha Lucinda, essa que chegou dos Estados Unidos e, de repente, quando eu me vi estava pensando na Angela.

ROMEIRO — Na Angela?

LUIZ FERNANDO — A conversa rolando e eu vendo a Angela na minha frente, rindo pra mim, aquele decote... Você acredita?

ROMEIRO — Doutor Luiz Fernando, o senhor é homem, isso não tem nada de mais...

LUIZ FERNANDO — Mas a Anésia percebeu e deu o maior esporro! Estamos conversando e você pensando na morte da bezerra? E eu olhei fixo pra Anésia e pensei comigo: "Meu Deus! Como é que eu fui me casar com esse jacaré? O que foi que você disse? Jacaré?" Romeiro eu não tinha dito nada, juro por Deus! A filha da puta leu o meu pensamento!

ROMEIRO — Que coisa, Doutor Luiz Fernando, impressionante!

LUIZ FERNANDO — Aqui entre nós, Romeiro... Não sei o que você acha, mas eu tenho a impressão de que estou me apaixonando pela Angela...

ROMEIRO — Que coisa boa, doutor Luiz Fernando!!

LUIZ FERNANDO — Não sei o que está aconteceu comigo. Acho que foi depois daquele história da Anésia com o instrutor de tênis...

ROMEIRO – Que escândalo?

LUIZ FERNANDO – Então, correu um boato... Me mandaram uma carta anônima... Dizia que tinham surpreendido a Anésia no banheiro do clube com o instrutor de tênis... Foi uma porrada... Depois disso eu comecei a ficar um pouco mais disponível. Mas é um sofrimento, Romeiro. Eu tenho um puta tesão nessa menina... Olha, fica entre nós, tudo bem? Está me dando cãimbra, Romeiro! Outro dia eu estava com ela no Plaza Athenée em Paris e me dá uma puta cãimbra na batata da perna! Passei a noite toda pulando no banheiro. Ela pensando que eu estava com indisposição estomacal e eu de canguru no banheiro!...

ROMEIRO – Banana, doutor Luiz Fernando. Potássio. Banana é um santo remédio pra isso.

LUIZ FERNANDO – Ah, é? Banana é bom? Então me faz um favor, Romeiro. Pede pra Dos Anjos comprar uma dúzia de banana e trazer pra mim?

ROMEIRO – Pois não, doutor Luiz Fernando! (*Vai saindo.*)

LUIZ FERNANDO – Nanica, Romeiro!

(*Sala da casa de Lina e Roberto*)

(*Entra Lina preparando a mesa, liga a TV.*)
(*Som na TV.*)

"Se você concorda com o beijo de homossexuais na televisão ligue 9703131, se você discorda ligue 9703232 e concorra a um Passat zero."

(*Entra música.*)

LINA (*vai ao telefone mas Henrique está na internet*) – Você está na internet, Henrique? Liga pra mim 9703131. Rápido.

HENRIQUE – Pra quem é?

LINA – Pra ninguém, é o concurso do 0900. Vai correr um Passat zero. Eu concordo com o beijo dos viados. 970 3131. Se der o nosso telefone eu ganho o Passat!

HENRIQUE – Para com isso, mãe, quantas vezes você já ligou para essa arapuca?

LINA – Arapuca? A Renê, aquela minha amiga que leciona ciências, ganhou um apart-hotel que é uma graça! Recebeu a chave a semana passada!

HENRIQUE – Eu não quero nem saber quando o pai pegar a conta do telefone este mês...

LINA – Liga, Henrique, por favor. Hoje à noite eu concorro na Hebe!

HENRIQUE – Tá bom, eu vou ligar. Mas o pai vai ficar uma fera, você conhece ele.

LINA – Quando eu lhe der o Passat zero ele vai ficar doidinho!

HENRIQUE – Ai, como tem gente burra no mundo, meu Deus!

LINA (*gritando*) – Bia! O almoço já está na mesa! Vai levantar ou prefere que eu te chame na hora do jantar?

(*Lina entra.*)

(*Sala da presidência do Banco Federal*)

ROMEIRO (*imprimindo um e-mail*) – Doutor Luiz Fernando, e-mail fechando as debêntures.

LUIZ FERNANDO (*tira um cheque da carteira*) – Aqui está o cheque do Carlão. Dez milhões, tá vendo? Não me escreve nada no cheque pra não identificar! Mostra o cheque pra ele, espera ele transferir os meus 9 milhões para Zurich – conta 301 –, presta atenção Romeiro, conta 301. Pega o teu milhão, confirma a transferência do dinheiro, confirma no e-mail dele, na hora, ok? E apaga o e-mail. Você mesmo apaga. E aí vocês rasgam o cheque! Você mesmo rasga, em mil pedacinhos. Se tiver a máquina de triturar papel, usa a máquina! Entendido, Romeiro? Não deixa rastros, ok?

ROMEIRO — Eu levo o cheque, o Carlão transfere o dinheiro, eu pico o e-mail e entrego o cheque.

LUIZ FERNANDO – Conta 301. Anotou?

ROMEIRO (*saindo*) – Deixa comigo!

LUIZ FERNANDO – Cuidado pra atravessar a rua!

(*Entra Angela.*)

LUIZ FERNANDO — Você está linda! Por que essa demora toda, minha querida? Você sabe que eu tenho saudade... (*Beijinho.*)

ANGELA – Estava fazendo um lanche.

LUIZ FERNANDO — Quer dizer que você não almoça comigo?

ANGELA — Se o senhor fizer questão eu acompanho na sobremesa...

LUIZ FERNANDO (*ele a abraça e beija o tempo todo*) – Quando é que você vai parar com esse "senhor", meu amor...

ANGELA — Pensei que o Romeiro estivesse na sala... Eu não quero intimidade com ele.

LUIZ FERNANDO — Você acha que o Romeiro não está sabendo de tudo?

ANGELA — Mas na frente dele eu prefiro manter as aparências... Você não acha melhor?

LUIZ FERNANDO — Você sempre tem razão, minha querida... (*Mais um beijo. Vai até o bar e prepara um drinque.*) O que é que você toma?

Angela – Nada não, obrigada.

Luiz Fernando – Um martíni pra me acompanhar, você toma. Duas gotas.

Angela – Três gotinhas... (*Toca o telefone. Angela atende.*) Presidência, Angela. O presidente ainda não chegou, senador.

Luiz Fernando – Acabei de chegar, Angela.

Angela – Ele acabou de chegar, senador.

Luiz Fernando (*pegando o telefone*) – Senador, deixa eu te dizer uma coisa. Todo mundo tá sabendo que eu dei uma fortuna pra sua campanha. Não, senador, não estou zangado. Se você diz que o sistema financeiro está podre, vossa excelência está dizendo que eu estou podre. Mas eu fico com cara de palhaço, saiu em todos os jornais, não estou podendo sair à rua, porra! Ontem eu fui almoçar na Fiesp e o Antônio Ermírio ficou me cheirando o tempo todo! Não estou pedindo retratação, eu só quero que você diga que eu não estou podre, porra! Hoje eu não posso. Hoje eu vou almoçar com a mulher mais linda do mundo. Aprova as reformas do Fernando Henrique e deixa a televisão para os atores da novela, senador. Não ligue pra mim, eu ligo pra você. *Ciao!* (*Desliga.*) Você acha eu fiz mal?

Angela – Adorei. Você acabou com ele.

Luiz Fernando – Será que eu não exagerei?

Angela – Absolutamente, foi perfeito! Eles não têm um pingo de vergonha na cara. Na hora de pedir o seu, aí só faltava lamber o tapete, e agora vai à CPI e ataca a Federação dos Bancos, os banqueiros, todo mundo.

Luiz Fernando (*fascinado*) – Você me compreende, Angela! Você me apoia, participa da minha vida! Eu te amo, meu amor! Linda! Você é linda! Leve este documento ao jurídico. (*Ela vai saindo.*) É a lista das demissões. (*Ela para.*) Fique tranquila que você não estão aí, sua boba! A partir de hoje eu quero você comigo em todas as reuniões do Conselho do Banco! Você merece!

ANGELA (*ela vai até ele e lhe dá um beijo de gratidão*) – Você é um amor! (*Vai saindo.*)

LUIZ FERNANDO – Angela! (*Ela para.*) Você trouxe sorte! Quero que você almoce comigo. Mas não aqui em São Paulo. Vamos comer uma moqueca de lagosta em Salvador.

ANGELA – Salvador? Você é doido varrido, meu amor! (*Sorri e sai.*)

(*Sala da casa de Roberto e Lina*)

ROBERTO (*entrando, lendo as manchetes do jornal*) – "Um deputado que vendia um voto por 200 mil, hoje não está conseguindo vinte. Desencantado com a política, Maluf resolve abandonar a corrupção." (*Fechando o jornal.*) Por que é que você só tem aula às quatro?

HENRIQUE – A mãe do professor de hidráulica morreu, pai.

ROBERTO – No meu tempo de escola não se matava mãe de professor.

HENRIQUE – Juro, pai, é verdade!

LINA (*entra com uns papéis*) – Roberto, você não pagou a prestação do apartamento? Chegou um aviso do Banco!

ROBERTO – Não recebi ainda, como é que eu vou pagar? Pagamos com atraso, paciência. Não é a primeira vez.

LINA – Felizmente temos este apartamento. Já imaginou pagar aluguel? No fim foi um bom negócio.

ROBERTO — Ótimo! Compramos por 40 mil dólares, já pagamos 50 e agora só falta pagar 90. E o que é bom é que ele está valendo 30!

LINA — Não seja irônico, meu bem!

ROBERTO — Também nesta casa quem faz economia sou só eu! Vocês sabem por que eu tenho um Gol 92 e não uma Ferrari, que é o carro da minha vida?

LINA — Por que, meu bem?

ROBERTO — Por que vocês deixam as luzes acesas sem necessidade.

HENRIQUE — Eu não deixei nenhuma luz acesa.

ROBERTO — Deixou. A luz do seu quarto, a luz do banheiro e a luz do corredor.

HENRIQUE — Não fui eu, papai.

ROBERTO — Foi. Eu te vi sair do quarto, entrar no banheiro, sair do banheiro passar pelo corredor. Isso foi hoje lá pelas oito da manhã. E as luzes continuam acesas. A tua irmã, por exemplo, está dormindo. Mas a luz da cabeceira dela continua acesa.

LINA — Ê, Roberto é uma lâmpada, vá, não é o fim do mundo.

ROBERTO — O mês passado pagamos 250 de luz! Eu fiz os cálculos. Setenta por cento é o que a gente economizaria. Setenta por cento de 250.171.50.171.50 vezes doze meses. 2.058. 2.058 reais por ano. Em vinte anos eu teria economizado 41.160 reais!

HENRIQUE — Pai, eu tenho 22 anos! Com dois anos de idade eu não podia deixar luz acesa!...

ROBERTO — Com cinco anos você já deixava tudo aceso. E você não mora sozinho nesta casa. Sem falar na pasta de dente, no sabonete, no papel higiênico...

HENRIQUE — O que que há com a pasta de dente?

209

ROBERTO (*tira da sua pasta dois cremes dentais*) – Esta é a minha pasta de dente. Veja que ela foi sendo usada gradativamente, o tubo foi sendo enrolado à medida que a pasta ia acabando. Há um critério no uso, um sistema! Agora veja a sua. Isto não é um tubo de pasta! É uma ruína, uma coisa amarfanhada, torturada. É como se você odiasse a pasta, filho! (*Henrique não responde.*) E o sabonete?

HENRIQUE – Não fui eu que usei o sabonete!

ROBERTO – Eu sei que não foi você! Você não toma banho! É com a tua irmã! (*Toca o telefone. Lina vai atender.*) É com a Bia. Ontem à noite eu abri um sabonete novinho e tomei banho.

LINA (*atendendo*) – Alô, é a Lina. Oi, Fineli. O quê?

ROBERTO – Deixei o sabonete inteiro, praticamente inteiro. Antes de dormir, lá pelas cinco da manhã, a Bia tomou banho. Olha o que ela deixou. (*Mostra um resto finíssimo com uma lente.*) Nem espuma!

LINA – Deve ser um engano, Fineli!... Eu falo pra ele... (*Desliga arrasada.*)

ROBERTO – E a senhora, dona Lina? Vai me explicar esta conta de telefone com 68 chamadas para o 0900?

(*Lina está perturbada.*)

LINA – O Fineli acabou de ligar...

ROBERTO – E aí, o que que foi?

LINA – Ele estava muito nervoso. Disse que foi despedido... Você também...

ROBERTO – O quê? Despedido? Quem despedido?

LINA – Por causa da automação do Banco... Claro, Roberto, deve ser algum engano.

ROBERTO – Mas o que foi que ele disse, Lina, fala direito!

LINA — Ele estava no Banco. Achei até que estava chorando.

ROBERTO (*no telefone, discando*) – Por que é que você não me chamou?

LINA — Não sei, parece que ele não queria falar com você... Estava muito nervoso...

ROBERTO — Mercedes? O Fineli ainda está aí? E o Washington? Você está sabendo alguma coisa sobre corte de funcionários? Deve ser engano, eu faço parte do conselho dos gerentes. Eu to indo aí. (*Desliga.*)

HENRIQUE — O que que foi, pai?

ROBERTO — Diz que cortaram mais de quinhentos. Ela tá confusa, coitada.

HENRIQUE — O senhor também foi cortado?

LINA — Claro que não, Henrique, deve ser engano.

ROBERTO — Filho, eu sou do conselho dos gerentes! Sou amigo do doutor Luiz Fernando, você acha que eles iam me demitir?

(*Sala da presidência do Banco Federal*)

LUIZ FERNANDO (*no radiofone*) – Garagem, fala com a presidência!

(*Sala da casa de Lina e Roberto*)

LINA — Claro que não, eles te adoram lá no Banco, meu bem!

ROBERTO — Até trote pode ser.

HENRIQUE — Trote, claro. Lá na faculdade eles vivem passando trote.

ROBERTO — Vocês pensam que eu estou preocupado? Não tô nem aí! (*Disca, no telefone.*)

*(Sala da presidência do Banco Federal)*

LUIZ FERNANDO *(no radiofone)* – Carlos, Ezequiel, Jacomini, alguém aí na garagem, fale com a presidência!

*(Sala da casa de Lina e Roberto)*

ROBERTO – Ninguém atende...

LINA – Eles não estão em horário de almoço?

ROBERTO – Mas no departamento pessoal devia ter gente atendendo... *(Desliga.)* Eu vou até lá...

LINA – Almoça primeiro, depois você vai!

ROBERTO – Eu só vou dar um pulo e volto pro almoço. *(Olhando a cara dos dois.)* Oi, gente, não morreu ninguém! Eu sou o gerente amigo do doutor Luiz Fernando! *(Saindo.)* Eu já volto!

HENRIQUE – Será verdade? Será que o pai foi demitido?

LINA – Claro que não, meu filho. Isso só pode ser trote. Seu pai tem 25 anos de Banco, é um dos funcionários mais queridos.

HENRIQUE – E se ele for despedido?

LINA – Quer parar de falar besteira? Você não sabe que falando assim você atrai? Bia! Essa menina ainda vai me levar para o manicômio, juro por Deus! *(Entra.)*

*(Sala da presidência do Banco Federal)*

ANGELA *(entrando)* – Luiz Fernando, está havendo algum problema com a automação. Um diz que diz, os funcionários nervosos, boatos! O Sindicato está querendo uma reunião com alguém do Banco.

LUIZ FERNANDO – Eu não digo? Como é que se pode viver neste país? *(No radiofone.)* Galeano, fale com a presidência!

212

Voz no Interfone — Pois não, doutor Luiz Fernando!

Luiz Fernando — O que é que a merda desse Sindicato tá querendo? Que eu pague 460 funcionários parados, sem fazer nada? Não é comigo que eles têm que reclamar, ô Galeano. Eles têm que reclamar com a Microsoft! Vão cobrar do Bill Gates, porra! Não foi ele que inventou a merda do programa pra automatizar o Banco? Resolva e não me traga problemas!

Voz no Interfone — Positivo, doutor Luiz Fernando!

Garagista (*voz no interfone*) — Doutor Luiz Fernando, fala com o Carlos na garagem!

Luiz Fernando (*no rádio*) — Ô, Carlos, onde é que você se meteu? Há meia hora que estou chamando! Quem é o piloto que está no jatinho em Congonhas?

Garagista — É o Herbert.

Luiz Fernando — Manda o Herbert preparar um plano de voo para Salvador. Vou a Salvador agora e volto hoje mesmo.

Garagista — Positivo, doutor Luiz Fernando.

Angela — Não brinca, Luiz Fernando, eu não posso ir a Salvador...

Luiz Fernando — Então, vamos fazer diferente. Você está a serviço do banco. Vamos fazer uma visita de desagravo ao Calmon, que perdeu o Banco por uma bobagem, e comemos uma lagosta. Você está trabalhando, entendeu? Não pode dizer não vou...

Angela — Mas é uma loucura, Luiz Fernando!

Luiz Fernando (*agarrando Angela com paixão*) — Loucura é não fazer! Loucura é desistir, recusar, se acomodar. Loucura é não viver a paixão que eu tenho por você!... A aventura é o bom senso, Angela. A audácia, o perigo, o arrojo! Você é o bom senso...

ANGELA — Luiz Fernando! Nós estamos na presidência!

LUIZ FERNANDO — Mas o presidente sou eu! Eu posso! (*Beija apaixonado.*)

ANGELA — Maluco!

LUIZ FERNANDO — Eu te amo, Angela!...

ANGELA — Não me goza, Luiz Fernando...

LUIZ FERNANDO — Eu nunca falei tão sério em toda minha vida, Angela! Claro que não tenho nenhuma ilusão a seu respeito. Você é uma deusa e eu um sacerdote desterrado. Mas eu quero que, apenas enquanto dure minha adoração, você não me seja desleal. Você é capaz disso?

ANGELA — Acho que sim...

LUIZ FERNANDO — Você quer viver comigo em Londres? Numa casa do século XVII mais bonita que o castelo de Caras? (*Toca o celular, ele atende.*) Oi, Anésia. Eu já disse pra você não ligar pra cá! (*Para Angela.*) É a minha mulher.

ANGELA (*faz sinal que vai falar; ele ouve*) — Ainda vamos almoçar em Salvador?

LUIZ FERNANDO — Sim, claro! Espere! (*Ao telefone.*) Afinal, quem é que vai casar, Anésia? Sua mãe? Outra vez? Alô! Alô! (*Desliga.*)

ANGELA — Ela também vai morar em Londres com a gente?

LUIZ FERNANDO — A minha separação é questão de dias, Angela. Não seja cruel!...

(*Ela sai.*)

(*Sala da casa de Lina e Roberto*)


(*Som de rádio procedendo ao sorteio.*)

LINA (*entrando excitada*) – Henrique, tá ouvindo? Eles vão sortear o Passat!

HENRIQUE – Mãe, por favor! O pai com um tremendo grilo e você com esse sorteio?

LINA – Justamente por isso, filho! Se ele for despedido mas eu ganho o Passat vai ser um alívio!...

SOM NA TV – E atenção! O telefone sorteado é 19 3864 0133!

LINA – Quase, filho!

HENRIQUE (*conferindo*) – Como, quase? Nosso telefone não tem nem um número do telefone sorteado!

LINA – Você pensa que é fácil não acertar nenhum? (*Abaixa o volumr da televisão e entra.*)

(*Sala da presidência do Banco Federal*)

(*Luiz Fernando e Angela se preparando para sair.*)

ROMEIRO (*entrando, pálido*) – Me dá licença, doutor Luiz Fernando?

LUIZ FERNANDO – Estamos indo pra Salvador, Romeiro! E aí, tudo certo?

ROMEIRO – Aconteceu um imprevisto naquele negócio.

LUIZ FERNANDO – Que imprevisto?

ROMEIRO – Dá licença um minutinho, Angela?

LUIZ FERNANDO – Pode ficar! Essa mulher está do meu lado.

ANGELA – Eu prefiro sair. Se precisarem de mim, estou na minha sala.

LUIZ FERNANDO – Não desapareça que estamos decolando pra Salvador. (*Angela sai.*) O que que houve?

Romeiro — O Carlão teve um derrame.

Luiz Fernando — O quê?!

Romeiro — Está no Albert Einstein.

Luiz Fernando — Meu Deus, como é que ele está?

Romeiro — Esta na UTI. Está em coma.

Luiz Fernando — Minha nossa! E o nosso negócio, como é que ficou?

Romeiro — Não ficou, tá tudo parado.

Luiz Fernando — O cheque está com você? (*Ele mostra.*) E o irmão dele, o Zenon?

Romeiro — Falei com ele rapidamente.

Luiz Fernando — E o que foi que ele disse?

Romeiro — Ele disse que agora não é hora de tratar de negócios.

Luiz Fernando — Como não é hora de tratar de negócios? Basta que ele transfira o dinheiro. Eles são sócios. Tá tudo combinado, tudo acertado!

Romeiro — Ele disse que o irmão está em coma e não mexe em coisas que o irmão tratou.

Luiz Fernando — Olha, que filho da puta! Como não mexe nas coisas que o irmão tratou? Liga pra ele. (*Romeiro pega o celular e disca.*) Será que ele está armando alguma pra cima da gente, Romeiro? Eu acabo com ele, o que é que ele está pensando? Olha, que filho da puta! Olha, que sujeitinho mais filho da puta! O que eu já não fiz para esse filho da puta! Eu acabo com a vida desse filho da puta!

Romeiro (*ao telefone*) — Zenon? Um minutinho, que é o doutor Luiz Fernando.

Luiz Fernando — Oi, Zenon, se você soubesse como eu fiquei chateado com essa doença do Carlão! Acabou comigo, Zenon! Que coisa triste que é doença!... Se você precisar de alguma coisa, estamos aqui. Escuta, Zenon, estou com um cheque do Carlão, aquele negócio, você está sabendo. Sim, eu sei, mas é só liberar a transferência que o Romeiro providencia. Eu não estou podendo esperar, Zenon, eu estou precisando desse dinheiro agora! Você libera, ora. Você libera e eu te devolvo o cheque, como tava combinado. Claro que o Carlão vai concordar. Eu levava o cheque, ele transferia o meu dinheiro para o exterior, rasgava-se o cheque e acabou! Pede licença ao médico e pergunta a ele! Então, pega na mão dele e pede para ele apertar uma vez pra sim e duas pra não e você fica sabendo! Eu não estou te gozando! Eu quero a minha grana! Mas, e se ele não sai da UTI, o que é que eu faço com o cheque? Alô! Alô! (*Desliga o celular.*) Ele desligou. Romeiro, ele bateu o telefone na minha cara! Olha que filho da puta!

Romeiro — Mas o que é que ele pretende? É só ele transferir o dinheiro pra Suíça e acabou.

Luiz Fernando — Ele está preparando alguma, Romeiro. Escuta o que estou lhe dizendo.

Romeiro — Preparando o quê? Não viu o doleiro do Maluf? Ele tem rabo preso! Se dá uma de esperto entra em cana!

Luiz Fernando (*tendo um* insight) — Ele não vai descontar o nosso cheque...

Romeiro — Como não vai descontar o cheque? Ele não pode fazer isso.

Luiz Fernando — Ele não vai descontar porque nós não temos como cobrar! Ele sabe que não podemos depositar o cheque. Não depositamos o cheque, o Carlão morre e o Zenon fica com a grana.

Romeiro — Ele não pode fazer isso.

Luiz Fernando — Por que não pode?

Romeiro — Não pode porque todo mundo se conhece, vamos aos mesmos lugares. Se ele faz uma dessas, não vai conseguir mais andar na rua.

Luiz Fernando — Com 10 milhões, não precisa mais andar na rua. Ele compra um castelo e vai morar em Londres, vai ficar andando na rua?

Romeiro — O senhor acha que ele vai fazer isso com a gente?

Luiz Fernando — Filho da puta! Liga pra ele! (*Romeiro disca.*) O sujeito que nasce filho da puta, morre filho da puta. É um estigma, uma marca: "Filho da puta"! Eu vou acabar com esse filho da puta, o que é que ele está pensando?

Romeiro — Zenon? Um minutinho só, por favor...

Luiz Fernando (*antes de atender, num grito*) — Desliga! Desliga esse telefone!

(*Romeiro desliga assustado.*)

Romeiro — O que foi? O que aconteceu?

Luiz Fernando — Eles estão gravando!

Romeiro — Quem está gravando?

Luiz Fernando — Alguém! Alguém está gravando. O próprio Zenon, a Abin, quem é que vai saber?

Romeiro — Mas por que estariam gravando?

Luiz Fernando — Romeiro, é uma cilada, é uma armadilha. Foi tudo uma armação contra nós, contra mim! Eles vão entregar a fita pra CPI!

Romeiro — Que CPI?

Luiz Fernando — Qualquer CPI! Há várias CPIs! O que é que você falou ao telefone com o Zenon?

Romeiro — Eu não falei com o Zenon. Eu só liguei e disse que o senhor ia falar.

Luiz Fernando – Não, agora, antes, a primeira vez, o que foi que você disse?

Romeiro — Eu disse que o senhor ia falar. Aí o senhor falou. Eu não falei nada com o Zenon, eu não disse nada. Eu lembro que ele atendeu e aí eu disse: um minuto, vai falar o doutor Luiz Fernando.

Luiz Fernando — Eu falei, é verdade, mas o que foi que eu falei? Eu falei do dinheiro?

Romeiro — O senhor falou do cheque. Disse que ele precisava trocar o cheque. O senhor disse até que o Antônio Ermírio ficou cheirando o senhor na Fiesp.

Luiz Fernando — Não, isso foi com o senador Rivera! Eu não falei da Fiesp com o Zenon. Porra, Romeiro, tenta lembrar o que eu disse!

Romeiro — Então, do cheque. Que o senhor não podia esperar pra descontar o cheque!

Luiz Fernando — Mas eu falei do quê? Eu falei que o dinheiro era das debêntures?

Romeiro — Não, o senhor não falou em debêntures!

Luiz Fernando — Isso é importante, Romeiro, tente lembrar. Eu falei a palavra debêntures?

Romeiro — Não, a palavra debêntures o senhor não falou.

Luiz Fernando – Você tem certeza?

Romeiro — Absoluta! O senhor falou de dinheiro, de cheque, mas não falou de debêntures.

LUIZ FERNANDO — Ótimo! Então liga pra ele, agora eu sei como falar com o Zenon. Mas pera lá... O Zenon é um cara complicado, doleiro, tá todo mundo grampeando doleiro... Qual a justificativa pra ligar pro Zenon... É coisa que o Magalhãezinho mais pega no pé... "O senhor pode explicar por que é que no dia 16 de novembro, no dia da compra das debêntures, o senhor ligou para o Zenon?" O que é que eu vou responder pra ele?

ROMEIRO — O senhor ligou pra saber do Carlão!

LUIZ FERNANDO — Claro! Pra saber do Carlão, pra saber do derrame do Carlão. "Aí é o seguinte, senador Antonio Carlos: eu fiquei sabendo que o Carlão tinha tido um derrame e imediatamente eu liguei pro Zenon." (*Repentinamente em pânico.*) E se o Suplicy acorda e começa a perguntar tudo de novo!

ROMEIRO — Para com isso! O senhor está em pânico! Não existe nada disso que o senhor está imaginando. As CPIs não apuram nada porque todos estão envolvidos! Eles não vão indiciar um banqueiro porque todos os parlamentares são eleitos pelos banqueiros! Se até agora não prenderam o Lula, não vão prender ninguém!

LUIZ FERNANDO — Mas e o cheque? O que é que nós fazemos com o cheque? Eu não posso depositar esse cheque na minha conta!

ROMEIRO — Calma, vamos pensar...

LUIZ FERNANDO — Isso, claro! Você deposita na sua conta e acabou!

ROMEIRO — Aí não, doutor Luiz Fernando... Eu não posso dar uma bandeira dessas!

LUIZ FERNANDO — Bandeira por quê?

ROMEIRO — E se eles pedem a quebra do meu sigilo bancário?

LUIZ FERNANDO – Não vão pedir, Romeiro, que bobagem...

ROMEIRO – Eles quebraram o sigilo bancário até da mulher do Maluf!

LUIZ FERNANDO – Mas você não é ninguém, Romeiro!

ROMEIRO – O Beira-Mar não era ninguém mas foi o único que se ferrou!

LUIZ FERNANDO – Rasga o cheque!

ROMEIRO – O quê?

LUIZ FERNANDO – Rasga esse cheque! Pronto, acabou, morreu aqui. Não ganhamos nada, mas não perdemos nada, só deixamos de ganhar, pronto!

ROMEIRO – Dez milhões?

LUIZ FERNANDO – Nós temos que escapar da cilada! Rasgamos o cheque, está limpo! Não precisamos comparecer à CPI porque não ganhamos nada. Onde não há ganho, não há crime. Me dá aqui, Romeiro!

ROMEIRO – Não, doutor Luiz Fernando, não vou deixar o senhor fazer isso.

LUIZ FERNANDO – Me dá, Romeiro, o cheque é meu, o Banco é meu, o implicado sou eu!

ROMEIRO – Mas 1 milhão é meu! O senhor rasga e eu perco 1 milhão?

LUIZ FERNANDO – Você não perde 1 milhão. Você só deixa de ganhar. Eu estou deixando de ganhar 10 milhões e não estou reclamando!

ROMEIRO – O senhor rasga 10 milhões e continua rico!...

LUIZ FERNANDO – E você rasga 1 milhão e continua pobre! Continuamos na mesma!

ROMEIRO — Não senhor! Ganhei esse dinheiro honestamente, com muito trabalho, muita dedicação e não vou permitir que o senhor jogue tudo no lixo!

LUIZ FERNANDO — Esquece esse dinheiro. O Carlão já teve até um derrame! E se esse cheque for maldito? E se sobre esse cheque pesar uma maldição? A maldição do Roberto Jefferson!

ROMEIRO (*num berro*) — Chega! O senhor está histérico, doutor Luiz Fernando! O senhor é um banqueiro e os banqueiros ganham dinheiro! É da natureza do seu trabalho! O torneiro produz peças, o senhor produz dinheiro! Claro que de quando em quando há uma explosão de ódio contra os banqueiros. Hoje só se fala do lucro imoral dos Bancos! Era assim na Idade Média, é assim hoje, e vai ser assim amanhã. Mas não é nada grave. Quando se conformam com a condição de pobres, eles esquecem.

LUIZ FERNANDO — E o cheque, o que é que fazemos com o cheque?

ROMEIRO — Vamos depositar o cheque.

LUIZ FERNANDO — Na conta de quem?

ROMEIRO — Da Angela...

LUIZ FERNANDO — Como na conta da Angela?

ROMEIRO — O senhor é dono de um Banco, não pode ficar depositando dinheiro por aí. Tem o problema das S.A., o Banco Central, a Receita... Enfim, há um monte de restrições. Então depositamos o cheque na conta dela.

LUIZ FERNANDO — E por que a Angela? Por que não em outra conta? Na conta do Zequinha, por exemplo, que namora a minha sobrinha, é meu amigo e joga comigo no Harmonia...

ROMEIRO — Mas o senhor come o Zequinha?

LUIZ FERNANDO — É... Não...

ROMEIRO – Então vamos unir o útil ao agradável...

LUIZ FERNANDO – E o dinheiro? Como você justifica 10 milhões na conta de uma menina que ganha 3 mil?

ROMEIRO – O Costa Neto justificou os 10 milhões que o Valério depositou na conta dele?

LUIZ FERNANDO – Nem os 4 milhões do Jefferson!

ROMEIRO – Eu vou ligar para o Braguinha.

LUIZ FERNANDO – Por que o Braguinha?

ROMEIRO – Ele é que vai dar os 10 milhões pra Angela...

*(Sala da casa de Lina e Roberto)*

HENRIQUE – E aí, pai, como é que foi?

ROBERTO *(entrando)* – Cadê a sua mãe? *(Chamando.)* Lina!

LINA *(entrando)* – Tudo bem, Roberto?

ROBERTO *(arrasado)* – Vinte e cinco anos de trabalho! A metade da minha vida está enterrada naquele Banco... Vocês me explicam uma coisa dessas? O Washington não me recebeu!

LINA – Como não te recebeu?

ROBERTO – O filho da puta não me recebeu! Não quis falar comigo. Começou como office-boy quando eu era subgerente. Empurrei o filho da puta para a chefia do pessoal. Expliquei que era amigo do doutor Luiz Fernando e ele ficou me gozando! Mas eu acabo com esse filho da puta! Eu vou contar ao doutor Luiz Fernando quem ele é! *(Começa a discar.)*

LINA – Meu bem, cuidado com o que você vai falar... Cuidado... Calma...

ROBERTO – Como, cuidado, Lina?

LINA – Você nem sabe se foi realmente despedido. Espere até amanhã, as coisas mudam. E se você toma uma atitude precipitada?

ROBERTO – Não há nada precipitado, meu bem. Eu vou telefonar ao doutor Luiz Fernando porque eu tenho certeza de que ele não está sabendo de nada. É minha obrigação avisar! Isso é coisa do departamento técnico. Eles querem mostrar economia e vão demitindo a torto e a direito. Merda, está ocupado.

(*Sala da presidência do Banco Federal*)

(*Entram Luiz Fernando e Romeiro falando no celular.*)

ROMEIRO (*ao telefone*) – Doutor Braguinha, se o senhor não tinha um corretor nesse negócio, agora passa a ter um! O senhor faz de conta que dá os 10 milhões de comissão da venda das fazendas e embolsa esses 10 milhões limpinhos. O senhor concorda?

(*Roberto discando e o telefone continua a dar sinal de ocupado.*)

LINA – Deixe pra telefonar amanhã, Roberto!

ROMEIRO – O senhor vai dar a comissão de mentira, apenas na contabilidade. Mas na realidade não dá um centavo. Os 10 milhões o senhor simplesmente embolsa.

LUIZ FERNANDO (*faz sinal que quer falar*) – Um minuto que o doutor Luiz Fernando vai falar.

(*Entrega o telefone.*)

LUIZ FERNANDO – Braguinha, você entendeu? Pra todos os efeitos você deu 10 milhões de comissão. Mas não deu nada! Tudo bem pra você? Te espero sábado na fazenda. O Bassi vai assar um *T-bone* pra gente na piscina. Leve quem você quiser! Esse cara não, esse é PT. Não, porco magro, não! Só se você pousar na usina. Tenho um garanhão que morre de medo de helicóptero! Desça na usina. Um beijo, meu querido, tô te esperando!

(*Desliga. Na casa de Lina, Roberto discando.*)

LINA – Roberto, não faça isso. Espere até amanhã, você está muito nervoso!

ROBERTO – Quem disse que eu estou nervoso?

LINA – Roberto, meu querido, pense bem no que você vai fazer! Você não tem certeza de nada e vai falar com o presidente do Banco?

ROBERTO – E daí? Ele não morde. Ele é o presidente e eu sou o gerente do Bairro do Limão.

ROMEIRO (*atendendo*) – Presidência, Romeiro.

ROBERTO – Doutor Romeiro, quem está falando aqui é o Roberto, eu sou o gerente do Bairro do Limão. Sou não, eu era. Eu só queria dar duas palavrinhas com o doutor Luiz Fernando.

ROMEIRO – Com quem estou falando?

ROBERTO – Roberto, Roberto Barbosa de Souza... Como eu recebi uma comunicação de que eu estaria demitido...

ROMEIRO – Seu Roberto, o senhor não pode ligar assim sem mais nem menos para a presidência do Banco. Se o senhor está com algum problema funcional, dirija-se ao departamento pessoal!

ROBERTO – Eu tentei falar com o Washington, mas ele não me recebeu!

ROMEIRO – E porque o departamento pessoal não o recebeu, o senhor liga para o presidente do Banco? O senhor sabe que pode ser despedido por isso?

225

ROBERTO — Eu já fui despedido! É sobre isso que estou tentando... Sou eu, sou o autor da economia dos copinhos descartáveis e das lâmpadas 220. Diminuírem em 40% as despesas gerais da agência e gostaria de falar com o doutor Luiz Fernando. Eu conheci ele no Congresso de Serra Negra e quem sabe...

ROMEIRO — O senhor é Roberto do quê?

ROBERTO (*para Luiz Fernando*) — Roberto Barbosa de Souza.

ROMEIRO — Roberto de Souza, gerente do Bairro do Limão e amigo do presidente?

(*Luiz Fernando faz veementemente que não.*)

ROBERTO — Amigo, não, conhecido... Tomamos café na piscina e ele...

ROMEIRO — Seu Roberto, se o senhor não está de acordo com as deliberações tomadas pelo Banco, o senhor procure o seu Sindicato, a Justiça do Trabalho, mas não o presidente do Banco!

ROBERTO — Mas não é o caso. Eu não estou brigando com o Banco, pelo contrário, eu adoro o meu trabalho.

LUIZ FERNANDO — Desliga a merda desse telefone, porra!

ROBERTO — Estou no Banco há 25 anos, comecei como *office-boy* na Paula Souza...

LUIZ FERNANDO — Os gerentes foram demitidos em função da produtividade. Se ele está fora é porque está fora.

ROMEIRO — Se o senhor está se sentindo lesado nos seus direitos, procure a Justiça do Trabalho.

ROBERTO — Mas por que a justiça, meu Deus do céu?

ROMEIRO — Porque ela sempre toma o partido dos senhores...

ROBERTO — Mas doutor Romeiro, que insensibilidade, meu Deus do céu! Eu estou pedindo socorro porque eu não posso ficar sem emprego agora! (*Perde um pouco o controle.*) E eu não mereço ser demitido. Eu sou um gerente que coloca o Banco acima de todas as coisas, eu visto a camisa do Banco, já cheguei a brigar fisicamente por causa do Banco. O doutor Luiz Fernando é um ídolo pra mim...

LUIZ FERNANDO — Larga essa merda desse telefone e vá buscar a Angela, porra! Estamos com um tremendo grilo e você fica de papo no telefone?

(*Romeiro desliga e sai.*)

ROBERTO — ... aumentei os depósitos em 85%... Até domingo eu trabalhei no Banco, doutor Romeiro, o senhor sabia disso? O senhor ouviu o que eu disse? doutor Romeiro... (*Desliga e aí, comovido, se dá conta da tragédia.*) Ele desligou na minha cara! Ele me deixou falando como um palhaço! Meu Deus! Dei metade da minha vida a eles e não falam comigo... (*Revolta-se.*) Filhos da puta! Dei 25 anos da minha vida pra esses filhos da puta e olha como eles me agradecem? (*Decidindo.*) Eu vou até lá. Eu saio, mas dou uma porrada num filho da puta desse, juro por Deus!

LINA — Não, Roberto, você só vai complicar ainda mais a sua situação! Espere, meu bem, com calma tudo vai ser resolvido, se Deus quiser!

ROBERTO — Calma? Eu tinha orgulho de trabalhar nesse Banco, Lina, você é testemunha. Em 25 anos, faltei dois dias: no nascimento do Henrique e no nascimento da Bia. Nem quando morreu minha mãe eu faltei! Isso não vai ficar assim! (*Vai sair.*)

HENRIQUE — Pai! (*Ele para.*) Eu tenho certeza de que o senhor não foi despedido. Mas, se por acaso tiver acontecido, eu

227

quero que o senhor saiba que pode contar comigo. Para o que der e vier, viu, pai? Fome o senhor nunca vai passar, viu?

LINA — Cala a boa, menino, isso é hora de chorar? É isso mesmo, Roberto! Nós somos uma família! Eu dobro as minhas aulas, o Henrique arranja um outro emprego, até a Bia pode começar a trabalhar...

ROBERTO — Se um dia ela acordar... (*Saindo.*) Eu não demoro.

LINA — Vai atrás dele Henrique! Não deixe ele fazer nenhuma besteira. Se ele entrar no Banco fique com ele, não largue dele, filho! (*Henrique sai correndo.*) Bia! O mundo está desabando e você continua dormindo, meu Deus!

(*Sala da presidência do Banco Federal*)


(*Angela, Luiz Fernando e Romeiro.*)

LUIZ FERNANDO (*para Angela*) — Qual é o seu sonho de consumo, Angela?

ANGELA — Meu sonho de consumo? Por que o senhor quer saber?

LUIZ FERNANDO — Fique Romeiro. Quero que você seja testemunha. Responda.

ANGELA — Ah, não sei... Deixa ver... Pode ser uma lancha?

ROMEIRO — Claro! É o seu sonho, pode ser qualquer coisa.

ANGELA — Bom, nesse caso... já sei: uma Mercedes esporte conversível!

LUIZ FERNANDO — Então você acaba de ganhar uma.

ANGELA — Não brinca, doutor Luiz Fernando...

LUIZ FERNANDO — Quanto é que custa isso, Romeiro?

ROMEIRO — Deixa ver... Uma Mercedes esporte, conversível, 350 cavalos... Uns 300 mil reais compram uma.

ANGELA — Essa que eu vi custava 280 mil...

LUIZ FERNANDO — Duzentos e oitenta? Tudo bem. Onde é que você tem conta?

ANGELA — Eu?

LUIZ FERNANDO — Sim, você...

ANGELA — Aqui.

LUIZ FERNANDO — Só aqui? Só no nosso Banco?

ANGELA — Tenho também no Banco do Brasil...

LUIZ FERNANDO — Ótimo. Em que agência?

ANGELA — Na Avenida Paulista.

LUIZ FERNANDO — O número. Você se lembra do número?

ANGELA — O senhor está brincando comigo?

LUIZ FERNANDO — Por que eu estaria brincando com você?

ANGELA — O senhor vai depositar duzentos e oitenta mil na minha conta?

LUIZ FERNANDO — Não foi isso que combinamos?

ANGELA — Olha, doutor Luiz Fernando, eu sei que o senhor está brincando. Mas mesmo que não fosse brincadeira eu não poderia aceitar...

LUIZ FERNANDO — Mas por quê?

ANGELA — Porque, apesar de sairmos de vez em quando, o senhor é um homem casado, tem filhos. Não tem sentido eu ganhar esse tipo de presente!

LUIZ FERNANDO — Mas por quê?

ANGELA — Porque eu não sou sua amante, doutor Luiz Fernando! O senhor não vai se separar da sua mulher por minha causa.

E eu não quero ser uma conquista a mais na sua vida. Espero que o senhor não se ofenda, mas eu não sou uma menina de programa.

LUIZ FERNANDO — Nunca pensei em você como menina de programa, Angela.

ROMEIRO — Você não está entendendo, Angela. Deixa o doutor Luiz Fernando explicar...

LUIZ FERNANDO — Vamos fazer diferente. Não é presente. É uma troca de favores entre duas pessoas que se amam e se confiam. Você me faz um favor e como retribuição eu vou te dar uma Mercedes.

ANGELA – Que tipo de favor?

LUIZ FERNANDO — Eu vou abrir o jogo, como já abri meu coração. Eu recebi um cheque de 10 milhões que devia ser trocado por um cara. Acontece que esse cara teve um derrame e está em coma. Então eu não posso trocar o cheque. Eu tenho que descontar. Mas não posso depositar o cheque na minha conta, ou na conta de outro diretor do Banco, o Romeiro, por exemplo, porque estamos impedidos pelo Banco Central, pela Receita Federal, essas burocracias... Então você deposita na sua conta, me dá um cheque de nove milhões setecentos e vinte. Vamos arredondar, você me dá um cheque de nove milhões e setecentos, e com os 300 você compra a sua Mercedes e ainda sobra uns trocados para os opcionais... O que é que você me diz?

ANGELA — Mas é uma loucura! Isso é um absurdo! Como é que eu posso depositar 10 milhões de reais na minha conta?

LUIZ FERNANDO – Depositando, ora. Qual é o problema?

ANGELA – Mas não é uma ilegalidade?

LUIZ FERNANDO – Por que ilegalidade?

ANGELA – Bom, a primeira seria a origem desse dinheiro. Como é que 10 milhões vão parar na minha conta, assim, sem mais nem menos? Segundo, seria sonegação de impostos, Receita Federal, sei lá...

LUIZ FERNANDO – Isso já está tudo resolvido. A operação é absolutamente legal, fique tranquila.

ANGELA – Eu não sei... Como é que eu ia poder ganhar 10 milhões?

LUIZ FERNANDO – Primeiro, você não vai ganhar 10 milhões. Você vai ganhar 300 mil. Por enquanto, meu amor.

ANGELA – Mas que justificativa eu dou ao Banco para depositar 10 milhões na minha conta?

ROMEIRO – O senhor me permite? Isso não tem o menor problema. Você ganhou 10 milhões numa corretagem de venda de algumas fazendas.

ANGELA – Não entendi.

ROMEIRO – O Braguinha acaba de vender oito fazendas, coisa de 120 milhões. Não houve corretagem. Ele concorda em te dar 10 milhões de corretagem. Embolsa 10 milhões, como se tivesse pago, livre, sem imposto, tranquilo e acabou!

ANGELA – E se eu for presa?

LUIZ FERNANDO – Ninguém vai preso por dinheiro neste país!

ANGELA – Não me leve a mal, doutor Luiz Fernando, mas se é tão simples, por que não fazer esse negócio com outra pessoa. Por que justamente comigo?

LUIZ FERNANDO – Depois de tudo que passamos juntos você me faz uma pergunta dessas?

ROMEIRO — Angela, não faz isso...

ANGELA — E agora, o que é que eu digo?

LUIZ FERNANDO — Não diga nada. Preencha o cheque e me dá o número da sua conta no Banco do Brasil.

ANGELA (*começa a preencher o cheque*) — De quanto? Nove milhões e setecentos mil reais? Eu não sei onde é que eu ando com a minha cabeça para aceitar um negócio desses...

ROMEIRO — Assina, Angela, assina logo...

ANGELA — O que é que eu faço agora?

LUIZ FERNANDO — Dá o número da sua conta ao Romeiro e esse cheque pra mim.

ANGELA (*escrevendo os números*) — Isso não pode estar acontecendo...

(*Ela termina de preencher, Romeiro pega o cheque.*)

LUIZ FERNANDO — Agora é com você, Romeiro. Quando você voltar, vamos almoçar em Salvador, que estou morrendo de fome.

ROMEIRO (*saindo*) — Deixa comigo...

LUIZ FERNANDO — Angela, você é maravilhosa! Você me fez um favor e eu não costumo esquecer os que me ajudam.

ANGELA — E eu vou cobrar, hein?

LUIZ FERNANDO — O que você quiser. Se quiser que eu mate alguém, me mande a foto, só isso!

ANGELA — Eu não fiquei vermelha?

LUIZ FERNANDO (*bem próximo dela, tremendo clima*) — Você é tão linda, Angela... Tão sensual...

ANGELA — Você é tão sacaninha, Luiz Fernando... Estamos na presidência, hein?

232

LUIZ FERNANDO – E eu não sou o presidente? (*Partem para um amasso.*)

(*Sala da casa de Lina e Roberto*)

HENRIQUE (*entrando esbaforido*) – Mãe! Mãe!

LINA (*vindo de dentro*) – O que foi, Henrique?

HENRIQUE – O pai tá enchendo a cara no bar do português.

LINA – Ai, graças a Deus! É ótimo ele beber um pouco! Quem sabe relaxa. Eu vou até lá. (*Sai.*)

HENRIQUE – Vê se não vai encher a cara você também! (*Dirige-se ao telefone e disca.*)

LUIZ FERNANDO – Ultimamente eu sonho com você quase todos os dias...

ANGELA – Mentiroso...

LUIZ FERNANDO – Juro por Deus! E se eu me apaixonar por você de verdade, Angela? (*Toca o celular de Luiz Fernando. Ele atende mas praticamente não se separa dela. Estão abraçados, dançando ao som de um bolero e ele ao telefone.*) Oi! (*Para Angela.*) É a minha filha... Aluga o filme que você quiser, filhinha. Do cara que põe a máscara do Nixon pra assaltar o banco nós já vimos. Esse é do tornado, do ciclone, sei lá. É aquele que a vaca sai voando. Nós já vimos, filhinha... Ah, por favor, Nicinha, traga o que você quiser! Não, agora estou ocupado. *Ciao!* (*Desliga.*) Quando estiver com você eu vou desligar o celular, juro por Deus.

ANGELA – Quero só ver... (*Toca o telefone dela. Ela atende. Continuam juntos, dançando abraçados.*) Agora é o meu... Alô.

HENRIQUE – Oi, meu amor, sou eu.

ANGELA – Agora eu não posso falar.

HENRIQUE – É só um minutinho, Angela. Meu pai foi despedido.

ANGELA – Foi? Que coisa chata. Lamento, lamento muito.

HENRIQUE – Será que você não podia dar uma mão pra ele, meu bem?

ANGELA – De que jeito? Eu não tenho a menor possibilidade.

HENRIQUE – Botaram ele pra fora, assim, sem mais nem menos, depois de 25 anos de trabalho escravo nessa merda desse Banco. Fala para esses bostas aí que ele tinha orgulho de trabalhar nesse Banco escroto. Agora vai ser substituído por uma máquina. Pergunta se eles conhecem alguma máquina que tenha orgulho de trabalhar numa bosta de um banco!

ANGELA – Escuta, escuta, presta atenção. Agora eu não posso falar. Depois te ligo.

(*Desliga. Henrique fica puto e disca novamente.*)

LUIZ FERNANDO – Algum problema?

ANGELA – Não, uma amiga minha ficou grávida de um jogador do Milan...

(*Toca o celular de Luiz Fernando.*)

LUIZ FERNANDO – Ah, meu saco! (*Atendendo.*) Alô. Agora é o meu filho... O que é que você está fazendo em Carapicuíba? Não tenho ninguém aqui agora. Você vai ter que trocar o pneu. Trocar, trocar! Tirar esse que furou e botar um outro.

(*Toca o celular de Angela. Ela atende. Ambos estão enlevados pela aproximação, mas se alternam em seus respectivos celulares, misturando as conversas, às vezes, falando ambos ao mesmo tempo.*)

ANGELA – Alô.

HENRIQUE – Você não pode desligar o telefone na minha cara!

ANGELA – Eu não fiz isso, só não posso falar com você agora, durante o expediente!

HENRIQUE – Mas eu não estou conversando com você, é uma emergência! Meu pai foi demitido, estou comunicando a você a emergência, a tragédia e pedindo pra você falar com o porra do seu chefe! Que ele não pode botar meu pai na rua depois de séculos de trabalho, custava fazer isso?

LUIZ FERNANDO – O pneu está no porta-malas!

ANGELA – Eu não posso falar sobre isso com ele, será que você não entende?

LUIZ FERNANDO – É aquele lugar onde você guarda as sacolas do supermercado.

HENRIQUE – Por quê? Por que que você não pode falar?

LUIZ FERNANDO – Embaixo do tapete tem um pneu. E macaco também.

ANGELA – Porque é um assunto particular e, em princípio, eu não tenho nada com isso! Se eu misturo as estações eu é que acabo dançando!

LUIZ FERNANDO – Não, querido, o macaco é pra levantar o carro. Abriu o porta-malas? O pneu deve estar embaixo desse tapete aí. Levantou o tapete? Não tem pneu? Só tem o buraco do pneu? Não, não é esse buraco. No assoalho, o tapete no assoalho! Para de berrar comigo! Não fui eu que furei o pneu do seu carro! Chega!

(*Desligam e partem para um amasso.*)

HENRIQUE (*puto da vida*) – Filha da puta! Filha da puta!

(*Lina entra apoiando Roberto, já de pilequinho, cantando.*)

ROBERTO – "Boemia, aqui me tens de regresso e suplicando te peço..." Filho, meu pai sempre dizia: a grande oportunidade tá no funcionalismo público. E o filé-mignon tá no Banco do Brasil!" Uma ladainha, filho! "Se você me entra no Banco do Brasil você está com o burro na sombra." Eu fiquei com isso martelando na minha cabeça. Filho, eu dormia e acordava com o filho da puta do burro na sombra, você acredita? Nunca te contei isso, Henrique. Fiz onze concursos pro Banco do Brasil. Entrei para o Banco Federal como *office-boy* e continuei fazendo concurso no Banco do Brasil. Você tava no ginásio e eu fazendo concurso para o Banco do Brasil. Porque eu queria pôr o meu burro na sombra, você me entende? Mas concurso vai, concurso vem, um dia eu acordei gerente do Federal!

LINA — Foi a primeira vez que eu te vi de pileque, Roberto!

ROBERTO — Por que eu tava com o burro na sombra, porra!

LINA — Você estava tão feliz, Roberto...

ROBERTO — Aí é que tá. Eu não tava, Lina... Eu tava fingindo que tava feliz porque você tava feliz, mas eu não tava a fim, não sei se você tá me entendendo...

HENRIQUE — Como não tava a fim, pai? E o concurso do Banco do Brasil?

ROBERTO — Aí é que tá. Quem queria o Banco do Brasil era o meu pai, eu queria cantar...

HENRIQUE — Como, cantar?

ROBERTO — Eu queria ser cantor...

HENRIQUE — Cantor, como? Profissional?

LINA — Era uma sonho, Roberto, eu também queria ser atriz de novela, quem não quer?

ROBERTO — Sonho porra nenhuma, Lina. No duro! Eu queria no duro! "Boemia, aqui me tens de regresso..." Se eu tivesse uma chance, eu era um Nelson Gonçalves, filho...

236

HENRIQUE – E por que você não meteu a cara?

ROBERTO – A vida, né filho? O burro na sombra, mas deixa pra lá, leite derramado é leite derramado... (*Dança e canta o bolero.*) "*Dicen que la distancia es el olvido...*" O velho não tava com nada em matéria de emprego. Banco, porra nenhuma. O que dá mais grana é sempre o trabalho mais arriscado. Por exemplo, uma coisa que dá muita grana é tráfico de entorpecente.

LINA – Roberto!

ROBERTO – E não dá grana?

LINA – Dá cana, não dá grana...

ROBERTO – Agora dá uma puta grana porque é arriscado pra caralho; desculpe, Lina, o caralho escapou. Tráfico de drogas dá grana, porém é arriscado, é superperigoso. Se é perigoso você ganha muito, porque pode ir em cana. Uma coisa compensa a outra. Flanelinha não ganha nada, mas em compensação não é perigoso, porque a polícia não sai dando tiro em flanelinha; se bem que hoje tá todo mundo dando tiro em todo mundo. Mas flanelinha não é um bom exemplo. Gari, o cara do lixo, ganha pouco porque não é perigoso. Se ele tomar cuidado pra não ser atropelado pelo caminhão, não é perigoso. Mas ganha uma merda. Ficou claro, Henrique? Foi até aí? Eu não quero continuar se não ficou claro. Se não ficou eu repito.

HENRIQUE – Ficou, pai, superclaro. Vem deitar, vem...

ROBERTO – Contrabando de pedras preciosas, Henrique, é um bom emprego?

HENRIQUE (*paciente*) – É, pai, é um puta de um emprego...

ROBERTO – Por que é um puta de um emprego?

HENRIQUE – Porque dá uma puta grana, pai!

237

ROBERTO — E por que dá uma puta grana? Dá uma puta grana porque é....

LINA — ... perigoso!

ROBERTO — Ah!!!!!!!! Cê entendeu, filho? Tudo que é perigoso dá dinheiro e tudo que não é perigoso não dá dinheiro, certo?

LINA — Certo...

HENRIQUE — E deputado, pai?

LINA — Henrique deixa o seu pai, filho...

ROBERTO — Pera aí, Lina, deixa o menino, deixa o menino perguntar, porra!

HENRIQUE — Deputado dá dinheiro?

ROBERTO — Gracinha... Claro que dá dinheiro...

HENRIQUE — Senador dá dinheiro?

ROBERTO — Dá, porra, dá uma puta nota. E tem mais. E pra toda vida! Você já imaginou você ganhar uma puta nota a vida inteira?

HENRIQUE — E o senhor acha que é perigoso?

ROBERTO — Claro que é perigoso... (*Cai a ficha.*) Porra, agora você me pegou. É verdade, Henrique... Falhou a merda da teoria... Dá uma puta nota e não é perigoso. Hiiiiii... É verdade, Henrique... Eles podem fazer tudo e nunca acontece porra nenhuma com eles, por causa da porra da imunidade elementar!

LINA — Imunidade parlamentar...

ROBERTO — Parlamentar... Os caras têm imunidade parlamentar... Pode vender voto o escambau... Eles é que decidem o salário deles. Tem mil carros, apartamento... Cada um tem 35 secretários, porra! Traficante não tem imunidade, por isso que é perigoso... E eu fui ser gerente... Gerente do Federal... Gerente é perigoso pra caralho porque te botam na rua, filho, você trabalha 25 anos, você ama a porra do Banco, você ama o presidente do Banco e um dia eles chegam e berram no telefone – no telefone! Nem a dignidade de te berrar cara a cara! Procure o Sindicato! Vá na Justiça do Trabalho reclamar 25 anos de vida jogados numa puta de uma lata de lixo... (*Começa a chorar baixinho.*) Vinte e cinco anos... Eu não podia ter sido um deputado?... Com imunidade e tudo? E por causa da merda... E agora, Lina?... E agora?... (*Ele está quase dormindo.*)

LINA (*se abraça a ele. Henrique vai ao computador*) – Deita, meu bem, deita... Vai dar tudo certo... Você vai ver... Isso... Ele não pode beber. Ele bebe uma colher de cerveja, olha como é que ele fica... Dorme... Dorme...

(*Sala da presidência do Banco Federal*)

(*Romeiro entra.*)

LUIZ FERNANDO – E aí? Como é que foi?

ANGELA – Falou com o meu gerente?

ROMEIRO – Não foi necessário. Achei melhor não falar com ninguém. O caixa carimbou o cheque como se fosse um tíquete-refeição.

ANGELA – E o que vai acontecer agora?

ROMEIRO – Amanhã compensamos o cheque, você compra a sua Mercedes e acabou! (*Mostrando o recibo de depósito.*) O recibo do depósito.

LUIZ FERNANDO – Dá pra Angela.

ROMEIRO – Doutor Luiz Fernando...

LUIZ FERNANDO – O dinheiro está na conta dela.

ROMEIRO – Não vai perder, hein menina? Vale 10 milhões!

ANGELA – Pode ficar tranquilo. Vou guardar a sete chaves.

LUIZ FERNANDO – Romeiro, liga para o Zenon. Diga que o cheque foi depositado. Agora a responsabilidade é dele.

ANGELA (*examina*) – Romeiro, essa aqui não sou eu!

ROMEIRO – O quê?

ANGELA – Doutor Luiz Fernando, não sou eu. Não é o meu nome nem a minha conta!

LUIZ FERNANDO – Você está brincando, menina?

ANGELA – Este recibo é de Angelina Barbosa de Souza. Eu me chamo Angela Santos Barbosa.

ROMEIRO – Não pode ser!

ANGELA – A minha conta é 0813600-6.

ROMEIRO – Não pode ser!

ANGELA – E esta é 0813600-5. Ele trocou o 6 pelo 5.

ROMEIRO – Não pode ser! Eu levei o nome escrito e dei ao caixa. Não pode ser doutor Luiz Fernando!

ANGELA – Mas ele errou! Não sou eu. O nome é parecido, mas não sou eu!

(*Sala da casa de Lina e Roberto*)


HENRIQUE – Mãe tem um troço errado aqui! Você está com 10 milhões de reais na conta. De onde é que você tirou?

LINA – O quê?

HENRIQUE – Dez milhões de reais... Como você estava 31 no vermelho, o saldo é de nove milhões novecentos e noventa e nove mil, novecentos e sessenta e nove reais.

LINA (*olhando a tela*) – Não pode ser, claro que não pode ser! Deixa eu ver...

LUIZ FERNANDO – Você não conferiu, Romeiro?

ROMEIRO – Eu conferi, claro que eu conferi!

LUIZ FERNANDO – Como é que você não confere o recibo?

ROMEIRO – O caixa se enganou. Foi um engano, pronto, não é uma tragédia. Desculpe, mas a culpa não foi minha!

LUIZ FERNANDO – Como não foi sua? Você entrega o ouro na mão do bandido e a culpa não foi sua?

ROMEIRO – Foi um acidente, que culpa tenho eu se o caixa era um débil mental! E essa política salarial de merda! Pagamos salário mínimo pra um caixa, o cara mal sabe assinar o nome, é isso que acontece!

LINA – É minha conta! O nome é meu. O que são esses 10 milhões aqui?

HENRIQUE – É um cheque. Olha aqui, depósito em cheque... Dez milhões...

LINA – Que loucura, meu filho! Imagine se esse dinheiro é meu!

HENRIQUE – Agora é meu. A senhora disse que eu podia ficar com tudo o que tivesse na sua conta!

LINA – Não senhor, seu também não é!

LUIZ FERNANDO – Você tem trinta anos de Banco e faz uma cagada dessas? Porra, mas é o cúmulo! E agora?

ROMEIRO – Não tem problema. Eu ligo lá e resolvo em dois minutos, pronto. É um engano. (*Disca.*)

241

LUIZ FERNANDO – Puta que o pariu!...

ANGELA – Será que vai dar algum problema?

LUIZ FERNANDO – Não, problema não vai dar. Só vai encher o nosso saco, só isso!

LINA – E se for de alguma herança, mãe?

LINA – Que herança?

HENRIQUE – Um herança, ora. O tio Júlio não visitou uma vez uns parentes da senhora perto de Treviso? Quem sabe morreu alguém?

LINA – Os parentes que o teu tio visitou eram mais pobres do que nós...

HENRIQUE – Não será alguma coisa da parte do pai? Uma indenização?

LINA – Coitado do pai. Imagine indenização... Isso é um erro, Henrique. Depositaram errado. Aliás, aproveite e avise que tem esse erro. Pelo menos eles ficam sabendo que eu sou honesta e não vão ficar enchendo porque estou com a conta negativa.

ROMEIRO – É do Banco do Brasil? Qual é o nome do seu gerente?

ANGELA – César.

ROMEIRO – Você me liga com o César na gerência?

ANGELA – Quer que eu fale com ele?

ROMEIRO – Não. É melhor eu falar. Márcio? É o Romeiro do Banco Federal. É, sou diretor e assessor do doutor Luiz Fernando. É o seguinte, Márcio: eu depositei um cheque na conta de uma cliente sua e o caixa, por engano, acabou digitando o número errado, o nome, sei lá... E caiu na conta de um outro correntista. Eu queria que você estornasse esse depósito e acertasse aí pra mim. Estou sim, o recibo do depósito está aqui comigo. Dez milhões. É, meu querido, realmente é uma grana... Então, foi depositado na conta de Angela Santos Barbosa e o caixa creditou a Angelina Barbosa de Souza. Já está aí na tela? Você é rápido, hein? E aí, tudo bem? (*Soco no fígado.*) Mas por que consultar a Angelina?

LUIZ FERNANDO – Puta que o pariu!

ROMEIRO – Mas o dinheiro não é dela, pra que consultar? Não, César, vai dar um nó na cabeça da mulher! Já imaginou? Não faça isso! Não, por favor, não faça isso. Eu estou indo pra aí. Levo o recibo e falo com o caixa. Até já.

(*Desliga. Pega uma lista e começa consultar.*)

LUIZ FERNANDO – Filho da puta! Filho da Puta! Olha a confusão que você inventou? O cara já ficou desconfiado! O que é que você está fazendo?

ROMEIRO – Procurando a Angelina, ora. Eu mesmo falo com ela e resolvo, acabou!

LUIZ FERNANDO – Puta que o pariu...

HENRIQUE – De quem será esse cheque?

LINA – De ninguém que eu conheça, isso eu tenho certeza.

HENRIQUE – Agora fiquei curioso e vou saber de quem é este cheque...

LINA – Para com isso, Henrique, e vê se estuda um pouco. Eu vou ligar pro meu gerente pra saber que dinheiro é esse.

HENRIQUE – Deixa, mãe, eu vejo pra você, deixa comigo!

LINA – Então peça pra eles estornarem esse dinheiro da minha conta antes que surja alguma complicação. Você com esse computador! Daqui a pouco vão dizer que eu roubei o dinheiro! Eu vou fazer um café bem forte pro seu pai e depois vou ao Banco falar com o Washington. Se for preciso me ajoelhar, eu me ajoelho, mas seu pai não vai perder o emprego dessa forma! Se ele acordar, não deixe ele sair outra vez, pelo amor de Deus!

HENRIQUE (*no rádio do computador*) – Capilé, fala com Henrique V!

CAPILÉ (*no rádio*) – Na escuta, King of England!

HENRIQUE – Você entra no Itaú pra mim e dá uma olhada num cheque que foi depositado hoje no Banco do Brasil?

CAPILÉ – É comigo mesmo my King!

HENRIQUE – Estou te mandando um e-mail com todos os detalhes, ok?

CAPILÉ – Ok, estou esperando.

(*Sala da presidência do Banco Federal*)

ROMEIRO – Não tem Angelina... Roberto Barbosa de Souza tem um. Só pode ser parente. Marido, irmão, alguma coisa ele é...

LUIZ FERNANDO – Roberto Barbosa de Souza? Eu não ouvi esse nome antes?

ROMEIRO – É, é um nome comum. Roberto, Roberto. Porra é o cara que ligou pra cá hoje!

LUIZ FERNANDO – Que cara?

ROMEIRO – O cara do Banco, o gerente que foi demitido. Vou ligar pra lá. (*Disca.*)

LINA (*de dentro*) – Henrique, já falou com o Banco?

HENRIQUE – Fica fria, mãe, eu falo! (*Toca o telefone.*) Alô.

LUIZ FERNANDO (*tirando o telefone das mãos de Romeiro*) – Hoje você já fez cagada demais! Alô!

HENRIQUE – Quer falar com quem?

244

LUIZ FERNANDO – É da casa de Angelina Barbosa de Souza?

HENRIQUE – Sim, quem queria falar?

LUIZ FERNANDO – Aqui é da Daslu. Nós queríamos enviar um convite para o lançamento da coleção de inverno e gostaríamos de confirmar o endereço. Vai haver um coquetel com champanhe, caviar, *blini* e salmão. É Andorinhas 217?

(*Cai a ficha de Angela. É a mãe de Henrique.*)

HENRIQUE – É isso mesmo.

LUIZ FERNANDO – Estamos lançando uma linha masculina e gostaríamos de convidar o senhor Roberto. Enviamos os convites pra aí ou para o Banco Federal?

HENRIQUE – Envia pra cá. Meu pai não trabalha mais no Banco Federal.

LUIZ FERNANDO – Obrigado, senhor! (*Desliga.*) É ele! Angelina é a mulher dele! Olha que merda você foi fazer, Romeiro?

ROMEIRO – Calma, doutor Luiz Fernando, deixa o cara comigo...

LUIZ FERNANDO – Se eu deixar mais alguma coisa com você, eu estou em cana.

ANGELA – Doutor Luiz Fernando, eu acho que conheço essa mulher...

LUIZ FERNANDO – Que mulher?

ANGELA – Essa Angelina. Me dá meia hora e eu resolvo isso para o senhor.

LUIZ FERNANDO – Conhece? Como conhece?

ANGELA – É uma coincidência maravilhosa! Fique tranquilo. Meia hora, eu resolvo para o senhor.

LUIZ FERNANDO – Então, qualquer coisa você me liga...

(*Ela sai.*)

245

(*Sala da casa de Lina e Roberto*)

CAPILÉ (*no viva-voz*) – Eistein! Eistein, você está aí?

HENRIQUE – Fala, Capilé.

CAPILÉ – Porra, ô Eistein, essa história é cabeluda paca! Não banca o esperto que você acaba em cana! Estou passando um e-mail com detalhes. Peguei até uma última notícia no blog do Noblat sobre um tal de Carlão.

HENRIQUE – Capilé, você é grande, meu! Beijão.

LUIZ FERNANDO – Você precisava esculhambar o cara daquela maneira? Não podia ter sido mais delicado? Custava me passar o telefone?

ROMEIRO – Passar o telefone? "Desliga essa merda! Desliga essa merda!" O senhor só faltou me bater!

LUIZ FERNANDO – Fica quieto, me deixa pensar!

HENRIQUE (*consultando o e-mail*) – É o seguinte, mãe. O cheque de 10 milhões é da conta 2005-7 do Itaú, e o dono da conta é Carlos Istvan de Melo, conhecido por Carlão. É doleiro, um cara enrolado, prestou depoimento na CPI dos Bingos, mas não conseguiram provar nada contra ele até agora.

LINA – Que coisa esquisita, Henrique!

HENRIQUE – Mas tem mais. E o que é mais intrigante é que o Carlão que assinou esse cheque teve um derrame e está em coma no Albert Einstein.

LINA – Como é que você sabe?

HENRIQUE – Está num blog. O cara foi citado na CPI do Banestado. Só citado.

LINA – Mas o que significa isso, Henrique?

246

HENRIQUE – Não sei, mãe, mas tem um puta grilo, um lero estranho nessa história do cheque.

LINA – Você telefonou para o Banco avisando do cheque?

HENRIQUE – Ainda não.

LINA – Então ligue, menino, o que é que você está esperando? Você não viu que o homem está metido até com a polícia Federal? Não fale nada disso pro seu pai, Henrique! Ele está muito abalado com a demissão! Pode até ter uma coisa.

(*Sala da presidência do Banco Federal*)

LUIZ FERNANDO (*no telefone, discando*) – Estou ligando pra lá. Você fala com a tal Angelina como se fosse do Banco do Brasil, ok? Diga que houve um engano e ela tem que autorizar o estorno.

ROMEIRO – Não quer falar o senhor?

LUIZ FERNANDO – Eu sou da Daslu, porra!

HENRIQUE – Você não tem nada com isso, mamãe, depositaram o cheque na sua conta! Vamos esperar.

LINA – Não, Henrique, eu estou com medo!

(*Toca o telefone, Lina vai atender.*)

HENRIQUE – Deixa que eu atendo, mãe. Alô!

ROMEIRO – Por favor, eu queria falar com a dona Angelina.

HENRIQUE – Ela não está, quem queria falar?

ROMEIRO – Aqui é do Banco do Brasil. É que foi feito um depósito errado na conta dela e ela teria que autorizar o estorno. É só uma operação de rotina.

HENRIQUE — É só com ela... Quando ela chegar eu mando ligar aí. Qual é o número?

ROMEIRO — Não, não precisa, eu ligo. Ela demora?

HENRIQUE — Acho que em meia hora ela deve estar de volta.

ROMEIRO — Diga que eu volto a ligar. Obrigado (*Desliga.*) Ela está pra chegar...

LUIZ FERNANDO — Espera cinco minutos e liga novamente.

LINA — Quem era?

HENRIQUE — Diz que era do seu Banco, mas não senti muita firmeza não...

LINA — Não sentiu, por que, Henrique?

HENRIQUE — Por que ele não ia querer que você ligasse pra lá?

LINA — O que que você está inventando, Henrique? Por favor!

HENRIQUE — Olha, que loucura! Olha aqui, mãe! As duas ligações vieram do mesmo telefone! Como é que a Daslu e o Banco do Brasil têm o mesmo número? E o número não é do Banco do Brasil, mãe! Este número é da Angela! Este número é da sala da Angela! É da Presidência do Banco Federal!

LINA — Da sala da presidência? Não pode ser, Henrique.

HENRIQUE — Mas foi, mãe. Essa coisa está muito estranha... Confundiram você com outra pessoa. Ou então o cara do computador digitou errado. Talvez uma pessoa com o mesmo nome, ou com a mesma conta, ou muito parecida.

LINA — Será que aquela gente do Banco está envolvida nessa história do cheque?

HENRIQUE — Ligaram de lá, da sala da presidência pra cá, duas vezes. E as duas vezes eles mentiram!

LINA – Mas, afinal de contas, o que é que eles querem de mim?

HENRIQUE – Eles querem que você concorde com o estorno do cheque. Que você devolva o cheque pra eles.

LINA – Mas o cheque não é meu!

(*Luiz Fernando faz um sinal e Romeiro disca novamente.*)

HENRIQUE – Mas é que eles não podem voltar atrás sem a sua autorização! Sabe por que, mãe? Porque essa grana é de alguma falcatrua que eles fizeram! (*Toca o telefone.*) É isso, o cara está em coma e eles estão aproveitando pra tomar o dinheiro do cara! Só pode ser isso!

LINA – Deixa que eu atendo, filho.

HENRIQUE – Não, mãe, é melhor eu atender!

LINA – Deixa comigo, filho! Alô!

ROMEIRO – Eu queria falar com dona Angelina.

(*Henrique corre no computador e confirma o telefone do Banco Federal. Escreve e mostra: "Não é do Banco do Brasil, é do Banco Federal!".*)

LINA – Pois não, é ela mesma.

ROMEIRO – Dona Angelina, aqui é do Banco do Brasil. Foi feito um lançamento equivocado na sua conta e nós estamos precisando da sua autorização para fazermos o estorno.

LINA – Com quem estou falando, por favor?

ROMEIRO – É o Lindauro aqui da contabilidade. Imagine a senhora que eles fizeram um depósito de um cheque e por um erro do caixa esse dinheiro foi creditado na sua conta.

LINA – Não foi erro, não, Lindauro. O dinheiro é meu mesmo!

ROMEIRO (*tremendo soco no fígado*) – Não, dona Angelina, estou me referindo a um depósito de 10 milhões de reais! Não pode ser da senhora.

LINA — Por que não? É meu mesmo. A menos que tenham feito um outro depósito de 10 milhões na minha conta, porque esses 10 são meus mesmo!

ROMEIRO — Minha senhora, fui eu quem fez o depósito do dinheiro, eu sou testemunha de que houve um erro! A senhora precisa autorizar o estorno pra não se apropriar de um recurso que não lhe pertence!

LINA — O senhor está insinuando que eu roubei o dinheiro?

ROMEIRO – Se a senhora não autorizar o estorno...

LINA — Eu não tenho tempo de ficar ouvindo ofensas de uma pessoa que não conheço! O dinheiro é meu! Se o senhor me ligar mais uma vez, eu vou me queixar do senhor com o gerente geral! E não mexa no meu dinheiro! (*Desliga.*)

HENRIQUE — Mãe, você enlouqueceu? O cara vai chamar a polícia!

LINA — Vai nada, eu conheço essa gente. Roberto! Roberto! Acorda! Eu vou buscar um café forte pra ele. (*Entra.*)

(*Sala da presidência do Banco Federal*)

ROMEIRO — Ela disse que o dinheiro é dela!

LUIZ FERNANDO (*disca o celular*) – Filha da puta! Será que essa piranha está pensando que vai ficar com o meu dinheiro? Eu boto essa filha da puta na cadeia!

ROMEIRO — Pra quem é que o senhor está ligando?

LUIZ FERNANDO — Desde quando eu preciso dar satisfações a você, Romeiro?

(*Sala da casa de Roberto e Lina*)

(*O telefone toca na casa de Roberto. Ele que estava deitado no sofá, acorda, e vai cambaleante e ainda bêbado em direção ao telefone.*)

HENRIQUE – Pai, deixa comigo...

ROBERTO (*atendendo*) – Alô.

LUIZ FERNANDO – Quem é que está falando?

ROBERTO – É o Roberto!

LUIZ FERNANDO – É com você mesmo que eu quero falar! Olha aqui, ô vagabundo! A sua mulher está com uma grana minha depositada na conta dela. Eu não vou falar de novo, porque eu já falei demais sobre esse assunto. Diga pra ela pedir ao Márcio do Banco do Brasil para estornar esse dinheiro, porra! Esse dinheiro não é dela. E olha aqui! Não saia que estou indo aí pra sua casa pra gente ter uma conversa de homem pra homem! (*Desliga.*) Vambora, Romeiro!

(*Sai com Romeiro.*)

ROBERTO – Quem era esse filho da puta?

HENRIQUE – O que foi que eles disseram, pai?

ROBERTO – Lina! Lina! (*Lina vem de dentro.*) Que porra é essa de dinheiro na sua conta?

LINA – Não é nada, meu bem. Uma bobagem de um erro no Banco do Brasil. Coisa sem importância!

HENRIQUE – Acho melhor contar pra ele, mãe.

ROBERTO – Primeiro me despedem da merda daquele Banco e depois eu descubro que tem um homem que deposita dinheiro na conta da minha mulher?

HENRIQUE — Foi um depósito errado que fizeram na conta da mãe, pai. É só uma questão de estorno.

ROBERTO — Mas que depósito?

HENRIQUE — Este depósito. (*Mostra o impresso do depósito do computador.*)

ROBERTO — Dez milhões de reais? Lina, nunca pensei que você estivesse com essa bola toda!

LINA — Eles ligaram pra cá, queriam que eu autorizasse o estorno. Mas aí o Henrique descobriu que o dinheiro tinha vindo de um cara envolvido com a CPI, um doleiro que está em coma.

ROBERTO — Mas o que é isso? O programa do Ratinho?

HENRIQUE — Pai, esse depósito tem alguma coisa a ver com a presidência do Banco Federal.

ROBERTO — Que brincadeira é essa?

HENRIQUE — O doleiro é um tal de Carlão, pai. Entrou em coma e está na UTI do Albert Einstein. Ninguém consegue falar com ele...

ROBERTO — Um doleiro em coma, o Banco Federal me bota na rua, a presidência deposita 10 milhões na conta da Lina... Porra, acho que exagerei no uísque.

HENRIQUE — A mãe disse pro gerente do Banco que o dinheiro era dela.

LINA — Eu quis dar um susto nesse bando de canalhas!

ROBERTO — É o cúmulo da ingratidão, meu, os caras te dão 10 milhões de dólares e você chama eles de canalhas?

LINA — Eu não quero esse dinheiro sujo! Eu vou devolver.

ROBERTO (*ainda de pilequinho*) — Espera aí, você disse que vai devolver? Será que eu entendi direito?

LINA – O dinheiro não é meu, Roberto!

ROBERTO – Claro que é seu! Está na sua conta, é seu!

LINA – Você não pode ficar com um dinheiro que não é legalmente seu!

ROBERTO – Só porque "legalmente" ele não é seu? Você acha que o dinheiro dos Bancos é legalmente dos Bancos?

LINA – Eu não quero ir em cana por um dinheiro que não é meu!

ROBERTO – Com 10 milhões você não vai em cana! Você vai em cana com 10 reais, mas não com 10 milhões. (*Toca a campainha. Ele atende. É Angela.*) Henrique, é a sua namorada.

ANGELA – Como vai seu Roberto?

ROBERTO – Maravilhoso! Férias permanentes, um paraíso!

ANGELA – Eu sinto muito. Oi, Henrique. Você vai me desculpar, mas estou proibida de falar sobre assuntos particulares durante o expediente.

HENRIQUE – Você foi muito educada comigo!...

ANGELA – Eu acabei conversando com o doutor Luiz Fernando sobre o seu Roberto. Que o senhor é um dos melhores gerentes do Banco Federal. E que incluir o senhor num programa de automação do Banco seria um erro. Ele está disposto a rever a demissão, seu Roberto!

ROBERTO – Eu não falei que ele era meu amigo? Lá em Serra Negra ele pediu a manteiga e...

LINA – Roberto!

ANGELA – Mas tem uma coisa. Acabamos descobrindo que um cheque foi depositado na conta da dona Lina por engano e o doutor Luiz Fernando gostaria que a dona Lina autorizasse o estorno.

253

HENRIQUE – Como é que vocês sabem que o dinheiro não é dela?

ANGELA – Eu vi quando o doutor Romeiro saiu pra depositar o cheque.

LINA – E se eu disser que o dinheiro é meu?

ANGELA – A senhora vai me desculpar, mas eu não acho que seja verdade. Eu vi o processo do depósito do cheque, eu estava lá, eu sei que o dinheiro é do doutor Luiz Fernando.

LINA – Mas se é dele porque ele não vai ao Banco? Ele não precisa de mim pra provar que o cheque é dele!

ANGELA – Talvez ele não tenha interesse em fazer isso.

LINA – E por que não?

ANGELA – Imposto de renda, dona Lina. A senhora nunca precisou inventar um ou outro truque pra pagar menos imposto?

LINA – Quem ganha salário mínimo é isento!

ANGELA – Já que falamos em imposto de renda, dona Lina, como a senhora pretende justificar esses 10 milhões?

ROBERTO – Isso não é problema, minha filha! Com 10 milhões de reais a Receita Federal te classifica até como indigente...

ANGELA – A senhora tem consciência do que pode acontecer se não devolver o dinheiro?

HENRIQUE – Mas afinal de contas, de que lado você está?

ANGELA – Henrique, eu vou falar a verdade. Parte desse dinheiro que está na conta da dona Lina é meu!

HENRIQUE – Quer dizer que você faz parte da quadrilha?

ANGELA – Não há quadrilha nenhuma! Ah, não seja pobre, Henrique.

LINA – Se é só pelo dinheiro que você tanto defende o Banco, não tem problema, nós garantimos a sua parte! Quanto dinheiro você tem lá?

ANGELA – Quinhentos mil reais.

HENRIQUE – Quinhentos mil reais?

ROBERTO – Não deixa escapar essa menina que ela é um partido melhor que a Sasha!

HENRIQUE – Quinhentos mil? Como é que você conseguiu ganhar 500 mil reais assim de repente?

ANGELA – Odeio quando você faz cena de ciúme, Henrique! Ganhei porque tenho capacidade, sou competente e trabalho! Por isso é que eu ganhei!

LINA – Ganhou fazendo o quê, ainda que mal pergunte?

ANGELA – Eu vendi uma fazenda e ganhei corretagem.

HENRIQUE – Que fazenda?

ANGELA – Uma fazenda do Braguinha, conhece? Um dia ele foi lá na presidência e disse que estava vendendo uma fazenda. No dia seguinte, o Caio Foroni, esse do chocolate, esteve no Banco e disse que estava procurando uma fazenda pra comprar. Eu botei os dois em contato, a fazenda foi vendida e eu ganhei a comissão.

ROBERTO – Porra! Se você fosse corretora do Lula o Palácio da Alvorada já tava no nome dele...

ANGELA – Quer dizer que a senhora não vai mesmo devolver o dinheiro?

LINA – Por enquanto, não.

ANGELA – Henrique, explica à sua mãe! Vai ou não vai devolver?

LINA – Não.

HENRIQUE – Mãe!

LINA – Não vou devolver!

ANGELA — Então, vocês me dão licença, mas eu preciso comunicar isso ao doutor Luiz Fernando.

ROBERTO — Por favor, fique à vontade.

(*Angela começa a discar no celular.*)

HENRIQUE — Angela, eu gostaria muito de acreditar em você, mas essa história não entra na minha cabeça...

LINA — Não seja burro!

ANGELA — Doutor Luiz Fernando? Más notícias. Ela não vai devolver. Falei. Falei. Usei todos os argumentos. Disse sim, que ela seria presa, condenada e encarcerada numa prisão do interior com quinhentas lésbicas totalmente enlouquecidas. Não adiantou. O senhor está vindo pra cá? Eu espero. Até já.

HENRIQUE — Essa história está muito mal contada, Angela!

(*Toca a campainha, Lina vai atender.*)

LINA — Pois não?

LUIZ FERNANDO — Eu sou o doutor Luiz Fernando.

LINA — Por favor, entre.

(*Ele entra, ela fecha a porta.*)

ROBERTO — Porra, como ele chegou rápido!

LUIZ FERNANDO — Eu estava pertinho.

LUIZ FERNANDO — Será que a senhora poderia deixar entrar o meu assessor?

LINA (*percebe a gafe, abre a porta*) — Ah, me desculpe. Entre, por favor.

(*Romeiro entra.*)

LUIZ FERNANDO — Doutor Romeiro.

LINA — Ah, prazer. Bom, eu sou a Lina, este é o meu filho Henrique. O meu marido o senhor já conhece, Roberto. Do congresso de Serra Negra...

ROBERTO — O senhor lembra de mim, doutor Luiz Fernando? Do Congresso, da manteiga...

LUIZ FERNANDO — Claro, claro que me lembro. O Roberto é um dos nossos melhores gerentes.

ROBERTO — Olha aí! O que é que eu disse? Doutor Luiz Fernando, eu gostaria que o senhor repetisse, nós somos ou não somos amigos?

LUIZ FERNANDO — Claro, claro que somos amigos!

ROBERTO — O que foi que eu disse? Mas aqui em casa ninguém acredita em mim!

HENRIQUE — Papai, por favor...

LUIZ FERNANDO — Bom, eu vou ser breve que ainda temos que pegar um jato para Salvador. Nem almoçar almoçamos.

LINA — Se quiser comer alguma coisa...

LUIZ FERNANDO — Não, obrigado...

LINA — Não faça cerimônia. O feijão e o arroz tá quentinho, eu posso fritar um ovo.

LUIZ FERNANDO — Não, obrigado, minha senhora, já temos um almoço marcado com o Calmon, em Salvador, e estamos até atrasados.

ROBERTO — O Calmon, doutor Luiz Fernando? Conheci o doutor Calmon quando ele ainda era o dono do Econômico, numa palestra no Maksoud. "Como evitar a falência". Um brilho... na teoria. Na prática... Bom, deixa pra lá. Diz que estou mandando um abraço. Se ele precisar de alguma coisa, estamos aqui...

LUIZ FERNANDO – O senhor está bêbado, é?

ROBERTO – Eu, bêbado? Não, eu não bebo! Nem no Natal eu tomei champanhe, não foi, Lina?

LINA – Meu marido não bebe.

LUIZ FERNANDO – Ora, minha senhora! Olha aí, ele está caindo de bêbado!

ROBERTO – Ah, o senhor diz agora? Ah, é que eu fui demitido e aí eu bebi!

LUIZ FERNANDO – O senhor não foi demitido!

ROBERTO – Como, não fui demitido? O doutor Washington me demitiu.

ROMEIRO – Não demitiu coisa nenhuma. O senhor compreendeu mal.

ROBERTO – Ah, bom, graças a Deus! Que susto que a gente passou, não foi Lina? Pra mim eu estava demitido!

LUIZ FERNANDO – Já disse que o senhor não estava demitido! Está cometendo falta gravíssima ao se embriagar durante o expediente bancário! E por isso sim, poderá ser demitido!

ROBERTO – Mas o senhor não pode me demitir pelo fato de eu ter bebido justamente por ter sido demitido!

LUIZ FERNANDO – Para ir direto ao assunto, o dinheiro que está na conta da senhora é meu e eu gostaria que a senhora autorizasse o estorno. O Romeiro preparou até uma minutazinha da autorização. (*Romeiro tira a autorização de uma pastinha 007.*) É só a senhora assinar onde está marcado com uma cruzinha...

LINA – Antes eu gostaria de esclarecer uns pontos...

LUIZ FERNANDO – Desde que seja bem rápido, por favor...

258

LINA – O senhor me perdoe, mas não achei educada a maneira como o senhor tratou o meu marido...

LUIZ FERNANDO – Eu? De que maneira eu tratei seu marido?

ROBERTO (*ainda de pilequinho*) – O que é isso, Lina, deixa pra lá, tudo bem...

LINA – Roberto sempre teve orgulho de trabalhar no seu Banco. Então por que ele foi demitido dessa maneira?

LUIZ FERNANDO – Mas ninguém demitiu ninguém! De onde a senhora tirou que ele foi demitido?

LINA – O senhor pode enganar o Roberto porque ele é bom, ingênuo e bebeu algumas doses a mais. Mas eu não bebi.

HENRIQUE – Mamãe, ele está dizendo que papai não foi demitido!

LUIZ FERNANDO – A senhora não está ouvindo? Seu marido não foi demitido.

LINA – Eu acho que o que fizeram com ele deve ser reparado de alguma forma. O senhor não sabe que uma das maiores dores que um homem pode sentir é a da perda do emprego?

LUIZ FERNANDO – Onde é que eu vim amarrar minha égua... Minha senhora, ele não foi demitido, ele não será demitido! O que eu poderia fazer para gratificá-la?

LINA – Eu quero que o senhor peça desculpas.

LUIZ FERNANDO – O quê? Desculpas, por quê?

ROBERTO – Lina, não precisa nada disso!... Eu e o doutor Luiz Fernando somos uns puta amigos... Foi um mal-entendido, está tudo bem...

HENRIQUE – Já está tudo resolvido, mãe! Não complica!

LINA – Mas o que é um pedido de desculpas? Não estou pedindo nada de mais.

ROMEIRO – Minha senhora, a única pessoa que aqui merece desculpas é o doutor Luiz Fernando!

LUIZ FERNANDO – Agora não, Romeiro!

LINA – Ah, é? Por quê?

ROMEIRO – Ora, porque... A senhora bloqueia um cheque que não é seu, nos obriga a vir até aqui, e ainda exige desculpas?

LUIZ FERNANDO – Para, Romeiro, para. (*Dirige-se diretamente a Roberto.*) Roberto! Me desculpe, eu lhe peço desculpas. Em nome da nossa "puta" amizade me desculpe!

ROBERTO – Doutor Luiz Fernando, não! Eu é que peço desculpas...

LUIZ FERNANDO – Não, eu peço desculpas.

ROBERTO – Não, eu peço. O senhor me desculpe alguma coisa, alguma besteira...

LUIZ FERNANDO – Não, que é isso! Eu é que peço que você me desculpe...

ROBERTO – Não, eu é que lhe peç...

LUIZ FERNANDO – Cala a boca! E peço desculpas!

LINA – Por escrito.

LUIZ FERNANDO – O quê? O que a senhora está querendo agora?

LINA – Eu quero que o senhor faça o pedido de desculpas por escrito.

LUIZ FERNANDO – Essa mulher está maluca!

HENRIQUE – Mamãe chega! A senhora já fez o que queria! O doutor Luiz Fernando já pediu desculpas, o pai não está demitido, pronto!

LINA – Por escrito! Tem que pedir desculpas pelo engano! Tem que dizer que ele é ótimo gerente, e que jamais o Banco pensou em demitir um gerente tão capaz e tão eficiente.

LUIZ FERNANDO — Odeio ser pressionado! Odeio! Por que a senhora precisa dessa bobagem por escrito?

LINA — Porque quando o senhor cruzar essa porta o Roberto está na rua! E se ele for reclamar o doutor Romeiro vai sugerir que ele procure a justiça. Então, quando ele for procurar a justiça já tem um papelzinho pra levar...

LUIZ FERNANDO — Mas estou dando a minha palavra de honra! O seu marido não vai ser demitido! Eu sou um banqueiro conhecido e respeitado. Será que a minha palavra não vale?

LINA — Não vale. Hoje em dia nem a palavra do Lula vale! Aliás, principalmente a palavra do Lula!

LUIZ FERNANDO (*estrebucha de ódio*) — Muito bem! Ele continua gerente! Mas a senhora eu não quero no meu Banco! Está proibida de entrar em qualquer dependência do Banco Federal, em todo o território nacional! Escreva aí Romeiro. (*Romeiro começa a redigir num papel.*) O Banco pede desculpas, diz que ele não está demitido...

LINA (*continuando o ditado*) — ... que não tem nenhuma intenção de demitir um gerente tão eficiente e tão capaz...

ROBERTO — Lina!... Doutor Luiz Fernando, eu por mim, o senhor sabe, não precisava nada disso, pelo amor de Deus!

ROMEIRO (*entrega o documento à Lina*) — Aqui está. Espero que esteja de acordo.

LINA (*lendo e em seguida corrigindo como boa professora*) — Levamos ao seu conhecimento *de que* o senhor não está demitido, não! Levamos ao seu conhecimento que! A regra é perguntar: levo *o quê*? E não levo *de quê*? Eficiente e capaz. Não é nossa intenção *de que* um gerente... O senhor adora *de que*, hein? Quem gosta muito de *de que* também é o Lula. É, está razoável.

LUIZ FERNANDO — Eu assino o pedido de desculpas, e a senhora assina a autorização do estorno.

(*Ambos assinam. Quando vão trocar os papéis, ela se arrepende.*)

LINA — Ainda não!

LUIZ FERNANDO — Me dá aqui esse papel!

LINA — Não dou!

LUIZ FERNANDO — Me dá o meu papel!

ROMEIRO — Senhor Roberto! Que espécie de marido é o senhor? Quer dizer que ela faz e desfaz e o senhor não faz nada?

LUIZ FERNANDO — É isso mesmo, ele tem razão! Faça prevalecer a sua autoridade!

ROBERTO — Lina! Dá o papel pra ele!

LINA — Não, Roberto!

ROBERTO — Mas ele fez tudo o que você quis, meu amor, já assinou o documento, já não estou mais demitido!

LINA — Não, não e não!

ROBERTO — Mas eu estou mandando!

LINA — Essa decisão é minha! O dinheiro foi depositado na minha conta! A conta é minha, a responsabilidade é minha!

ROBERTO — O senhor vai me perdoar, doutor Luiz Fernando, mas ela não quer...

LUIZ FERNANDO — Mas você dá ordens à sua mulher na base do meu bem, meu amor? Bata nela, dá uns tapas nela!

ROBERTO — Mas eu não posso bater nela!

LUIZ FERNANDO — Mas que diabo de marido é o senhor? Eu também não gosto de bater em mulher, mas tudo tem um limite! Ou você bate ou ela toma conta!

ROBERTO – Se eu beber mais umas e outras eu encho ela de porrada, mas assim a seco não dá!

LUIZ FERNANDO – Como é que o senhor pode ser gerente? Quem é que vai confiar num homem que precisa beber para dar um tapa na mulher?

ROMEIRO – Não seria o caso de chamar a polícia?

LINA – Pode chamar o presidente da República!

(*Romeiro parte pra cima de Lina. Começa a briga.*)

ROMEIRO – Olha aqui...

LINA – Eu não vou assinar.

(*Luiz Fernando tira Romeiro da briga. Roberto, sentado, bêbado, assiste à confusão.*)

LUIZ FERNANDO – Para com isso!

HENRIQUE – Mamãe! Se a senhora não tem consideração pela gente, pense na Angela. Ela também tem dinheiro nesse cheque! Ela trabalhou, ela se dedicou.

(*Angela, que até aqui se manteve num prudente segundo plano, percebe que a coisa pode engrossar pro seu lado.*)

LINA – Mas ela não vai ter prejuízo nenhum! Eu já falei que eu dou os 500 mil reais dela, não falei?

LUIZ FERNANDO – Quinhentos mil reais? Que quinhentos mil reais?

LINA – Quinhentos mil reais. Foi o que ela me disse que tinha no cheque.

LUIZ FERNANDO – Ela disse que a parte dela era de 500 mil?

HENRIQUE – Não é o dinheiro que ela ganhou na venda da fazenda?

LUIZ FERNANDO – Você ouviu essa, Romeiro?

ROMEIRO – Deve estar havendo um engano. Era só trezentos.

LUIZ FERNANDO – Você disse a eles que a sua participação era de 500 mil?

ANGELA – Quinhentos não, trezentos! Eu só disse que tinha ganhado 300 mil na venda da fazenda!

LINA – Quinhentos mil! Eu tenho uma memória prodigiosa para números. Quinhentos mil!

ANGELA – A senhora se enganou, dona Lina. Eu nunca falei em 500 mil! Eu disse 300 mil!

LUIZ FERNANDO – Quer dizer que, caso essa maluca não me devolva o dinheiro, você já tinha garantido a sua parte? E já que estava com a mão na massa, botou logo um ágio de 200 mil? Você aprendeu rápido, hein?

ANGELA – Doutor Luiz Fernando, está havendo um equívoco! Ela ouviu quinhentos, mas eu disse trezentos!

HENRIQUE – Desculpa, meu amor, pode ser que você tenha se enganado, mas você disse 500 mil.

LUIZ FERNANDO – Meu amor? Opa! A coisa está ficando pior do que eu pensava! Que tipo de intimidade é essa, garoto?

HENRIQUE – E daí, tio? Ela é minha namorada, e daí?

LUIZ FERNANDO – Sua namorada?

HENRIQUE – É isso que o senhor escutou. Minha namorada, qual é o problema?

LUIZ FERNANDO – Ah, ela é sua namorada também?

ANGELA – Doutor Luiz Fernando!

HENRIQUE – Também? Que papo é esse, Angela?

ANGELA – Eu não sei do que ele está falando!

LUIZ FERNANDO – Como não sabe, meu amorzinho...? Você não contou a ele sobre nós? Não disse a ele que nós também somos namorados?

HENRIQUE (*avançando contra ele*) – Ô, babaca, te encho o focinho de porrada! Eu não sou a minha mãe!

ANGELA – Para com isso! Que absurdo!

HENRIQUE – Você não se enxerga? Você podia ser avô dela! Namorado...

LUIZ FERNANDO – Angela, conta pra ele da gente. Vai, conta.

ANGELA – Eu não tenho nada pra contar.

LUIZ FERNANDO – Ah, não? Por acaso nós não passamos três dias com o Pitangui em Angra, a semana passada?

ANGELA – É mentira!

LUIZ FERNANDO – E não comemoramos o seu aniversário no Plaza Athenée em Paris?

ANGELA – É mentira!

LUIZ FERNANDO – Como não? A nossa suíte não ficava ao lado da suíte do Maluf e da dona Silvia?

HENRIQUE – Que Maluf? Ela passou o aniversário dela comigo! Você é um puta dum mentiroso, tio!

LUIZ FERNANDO – Só se foi o ano passado porque este ano ela passou comigo!

HENRIQUE – E quando é que ela faz anos?

LUIZ FERNANDO – Dia 16 de março. Peixes, ascendente em Escorpião! Combina demais com Capricórnio, que sou eu! E não sou seu tio!

HENRIQUE — Ha ha ha ha! Ela faz aniversário dia catorze. Estivemos num sítio do tio dela em Itapira!

LUIZ FERNANDO — Romeiro, o passaporte dela está aí com você? Mostra pra ele! (*Ele mostra o passaporte para Henrique.*) Esse sítio em Itapira não é um sítio. É uma das minhas fazendas de café. Dia catorze o Romeiro ia levar a folha de pagamento e ela implorou pra ir no lugar dele e eu permiti... Piranha, você levou o seu namorado na fazenda de mamãe?

HENRIQUE (*examinando o passaporte*) — É verdade! Olha aqui... Você esteve em Paris no dia dezesseis... Você não disse que tinha que viajar pra dar um beijo na sua mãe?

ANGELA — Henrique eu posso exp...

HENRIQUE — Cala a boca! A semana passada também você foi visitar a sua mãe doente... E estava na ilha do Pitangui com esse velho escroto!

LUIZ FERNANDO (*avançando contra ele*) — Velho escroto é a mãe, ô filho da puta!

(*Entra a turma do deixa-disso e seguram os dois.*)

HENRIQUE — Deixa que eu mato esse filho da puta!

LUIZ FERNANDO — Filho da puta!

ROMEIRO (*separa*) — Doutor Luiz Fernando! O senhor não pode se nivelar com essa gente...

ANGELA — Vocês não têm vergonha, é? Ficar brigando como duas crianças!

LUIZ FERNANDO — Quem é você pra me criticar?

HENRIQUE — Quem é você pra me criticar?

LUIZ FERNANDO — Galinha, vagabunda!

HENRIQUE — Piranha, filha da puta!

LUIZ FERNANDO – Você está demitida do meu Banco!

HENRIQUE – Se você cruzar o meu caminho, eu te dou uma porrada, sua vagabunda!

ANGELA (*rodando a baiana*) – Calem essa boca! Babacas! Calem a boca!

LUIZ FERNANDO – O quê?

ANGELA – Vão gritar com a mãe de vocês, seus babacas! Não prometi nada a nenhum de vocês! Hein, Henrique? Eu prometi alguma coisa a você? Fidelidade? Eu jurei que ia me casar com você e viver o resto da vida numa casinha branca e cortina na janela? E a você, Luiz Fernando? Prometi o que a você? Que eu seria uma exclusividade do Banco Federal? Não! Não menti, não enganei ninguém e não fui desonesta com nenhum dois! Então por que essa agressão comigo? Agora, Luiz Fernando, registra essa: me botar pra fora do Banco assim, sem mais nem menos, nem pensar! Cuidado comigo que eu não sou o Roberto! Sou uma mulher moderna e independente, veja lá!

LUIZ FERNANDO – Pra mim você não é nem moderna nem independente. Pra mim você é puta! Mesmo da puta que vai pra cama comigo por dinheiro eu exijo honestidade! Imagine, você que se dizia apaixonada!

ANGELA – Mentira!

LUIZ FERNANDO – Puta!

LINA – Modera a linguagem! O senhor está pensando que está no Congresso?

LUIZ FERNANDO – Bom, minha senhora, o que a senhora quer de mim?

LINA – Eu não estou segura quanto à origem do dinheiro desse cheque.

LUIZ FERNANDO – A senhora é da Receita Federal, por acaso?

LINA – Eu nem sei se esse dinheiro é seu!

LUIZ FERNANDO – E daí se o dinheiro não é meu? É do Carlão, do Zenon, 300 mil eram da sua nora, presente deste idiota!

ANGELA – Eram não! São! E não é presente, não senhor! Você queria usar a minha conta bancária, queria me usar como laranja! Trezentos mil para 10 milhões é uma gorjeta ridícula. Está pensando o quê? Que eu sou a Mendes Caldeira do Costa Neto?

LUIZ FERNANDO – Eu ficaria grato se você não falasse mais comigo...

ANGELA – Então não venha com esse tipo de...

LINA (*num berro para botar ordem no galinheiro*) – Chega! Eu não quero mais bate-boca aqui na minha casa. Estou cada vez mais convencida de que esse dinheiro é meu. Meu, do Roberto e do Henrique.

LUIZ FERNANDO – Os 10 milhões? A senhora poderia me explicar a origem desses 10 milhões?

LINA – Claro que posso! São os recursos não contabilizados do Delúbio! É dinheiro roubado do povo. Como sou parte do povo uma parte é minha, não é claro?

LUIZ FERNANDO (*sacando*) – Ah, já entendi! Por que a senhora não me falou desde o princípio? É uma propina que ela quer, Romeiro... Como você vê, o PT já fez escola! Tá certo... Quanto é que a senhora quer?

LINA – Bem, eu na verdade ainda não pensei assim numa porcentagem, numa participação...

LUIZ FERNANDO – Diga! Não se acanhe! Estamos em plena era Lula! Quanto é que a senhora quer?

HENRIQUE – Por favor, mamãe, o que a senhora está fazendo?...

LINA – Ai, meu Deus... Aquele Luiz Marinho botou os 3 mil no bolso com tanta facilidade e eu fico aqui suando...

LUIZ FERNANDO – Diga lá, dona Lina, que eu ainda tenho aquele almoço com o Calmon...

ROBERTO (*no seu sono dos justos*) – O Calmon, conheci no congresso do Maksoud, grande figura!... (*Dorme.*)

HENRIQUE – Porra, pai!

LUIZ FERNANDO – Quanto é que a senhora quer?

LINA – Quarenta por cento!

LUIZ FERNANDO – O quê?

LINA – Cinquenta por cento!

ROMEIRO – Estou dizendo que ela é louca!

LUIZ FERNANDO – A senhora diz 50% de 10 milhões? A senhora está falando de 5 milhões?

LINA – Não lhe parece justo?

LUIZ FERNANDO – A senhora está brincando? Eu posso de livre e espontânea vontade, para ressarcir a senhora do inconveniente, do tempo que a senhora está perdendo, eu posso lhe dar uma gratificação, de digamos... 500 reais.

HENRIQUE – Quinhentos reais?...

LUIZ FERNANDO – Mais que isso é absurdo, o dinheiro é meu!

LINA – Ou o senhor aceita os 50% ou não autorizo o estorno. A polícia de repente pode querer saber a origem desse dinheiro e o senhor não vai poder explicar. Como tá todo mundo com gana por causa do lucro dos banqueiros, a coisa pode complicar...

LUIZ FERNANDO — Chega! Eu vou meter a senhora na cadeia! A senhora, o seu marido e o seu filho! Eu vou à polícia agora!

(*Vão para a porta: Lina corre para a janela. Henrique vai pro telefone e disca.*)

LINA — Eu é que vou chamar a polícia! (*Gritando da janela.*) Socorro! Polícia!

HENRIQUE — Mãe, o que é isso?

ROMEIRO — Veja, doutor Luiz Fernando!

LINA (*berrando*) — Socorro! O doutor Luiz Fernando roubou 10 milhões da merenda escolar! O dono do Banco Federal deu um golpe de 10 milhões! Socorro!

ROBERTO — Que é isso Lina, sai daí, o doutor Luiz Fernando é gente fina!

ANGELA — Dona Lina, por favor, dona Lina!

LUIZ FERNANDO (*vai até Lina apavorado*) — Fique quieta, minha senhora! Tire essa mulher da janela!

(*Romeiro praticamente arrasta Lina da janela.*)

ROMEIRO — Cala a boca! A senhora quer botar todo mundo na cadeia, é? Cala a boca!

LINA — Me larga! Me acode, Heloísa Helena! Heloísa Helena! Socorro!

LUIZ FERNANDO — Mas o que é que a senhora quer de mim? O que é que a senhora quer de mim?

LINA — Eu quero que o senhor aceite a minha proposta. Cinquenta por cento!

HENRIQUE (*no fone do computador*) — Capilé, está tudo certo? Você entendeu tudo direitinho? Não saia daí e não use o telefone.

LUIZ FERNANDO – O que é que ele está fazendo? Pra quem é que você estava telefonando? Pra polícia? Você está gravando? Romeiro, é uma armadilha, é um complô! Eles estão mancomunados. Ela é nora dela! Eles vão entregar a fita pra CPI!

HENRIQUE – Não encha o meu saco!

ROMEIRO – Calma, doutor Luiz Fernando! O senhor está histérico outra vez! Ele não está gravando nada. Fique calmo!...

LUIZ FERNANDO – Está bem, dona Lina: é a minha última proposta, é pegar ou largar. Não vou lhe dar 500 reais. Eu dobro a minha proposta. Eu lhe dou mil reais parcelados em dois pagamentos, pronto!

ANGELA – Como você é mesquinho!

LUIZ FERNANDO – É melhor ser mesquinho do que ser puta!

ANGELA – Você não ama ninguém, Luiz Fernando, você só ama o seu dinheiro e o seu Banco, é isso que você ama.

HENRIQUE – Você não tem vergonha, Angela, por que é que você não cala essa boca?

ANGELA – Eu sou sincera nos meus sentimentos, nunca enganei ninguém.

HENRIQUE – Não enganou ninguém? Eu, o que é que eu sou?

ANGELA – Já disse que não te enganei!

HENRIQUE – Porra, eu te amava, Angela, de verdade! Eu gostava tanto de você que até me doía quando tinha que ir embora. Eu vinha pra casa, o coração aos pulos, rezando pra passar logo pra eu te ver outra vez. E você saindo com esse escroto.

LUIZ FERNANDO (*avança contra Henrique*) – Escroto? Escroto? Quem é você...

ANGELA – Chega, parem! Eu estou participando dessa palhaçada há horas. Chega! Muito bem. Eu também vou querer a minha parte. E não são 300 mil ou 500 mil. Eu quero 2 milhões! É isso que eu quero.

LUIZ FERNANDO – Você está querendo levar uma porrada, mocinha?

ANGELA! – Fui usada como laranja. São apenas 20%. Você traiu um sentimento profundo que havia entre nós. Eu mereço uma recompensa por essa decepção. Além do mais, eu estou sabendo de tudo.

LUIZ FERNANDO – Você está me ameaçando?

ANGELA – Estou apenas lembrando. Então? Vamos entrar num acordo?

ROMEIRO – Que acordo?

ANGELA – Dividimos o dinheiro. Eu tenho uma sugestão. Quarenta por cento para o senhor, 40% para dona Lina e 20% pra mim. Todo mundo sai com a sua parte, e ninguém reclama!

ROMEIRO – Ah, é? E eu? Como é que fica o meu milhão? Vocês dividem o de vocês e eu danço?

ANGELA – Eu abro mão de cem da minha parte, duzentos da parte do doutor Luiz Fernando e duzentos da dona Lina.

ROMEIRO – Isso dá quinhentos e não um milhão!

ANGELA – Com a entrada da dona Lina, os ganhos têm que ser reciclados, lógico! Só ela está levando 40%!

LUIZ FERNANDO (*percebendo*) – Vocês estão negociando o meu dinheiro?

ROMEIRO – Eu acho muito mais justo você me dar duzentos, o doutor Luiz Fernando, quatrocentos e a dona Lina, quatrocentos!

LINA – Eu não vou dar quatrocentos pra ninguém! Eu não ia dar duzentos, quanto mais quatrocentos...

ROMEIRO – Por que não?

LUIZ FERNANDO – Cala a boca, Romeiro! Você é um merda! Não admito que você discuta o meu dinheiro com essa puta!

LINA – Puta, eu?

ANGELA – Não, eu!

LINA – Roberto, pelo amor de Deus, acorda!

(*Roberto sai dançando com Lina.*)

LUIZ FERNANDO – A senhora é um pé no saco, minha senhora!

HENRIQUE – Não fala assim com a minha mãe!

ROMEIRO – Não fala assim com o doutor Luiz Fernando!

ANGELA – Não fale assim com o Henrique!

HENRIQUE – Eu não preciso que você me defenda!

LUIZ FERNANDO – Eu quero o meu dinheiro! Eu só quero o meu dinheiro!

ROBERTO – O que é que está acontecendo aqui? Olha, parem com esse barulho. Olha aqui... (*Num berro ancestral.*) CALA A BOCA! CHEGA! (*Todos param.*) Acabou a brincadeira! Lina, meu bem, dá esse maldito dinheiro pra ele!

LINA – Roberto, é a única maneira da gente escapar...

ROBERTO – Não, Lina, não é!

LINA – Eles não podem fazer o que fizeram com você, Roberto!

ROBERTO – Eles não fizeram nada comigo!

LUIZ FERNANDO – Olha, eu quero deixar claro...

ROBERTO – O senhor cala a boca! Agora estou falando com a minha mulher!

LUIZ FERNANDO – É a segunda vez que o senhor me manda...

ROBERTO — Cala a boca! O senhor cala a boca! Deixe, Lina. Você é a melhor mulher do mundo, isso basta pra mim! Isso que você fez... Eu não vou esquecer! Mas, meu bem, nós não precisamos deles. Pra nada. Vivemos até aqui, vamos continuar vivendo.

LINA — Eles roubaram esse dinheiro!

ROBERTO — Mais uma razão para a gente não ficar com ele. Esse dinheiro é amaldiçoado, Lina, vai nos fazer mal.

LUIZ FERNANDO — Ele tem razão, dona Lina, dinheiro não traz felicidade, pode devolver...

LINA (*como que pedindo a opinião do filho*) – Henrique...

HENRIQUE — Devolve, mãe, o pai tem razão. A gente é feliz sem esse dinheiro. Quem sabe, com ele, a gente fique infeliz?

LINA — Está bem. Liga para o Banco, Henrique, diga que eu quero falar com o César gerente.

(*Henrique disca.*)

LUIZ FERNANDO – Agora a senhora está mostrando que tem bom senso...

ROBERTO – Doutor Luiz Fernando. Eu lamento.

LUIZ FERNANDO — O que é isso, Roberto, esqueça, agora tá tudo bem...

ROBERTO — Eu lamento ter conhecido o senhor como o senhor é. Eu sempre admirei o senhor durante toda a minha vida. O senhor sempre foi meu modelo, meu exemplo pra tudo, doutor Luiz Fernando! Quantas vezes eu contei trechos da vida do senhor para mostrar aos meus próprios filhos que é possível se chegar lá quando se tem caráter e força de vontade! Que decepção, meu Deus, que decepção...

HENRIQUE (*atende o telefone*) – É o César? Minha mãe quer falar com você.

LINA – Dá aqui.

HENRIQUE – Não, espera. Como não tem fundos?

LUIZ FERNANDO – Puta que o pariu!

HENRIQUE – Como é que o senhor sabe? (*Fala aos demais.*) O César ligou para a agência Itaú de um tal de Carlão. Uma pessoa chamada Zilon ou Zinon esteve lá há meia hora e retirou todo o dinheiro. Sacou 16 milhões. O cheque vai voltar porque não tem fundos...

LUIZ FERNANDO – Me deixa falar com ele. (*Ele dá o telefone.*) César, é o Luiz Fernando, do Federal. O que é que está havendo, César? Puta que o pariu! Puta que o pariu! É, deve ter sido o Zenon. É o irmão do Carlão. O Carlão morreu?

ROMEIRO – Puta que o pariu!

LUIZ FERNANDO – Cala a boca, cala a boca! Você tem certeza de que o Carlão morreu? Quanto ficou de saldo? Quer dizer que o cheque micou? Não, César, não precisa. Tem fax aqui, mas não precisa mandar o extrato. Rasga e esquece. Obrigado. (*Desliga.*) La comédia é finita! O Carlão morreu e o Zenon deixou 50 centavos de saldo. E ainda tem filho da puta que acha que a vida de banqueiro é o paraíso. (*Roberto começa a rir e é seguido por Lina, Henrique, Angela, Romeiro e Luiz Fernando, que acabam todos numa gargalhada incontrolável.*) Apesar dos pesares, ainda quero comer a minha lagosta com o Calmon.

ANGELA – Doutor Luiz Fernando...

LUIZ FERNANDO (*cortando*) – Você está dispensada do almoço. Aproveite para passar no departamento pessoal e acertar suas contas. Você, Roberto...

ROBERTO – Eu também passo no departamento pessoal.

LUIZ FERNANDO – Não é nada disso, de jeito nenhum!

ROBERTO – Eu passo, eu quero resolver logo...

LUIZ FERNANDO – Não é nada disso! É que eu não posso abrir mão de gente como você!

ROBERTO – Doutor Luiz Fernando, eu não estou entendendo...

LUIZ FERNANDO – Não posso abrir mão de gente como você! De caráter! Que não se corrompe, não bajula!

ROBERTO – Doutor Luiz Fernando, eu não sei como lhe dizer... O senhor me perdoe, mas eu tenho que confessar. Eu perdi o respeito pelo senhor.

LUIZ FERNANDO – Ótimo! Um gerente que me conhece e mesmo assim me respeita é um perigo para o Banco. Segunda-feira passe na presidência que eu vou designar você para um cargo de maior responsabilidade.

ANGELA – Eu quero que o senhor saiba que isso não vai ficar assim. A imprensa adora entrevistar ex-secretárias...

LUIZ FERNANDO (*a Romeiro*) – Romeiro, depois você liga para o Miguel Reale. Diga que tem uma piranha me fazendo chantagem. Vambora! (*Sai.*)

ROMEIRO – Um minuto, doutor Luiz Fernando... (*Vai até Lina.*) A senhora poderia devolver a minha caneta? (*Sai.*)

ANGELA – Henrique...

HENRIQUE – Eu não quero falar com você, Angela.

ANGELA – Você tem que compreender...

HENRIQUE – Eu compreendi. Eu só não quero falar...

ANGELA – Bom, eu vou indo... Posso ligar pra você?

HENRIQUE – Por enquanto não. Deixa que eu te ligo.

ANGELA – Quando?

HENRIQUE – Não sei. Quando me der vontade...

ANGELA – Eu gosto de você. Me desculpe. (*Sai.*)

LINA – E a Bia? O mundo já acabou duzentos e você aí? Ganhamos e perdemos 10 milhões e essa menina continua dormindo?

HENRIQUE – Quem disse pra senhora que nós perdemos os 10 milhões?

LINA – Ué, não perdemos?

ROBERTO – O que que vocês estão aprontando?

HENRIQUE – Claro que não! (*Vai ao telefone e disca.*) Capilé, você está aí? Eles caíram direitinho, cara! (*Para Lina.*) Eu quero que a senhora fale um pouco com o César do Banco do Brasil. Alô, Capilé? Fala um pouco com a minha mãe. De César, ok? (*Oferece o fone.*) Fala, mãe.

LINA (*pega o telefone*) – Alô, é Lina!

CAPILÉ (*fazendo voz diferente*) – "Aqui é o César, dona Lina. O Zenon esteve na agência Itaú e retirou 16 milhões da conta do Carlão..." É o Capilé, dona Lina! Agora que a senhora está rica, um dia desses eu vou tomar uma champanhe aí por conta da senhora... Um beijo pro pessoal.

LINA – ... Capilé!

(*Eles se abraçam, começam a rir, a dançar e entra a gravação do Banco.*)

CAPILÉ – Seu saldo disponível é de nove milhões novecentos e setenta mil...

HENRIQUE – Tá tudo na conta da mãe, pai!

ROBERTO – Você vai devolver esse dinheiro, não vai?

CAPILÉ – Novecentos e noventa e sete reais e quarenta centavos, incluindo o limite do seu cheque especial de zero.

(*Entra música final e eles começam a dançar.*)

# ÀS FAVAS COM OS ESCRÚPULOS

LUCILA

DOS ANJOS

REPÓRTER

LUCAS

BRENDA

BERNARDO

MATEUS

LUCILA, esposa do senador BERNARDO. Casada há 53 anos, ex-professora, de uma família de fazendeiros de café casou-se muito cedo por paixão e profunda admiração pelas qualidades morais do noivo. Embora não se fale da sua disciplina durante a peça, levando-se em conta suas observações sobre história e política, lecionou História e Sociologia na USP. É uma mulher de grandes qualidades morais, fiel, íntegra, solidária e apaixonada pela família. O marido tornou-se senador e vive grande parte do tempo em Brasília, ocupando-se dos interesses do Estado. Seus filhos cresceram, constituíram família e se foram, cada um para sua vida. Não fosse a solidão a que essas circunstâncias a condenaram, seria uma mulher totalmente feliz.

BERNARDO, senador da República e marido de LUCILA há 53 anos. Advogado brilhante, foi alçado ao Congresso por sua participação na associação de classe (Ordem dos Advogados) e por suas posições em defesa da ecologia, que culminaram com sua intransigente luta pela proibição dos transgênicos no país. Casou-se, também por amor, com LUCILA, moça prendada e de família conhecida. Uma união abençoada por todos e que gerou filhos e netos maravilhosos. Tinha tudo para dar certo até o fim.

DOS ANJOS, Mineira, caipira, que nasceu e cresceu em fazendas ligadas à família de LUCILA, a quem acompanhou como empregada depois que esta se casou com BERNARDO. Estão juntas há mais de 53 anos, surgindo entre ambas uma enorme e fraternal amizade. Já não conseguem se separar.

BRENDA, secretária de BERNARDO, 25 anos, linda. Fez curso de secretariado, mas avança na carreira através do fascínio que sabe exercer sobre os homens. É ambiciosa e pretende subir. Mas tem a fragilidade de quem não ocupa espaço por seu próprio valor e talento.

MATEUS, moço de 17, 18 anos, *hacker* de grande talento, apaixonado pela avó, cuja solidão compreende e tenta preencher com suas picantes sugestões de namoro virtual. Precoce também nos sentimentos, é capaz de grande fidelidade e afeto.

# O Cenário

O cenário tem apenas um ambiente fixo, que é a Sala da Casa de Bernardo e Lucila. Os demais cenários são apenas fragmentos, elementos de cenografia, que sugerem os ambientes focalizados: Saleta do Computador de Mateus, Gabinete do senador em Brasília, Sala do Computador do Escritório de Brenda, American Bar de Brasília, Café em Paris. A Sala da Casa de Bernardo, cenário fixo, pode conter elementos realistas que deem a impressão de que estamos numa sólida casa do início do século, que ainda resiste com bravura à especulação, uma das primeiras construídas nos Jardins, logo depois do congestionamento dos palacetes da Avenida Paulista. Ela pode ter elementos de fazendas coloniais, como a própria Lucila sugere: arcaz, oratório, móveis pesados de madeira de lei, relógio de carrilhão que toque sonoramente. Ou não, depende de um talentoso cenógrafo.

Há uma projeção simples de uma entrevista no começo e que se repete no meio da peça. Nada complicado. Projeta-se a imagem sobre qualquer coisa, ainda que em superfície irregular, sem o compromisso de perfeição. Queremos apenas dar a ideia de que as reuniões familiares eram falsamente alegres e a solidão de Lucila uma realidade quase permanente. Nos demais fragmentos de cenário elementos cenográficos que entram e saiam com delicadeza e sem ruído, somados aos efeitos de projeções que mostrem ambientes mais sofisticados, como é o caso dos bares em Brasília e o café de Paris. O importante é que as mudanças se deem num tempo cinematográfico, de corte ou *fades*, dependendo da situação. Nada lento e pesado. A ação é contínua e a ideia é a de um filme que não se interrompe. As únicas pausas são as pausas internas das cenas. Jamais o ritmo deve ser quebrado para dar a ideia de passagem de tempo. As mudanças devem ser tecnicamente perfeitas e de duração constante. Preferível uma roupa única, básica, a se sacrificar o ritmo com alguma troca.

# Personagens

LUCILA

DOS ANJOS

REPÓRTER

LUCAS

BRENDA

BERNARDO

MATEUS

(*Sala da casa de Bernardo e Lucila – dia*)

(*Dos Anjos arruma a mesa para o almoço de aniversário de casamento de Lucila e Bernardo, sempre orientada por Lucila, que se ocupa da organização geral. Agora alinha algumas fotos de Bernardo no Senado, discursando ao lado de figuras exponenciais da política, inclusive do presidente da República. Lucila revela um evidente carinho pelos objetos do marido. Apaixonada, admira uma dessas fotos.*)

LUCILA – Bernardo não está lindo nesta foto, Dos Anjos?

DOS ANJOS (*sem conferir*) – Uuuuu se tá lindo...

LUCILA – Você encontrou o *tape* da entrevista?

DOS ANJOS – Ainda não...

LUCILA – Estava em cima da televisão, mas você esconde tudo... Eu quero mostrar pra eles depois do almoço.

DOS ANJOS – Fique fria que eu acho...

LUCILA – Eles ainda não se viram nessa entrevista. Quando foi ao ar, você se lembra?

DOS ANJOS – Num foi poco antes da eleição do senador?

LUCILA – É, acho que há uns três meses... Meu Deus, e o capeletti da Bianca?

DOS ANJOS – Tá tudo pronto, dona Lucila! É só por o macarrão pra ferver, em 10 minutos tá todo mundo comendo!...

LUCILA – E o molho a bolonhesa, Dos Anjos?

Dos Anjos — Fiz ontem! Esquento num minuto!

Lucila — E a pamonha do Mateus?

Dos Anjos — A pamonha do Mateus, a queijadinha da Giovana, o curau da Bianca, o pernil do Pedro, tá tudo pronto, santo Deus! Até a sopa de mandioquinha do Lucas!

Lucila — A cerveja... A caipirinha da Larissa... Será que não estamos esquecendo de nada, Dos Anjos?

Dos Anjos — Antes que a senhora pergunte: sim, já tirei o vinho do senador da geladeira...

Lucila — O senador não vem, Dos Anjos, você tá sabendo...

Dos Anjos — Como não vem? Não é o jantar de aniversário de casamento de vocês?

Lucila — Eu não lhe disse que ele tinha um pronunciamento no Senado e depois uma audiência com o presidente? O presidente convocou Bernardo pra uma reunião!

Dos Anjos — Logo hoje? Deus que me perdoe, mas esse presidente fica cinco anos viajando, e justo no dia do almoço de aniversário de casamento do senador ele faz reunião?

Lucila (*vai até um vaso de flores*) — Mas olha as flores lindas que ele mandou, Dos Anjos! Ele está preso em Brasília, mas vem Bianca e Mário, Larissa e Pedro Lucas e Angelina, Mateus, Giovana, Tiago, Vinícius, a Ana, a Beatriz! Não chega?

Dos Anjos — Os filho e os neto vêm, e o principal da festa não vem?

Lucila — É aniversário de casamento, Dos Anjos, ele pode faltar! Só em enterro é que o morto não pode faltar!...

Dos Anjos (*persignando-se*) — A senhora fala cada uma...

(*Dos Anjos tira um cinzeiro da mesa e o coloca sobre uma cristaleira. Lucila vê.*)

LUCILA – Cuidado, Dos Anjos! Esse cinzeiro de cristal eu dei ao Bernardo quando ele ainda fumava! Quanto? Quarenta anos?

DOS ANJOS – A senhora fala como se eu vivesse quebrando louça aqui em casa, dona Lucila...

LUCILA – É que é de estimação, Dos Anjos!...

DOS ANJOS – As coisas do seu marido não são de estimação. São de adoração...

(*Dos Anjos procura o* tape *numa estante de livros.*)

LUCILA – Adoro meu marido, sim, e daí?

DOS ANJOS – Não tô pondo defeito!... Acho até bonito uma pessoa apaixonada depois de sessenta ano de casada...

LUCILA – Cinquenta e três! Estamos completando hoje 53 anos de casados! E continuo apaixonada sim, graças a Deus!

DOS ANJOS (*acha o* tape) – Achei! (*Mostra o teipe*) Olha aqui a tal entrevista... Eu perdi, maledicente?...

LUCILA – Você é um anjo! Vamos ver? (*Ela vai a um aparelho de DVD e o aciona.*) Os meninos vão adorar!...

(*Vê-se a imagem projetada sobre um telão ou ciclorama. É uma entrevista para a TV. Lucila e o senador Bernardo, ao centro, com os três filhos, Bianca, Lucas e Larissa, e os seis netos entre os quais Mateus. O ambiente é descontraído, aparentemente alegre e feliz.*)

REPÓRTER – Como todos sabem, o senador Bernardo de Almeida acaba de ser reeleito com expressiva votação. Ele é um dos mais íntegros senadores do nosso Congresso. Ficou famoso pelo seu intransigente combate à corrupção e – todos se lembram, claro – pela sua atuação como relator da CPI dos transgênicos. O senador condenava a introdução das sementes geneticamente modificadas em nossa agricultura. Mas, hoje, apenas amenidades. Senador Bernardo, e a sua vida em família?

BERNARDO — Bem... Nós somos uma família muito unida... Uma tribo, como eu costumo dizer, uma tribo muito feliz, não é, Lucila?

LUCILA — Muito! Muito mesmo...

REPÓRTER — E a senhora está sempre com o senador, como a dona Marisa e o Lula, por exemplo?

LUCILA — Não, imagine!... Depois que me aposentei da faculdade bem que eu queria assessorar o Bernardo em Brasília... Mas Bernardo é um troglodita! Não permitiu que eu fizesse mais nada! Nem cheque eu assino!

REPÓRTER — Mas, senador, o senhor não está sendo muito mão fechada com dona Lucila?

LUCILA — Ao contrário! Sou muito mimada pelo meu marido, graças a Deus!

REPÓRTER — Apesar do trabalho do senador em Brasília vocês se reúnem muito, dona Lucila?

LUCILA — Ah, sim! Estamos sempre juntos... Meus filhos não saem lá de casa... Os netos também. Cada vez que o senador chega é uma festa! Uma correria, a casa cheia, barulhenta, alegre... Dos Anjos, nossa empregada, é que sofre com a algazarra...

(*Lucila tira o teipe.*)

DOS ANJOS — Ah, deixa, dona Lucila! Essa entrevista é tão bonita!

LUCILA — Hipocrisia, Dos Anjos, só mentiras!

DOS ANJOS — Mentira? Mentira de quem?

LUCILA — De todo mundo!

DOS ANJOS — Do senador Bernardo?

LUCILA — Não, do Bernardo não, Dos Anjos. Bernardo, graças a Deus, nunca mentiu pra mim...

DOS ANJOS — Então de quem, ué?

LUCILA — De mim mesma... Cadê os filhos que não saem daqui? Cadê os netos correndo pela casa? Cadê a algazarra, Dos Anjos?

DOS ANJOS — Os filho e os neto que a senhora tem! A senhora devia levantá as mãos pro Céu!

LUCILA — Sim, mas cadê eles? Quanto tempo faz que ninguém aparece?

DOS ANJOS — Ué, o Mateus não é neto da senhora?

LUCILA — É o único da família que passa por aqui de vez em quando... Isso quando não está tentando invadir o FBI naquele computador... E os outros? E o Victor, o Vinícius, a Ana, a Beatriz, a Giovana? E agora nem o Mateus a Bianca está deixando ficar comigo...

DOS ANJOS — Claro! Quando ele vem a senhora não qué dexá ele ir embora...

LUCILA — Será que elá vai deixar o Mateus ficar aqui este fim de semana, Dos Anjos?

DOS ANJOS — Não fique vivendo o futuro. Se na hora ela quiser deixar, ela deixa, se ela não quiser deixar, ela não deixa.

LUCILA — Larissa e Lucas são meio desgarrados, mas Bianca, principalmente, poderia vir mais vezes. Sinto tanta saudade dos meus filhos, dos meus netos...

DOS ANJOS — Maomé não vem à montanha...

LUCILA — E eu não vou? Eles nunca estão. Quando estão, estão ocupados, com visitas, com novelas, com o *Big Brother*, caraoquê, ninguém conversa...

289

Dos Anjos — Mas pare de reclamá, mulher! Hoje não vem todo mundo? Então!

(*Toca a campainha do portão.*)

Lucila — São eles! Abra o portão pra mim, Dos Anjos! Eu vou passar uma escova no cabelo.

(*Sai. Dos Anjos vai até a janela.*)

Dos Anjos (*da janela, gritando*) — Entra, Lucas, o portãozinho está só encostado!

Lucas (*voz off*) — Não vou entrar, Dos Anjos, tenho uma reunião, estou superatrasado! Pega aqui pra mim, querida!

Dos Anjos (*saindo, falando sozinha*) — Como superatrasado?...

(*Entra Lucila ainda se arrumando, olha-se num espelho qualquer e dá um último retoque na maquiagem, radiante. Ajeita um lenço vermelho. Ruído de carro se afastando, entra Dos Anjos com um pacote.*)

Lucila — Quem chegou?

Dos Anjos — Foi o Lucas... (*Entrega-lhe um pacote.*)

Lucila — Mas cadê ele? Ele veio sozinho?

Dos Anjos — Ele não vem. Tem uma reunião no escritório...

Lucila — Reunião?... Mas e por que a Débora não veio com a Aninha, a Beatriz?

Dos Anjos — Diz que tiveram que visitar o pai da dona Débora... Diz que o home tá meio adoentado...

Lucila (*decepção*) — Quer dizer que do Lucas não vem ninguém?... Que horas são? (*Olha no relógio.*) Que coisa... Bom, mas se o pai da Débora está doente... (*Examinando o pacote.*) Agora, do presente da mãe ele não esquece!... (*Mostrando o lenço vermelho que está usando.*) Lembra, Dos Anjos, que no Natal ele me deu este lenço? (*Desembrulha cuidadosamente o pacote: um lenço vermelho, absolutamente igual.* Lucila e Dos Anjos *se olham num denso desalento.* Lucila *vai ao telefone e disca.*) Eu vou ligar pra Larissa. (*Atendeu.*) Milagre! Alô, Larissa? Minha filha, você não está um pouco atrasada, não? O almoço! De aniversário de casamento, minha filha! Meu casamento com seu pai! Mas como você foi esquecer? (*Dos Anjos se mortifica, solidária.*) Mas se o Pedro está preso na faculdade vem você, traz o Victor, o Vinícius! Está bem, Larissa, deixa... Deixa, querida, não se preocupe. Não, não tem importância... Venha sim. Um beijo... (*Desliga arrasada.*) Ela esqueceu... Meu Deus! Será que só vem a Bianca com as crianças?

DOS ANJOS — E o Mário, dona Lucila! Bianca garantiu que vinha com Mateus, Giovana e o marido.

LUCILA — Aliás, Mário é o único que não pode inventar desculpas: está desempregado!... (*Toca o telefone.*) Deixa que eu atendo, Dos Anjos! (*Atende.*) Alô! Não, é Lucila. Bianca, minha filha, onde é que você está? O que é que você está fazendo no aeroporto? O que é que você vai fazer em Brasília, minha filha? Mas justo hoje, no dia do aniversário de casamento? Do meu casamento! Com seu pai, ora! O quê? Não leve esse problema ao seu pai, Bianca! Eu sei que o Mário está desempregado, mas seu pai odeia privilégios, minha filha! Bianca! Alô, Bianca!... (*Desliga. Pausa sofrida. Disca novamente.*) Dos Anjos de Deus!... O que é que vamos fazer com toda comida que preparamos!...

DOS ANJOS — Não se preocupe que o que mais tem neste país é gente com fome...

LUCILA — Estamos juntas há mais de cinquenta anos e nunca soube que você fosse do PT, Dos Anjos... (*Desliga e tenta outro número.*) Se Bernardo sabe do papelão dos filhos,

291

tenho certeza de que ele cancela a audiência com o presidente e vem almoçar comigo. Ou pelo menos jantar!

(*Sobe luz.*)

(*Detalhe de gabinete do Senado – dia*)

(*Toca o telefone, Brenda, 25 anos, linda, sensual, se levanta de um sofá arrumando a blusa e a saia. A mão de um homem atrás do espaldar do sofá tenta segurá-la.*)

BRENDA – Não, me deixa! Não iam te chamar da presidência? Pode ser ele! (*Atendendo o telefone.*)

BRENDA – Alô, gabinete...

LUCILA – Eu queria falar com o senador Bernardo...

(*Bernardo se levanta ainda se recompondo, arrumando o cinto e acarinhando Brenda, que procura se desvencilhar.*)

BRENDA – Quem queria falar, por favor?

LUCILA – É Lucila, a mulher dele.

BRENDA (*olhando significativamente para Bernardo*) – Ah, dona Lucila?... (*Bernardo faz sinais enfáticos de que não.*) O senador não está no gabinete, dona Lucila!... Ele esteve fazendo um pronunciamento no plenário. (*Fazendo charme para Bernardo.*) Aliás, um pronunciamento maravilhoso, mas não voltou pro gabinete...

LUCILA – Ah, foi bom o pronunciamento dele, é?

BRENDA – Foi ótimo, dona Lucila...

LUCILA – Modéstia à parte, Bernardo tem de fato muito talento político... A senhora é o que do senador?

BRENDA – Sou a secretária dele, dona Lucila. Meu nome é Brenda... (*Bernardo faz sinal pra ela cortar o papo, mas*

*Brenda não obedece.*) A senhora recebeu as flores que o senador lhe mandou?

LUCILA — Sim, recebi...

BRENDA — Eu quero aproveitar para "estar lhe cumprimentando" pelo aniversário de casamento...

(*Bernardo fica uma fera, mas ela o doma com charme.*)

LUCILA — Obrigada... Eu tentei o celular, mas não atendeu. Sabe se ele voltaria pra São Paulo ainda hoje? Se daria tempo para ele chegar para o jantar?

BRENDA — A viagem do senador hoje "irá estar dependendo" de uma audiência importante com o presidente. (*Bernardo, todo babado, lhe dá um beijo.*) Eu vou me informar e "vou estar repassando" essas informações pra senhora, dona Lucila...

(*Bernardo lhe dá outro beijo.*)

LUCILA — Não, não é necessário. Diga apenas que eu liguei. Obrigada.

(*Ambas desligam.*)

BRENDA (*sacana*) — Ela disse que você tem muito talento pra política... (*Se beijam.*)

(*Sai luz do Gabinete.*)

LUCILA (*desliga*) — Bernardo deve estar com uma secretária nova... Brenda... "Irá estar dependendo", "vou estar repassando"... Ela adora gerúndio!

DOS ANJOS — Adora o quê?

LUCILA — É a nova bobagem que eles inventaram... Brenda é um bom nome pra secretária, Dos Anjos?

DOS ANJOS — Iiiiiiiiiiii. Implicô!

(*Música – Passagem de tempo.*)

(*Lucila prepara a mesa para um jantar a dois, com muito requinte.* Sousplats *de prata, pratos ingleses, talheres de prata, copos de cristal para vinho e água, porta-guardanapos, dois castiçais, duas velas... Ele é muito gentil com Lucila, que tenta acender a vela.*)

BERNARDO — Deixa, meu amor, eu acendo pra você...

LUCILA — Obrigada, querido... Dos Anjos preparou aquela ostra que você gosta...

BERNARDO (*acendendo as velas*) – Você mima demais o seu maridinho...

LUCILA (*servindo os pratos*) – E você não merece, seu bobo? E Brasília, meu amor, agora que você foi apontado como um dos parlamentares mais íntegros e honestos da República?

BERNARDO — Aquela rotina: do apartamento para o plenário, do plenário para o apartamento... Lucila, deixando de lado o íntegro, você me considera mesmo um político de talento?

LUCILA (*estranhando a pergunta*) – Nossa! A que vem essa insegurança agora, meu amor?...

BERNARDO — Você não disse a minha secretária que me achava talentoso? (*Servindo vinho para os dois.*)

LUCILA — Ah, sim, eu liguei pra comentar com você aquela história da Bianca e do Mário e ela me disse que você tinha feito um pronunciamento maravilhoso... Bárbara, o nome dela?

BERNARDO — Brenda... E na sua opinião eu tenho de fato talento pra política, Lucila?

LUCILA — Meu querido, você está cansado de saber que eu te considero mil vezes mais honesto e talentoso do que todos os nossos políticos!

BERNARDO – Do que o presidente, inclusive?

LUCILA – Do presidente, inclusivíssimo!

BERNARDO – Para com isso, Lucila!

LUCILA – Mais talentoso, mais competente, íntegro, mais inteligente, mais gostoso, mais tudo!

BERNARDO (*vai a ela e a abraça todo dengoso*) – A semana que vem, ninguém vai me suportar em Brasília... (*Toca o telefone. Ele atende, imitando como se fosse outra pessoa.*) Alô!

(*Salinha do computador de Mateus – dia*)

MATEUS (*eufórico*) – Vovô! É o Mateus!

BERNARDO (*disfarçando a voz*) – É Arberto que tá falano, o guarda-noturno aqui da casa... Vosso avô tá em Brasília...

MATEUS – Deixa de conversa, vovô, é o Mateus! Pra mim você não precisa disfarçar a voz.

BERNARDO – Tudo bem com você, Mateus?

MATEUS – Parabéns pelos "dez mais íntegros da República", vovô!...

BERNARDO – Obrigado, Mateus! Aproveite o exemplo e desista dessa loucura de invadir o FBI!

MATEUS – Sabe a Al-Jazeera, vovô?

BERNARDO – Sei, a televisão árabe, do Golfo Pérsico...

MATEUS – Eu e o Linux montamos um *tape* e dublamos o Bush pedindo desculpas pela invasão do Iraque. Chegamos a botar oito segundos no ar! Computou o grilo?

BERNARDO – Você vai acabar em cana, menino! E não conte comigo!

MATEUS – Nós estamos tentando promover a paz mundial, vovô! Agora estamos na metade de um *clip* do Bin Laden pedindo perdão ao Bush! E o *notebook* que você me prometeu?

BERNARDO – Natal! Ainda não é Natal, é Natal?

MATEUS – Posso falar com a vovó?

BERNARDO – Fala com ela! (*Passa o telefone.*) É o teu queridinho. Pede pra ele desistir dessa pirataria toda, Lucila! Eu vou pegar um vinho na adega... (*Sai.*)

LUCILA – Mateus? Por que você não veio no meu almoço de aniversário, meu filho?

MATEUS – Você só falou com a mamãe! Só fiquei sabendo depois da mancada. Fala baixo pra não dar bandeira pro vovô. To te mandando um site superincrementado sobre "namoro na web".

LUCILA (*baixando a voz*) – Mateus, seu demônio! Aquele outro que você me mandou era pura pornografia! Você está querendo corromper a sua avó?

MATEUS – Esse é só de namoro, vovó, nenhuma sacanagem, juro! É de uns garotos que só se amarram em gatas acima dos 60, registrou as possibilidades?

LUCILA – Eu não quero conhecer esses anormais!

MATEUS – É de arrepiar, uma meninada super a fins! Só garotões, vovó, 90% europeus!

LUCILA – Eu sou casada, Mateus, amo o teu avô, não estou "a fins" de nenhum garotão europeu!

MATEUS – É verdade que nós vamos morar aí, vovó?

LUCILA – Morar aqui? Não estou sabendo de nada, querido! Que história é essa?

MATEUS — Não sei. Minha mãe é que estava comentando outro dia. Diz que já falou com o vovô! Já pensou? Chupar jabuticaba no pé todo dia? (*Alguém bate na porta de Mateus.*) Minha mãe! Depois eu te ligo! E confere o site dos garotões, ok? *Ciao*! (*Desliga. Sai da Salinha do Computador.*)

LUCILA — *Ciao*! (*Desliga apaixonada pelo neto.*) Esse menino é o demônio em pessoa...

BERNARDO — Você disse que ligou pro gabinete pra falar da Bianca?

LUCILA — Ah, pois é, Bernardo! Não gostei de ela dispor de você daquela maneira, meu amor...

BERNARDO — De que maneira?

LUCILA — Aquele dia que ela foi a Brasília... Usar você pra arranjar emprego para o Mário! Não achei correto.

BERNARDO — Eu dei um toque no ministro Tourinho sem o menor compromisso... Tudo bem, Lucila, ninguém se machucou, deixa pra lá...

LUCILA — Mas o Mário é veterinário! O que é que ele vai fazer no Ministério das Minas e Energia?

BERNARDO — Depois ele faz um concurso, pronto! Ninguém fica devendo nada a ninguém!

LUCILA — Mas eu sei que você fica sofrendo com essas coisas, não te conheço? Esses escândalos que se multiplicam sem parar, roubos, estelionatos, essa falta de vergonha e ela pedindo emprego pro marido? Justo a você que sempre odiou qualquer tipo de privilégio? Será que ela não conhece o próprio pai?

BERNARDO — O Mário estava desempregado há mais de seis meses, Lucila...

(*Convida Lucila a brindar com o vinho.*)

LUCILA – Que história é essa de eles virem morar aqui em casa? (*Bernardo não se lembra.*) Mateus acabou de me dizer ao telefone que Bianca falou com você...

BERNARDO – Ah, pois é... A Bianca, nesse dia em Brasília, contou que teve uma longa conversa com Larissa e Lucas...

LUCILA (*fingindo que tenta lembrar*) – Larissa e Lucas... Larissa e Lucas... Quem são mesmo Larissa e Lucas?...

BERNARDO (*se assusta com o sintoma da mulher*) – Você não está se lembrando da Larissa, do Lucas?... Meu Deus! Quando é que isso começou, Lucila?

LUCILA – Isso o quê, Bernardo?

BERNARDO – Isso, de você esquecer os seus filhos?

LUCILA – Eu não esqueci, eu só fiz uma piada...

BERNARDO – Piada? Que piada?

LUCILA – Faz tanto tempo que Larissa e Lucas não vêm me visitar que eu fingi não me lembrar deles, entendeu?... (*Bernardo estupefato. Lucila explica melhor.*) Como eles nunca aparecem, eu teria esquecido... Apagado da minha memória...

BERNARDO – Que susto, Lucila! Pensei que você tivesse... (*Aí ri.*) Olha como você é maluca?... Isso é piada que se faça? Bom, mas voltando à Bianca... (*Lembra da piada e volta a rir.*) ... só você mesmo... Bem, eles chegaram à conclusão de que esta casa é muito grande pra você e pra mim. Principalmente agora que eu tenho ficado muito em Brasília.

LUCILA – Bom, na verdade eu estava até comentando com a Dos Anjos...

BERNARDO (*cortando*) – São cinco quartos... Um quintal enorme, jardim...

LUCILA – Eu adoro a casa, Bernardo...

BERNARDO (*cortando*) – Qual é a ideia deles? Larissa e Bianca mudariam pra cá com os maridos e as crianças, as crianças adoram as jabuticabeiras...

LUCILA (*de repente feliz com a ideia*) – Meu Deus, mas isso é muito bom, meu amor!...

BERNARDO (*cortando*) – Bianca e Mário no quarto de cima, Larissa e Pedro no quarto da sacada e as crianças nos outros quartos!

LUCILA (*maravilhada*) – É uma ideia maravilhosa! Adorei, Bernardo! Por que eles não pensaram nisso antes?

BERNARDO – Então! Eles se mudam pra cá e nós vamos morar num flat...

LUCILA (*tremendo balde de água fria*) – Num flat? Eu e você vamos morar num flat?

BERNARDO – É a grande ideia deles! Arranjamos um flat com arrumadeira, restaurante, camareira pra arrumar a cama, café da manhã... Ela disse que o seu maior sonho sempre foi tomar café na cama!...

LUCILA (*chocada*) – Eu sempre tive pavor de que me servissem café na cama... Sua irmã Adelina é que vivia falando isso, eu não! Nunca! A minha ideia de inferno é café na cama! Já imaginou derramar um bule de café com leite nas cobertas, no colchão? Que sujeira horrorosa?

BERNARDO – Mas você adora fruta no café. Bianca disse que você ia amar a variedade de frutas que eles servem no flat...

LUCILA – Gosto de mamão, Bernardo, não de variedade, só de mamão...

BERNARDO – Ela diz que o que mais tem é mamão. O problema, segundo eles, é a segurança; não conseguem viver tranquilos pensando em você sozinha neste casarão com a Dos Anjos e eu em Brasília...

LUCILA — Mas a casa é enorme, Bernardo! Quando eles receberem as visitas deles eu não posso ficar no meu quarto lendo um livro, vendo televisão, com o som baixinho? Eu não vou incomodar...

BERNARDO — Foi o que eu disse! "Mas aí vira um cortição, papai! Eu e Mário, Larissa e Pedro, quatro crianças enlouquecidas e, além disso, a mamãe? Sentiu a favela?"

LUCILA — Não consigo entender por que não podemos continuar morando aqui com eles!

BERNARDO — Eles acham que não daria certo. Que, se alguém quebra aquele cinzeiro de cristal que você me deu quando eu fumava, você acaba estrangulando uma criança...

(*Dos Anjos entrando com uma bandeja com cálices e garrafas de licor e ouvindo.*)

DOS ANJOS — Dia desses ela quase me estrangulou por causa desse cinzeiro!...

LUCILA — E a Dos Anjos, Bernardo? O que eu faço com ela no flat? Armo um belichezinho pra ela na sala?

BERNARDO — Não, Dos Anjos não iria para o flat. Ela ficaria aqui com eles, entendeu?

LUCILA (*num ataque de riso*) — Ah, quer dizer que além da casa querem me roubar a Dos Anjos?

DOS ANJOS — Quem é que vai querê me roubá? Dado é caro!

LUCILA — Bianca quer se mudar pra cá com Larissa e as crianças, Dos Anjos!

DOS ANJOS — Mais olha! Não é o que a senhora mais queria na vida?

LUCILA — Eles querem a casa, Dos Anjos, mas Bernardo e eu não fazemos parte do pacote, não sei se você pegou...

DOS ANJOS (*acusando o golpe*) — Ah, sei. Então a senhora e eu... A gente vai separá? Eu num vou mais morá com a senhora?

LUCILA — Nascemos juntas e crescemos juntas na fazenda de vovô, Dos Anjos! Você é mais que uma irmã! Imagine se eu posso me separar de você? Prefiro me separar do Bernardo!

BERNARDO — Opa!!!

DOS ANJOS — Sim, que a senhora separa do senador... Licença...

(*Dos Anjos sai.*)

LUCILA — Eles querem que a gente saia pra eles ficarem com a nossa casa!... Ainda bem que não passamos a casa no nome deles! A esta hora eles estariam me internando num asilo!

BERNARDO — Não exagera, Lucila!

LUCILA — Outro dia você sugeriu que a gente fizesse um seguro de vida em nome deles... Deus me livre e guarde! No dia em que você assinar uma apólice de seguro para os seus filhos eles misturam cianureto no seu café...

BERNARDO — Que coisa mais paranoica, Lucila!

LUCILA — Mas olha no que se tornou esse mundo, meu amor? Você ainda estrebuchando no veneno e eles recebendo a grana do seguro?...

BERNARDO — Quer parar com esse delírio, minha querida?

LUCILA — Delírio? Queriam me tirar até a Dos Anjos!

BERNARDO — Você não vê que é pura criancice?

LUCILA — Esta é a nossa casa, Bernardo, moramos aqui há mais de cinquenta anos, desde que casamos, e agora eles resolvem nos botar num flat?

BERNARDO – Está bem, então ficamos aqui, sem problema...

LUCILA – Nunca fui de puxar angústia, Bernardo, mas sabe que...

(*Ela se comove. A coisa foi longe demais.*)

BERNARDO – Ora, Lucila, não leve a sério, que bobagem... Eles vivem inventando moda, você sabe como é...

LUCILA – Ultimamente tem me dado um...

(*Se arrepende de falar do vazio da sua vida.*)

BERNARDO – O que foi, Lucila?

LUCILA (*resolve falar*) – Eu estou pensando seriamente em voltar pra faculdade, Bernardo!...

BERNARDO – Voltar a dar aula? Mas você está aposentada há quanto tempo? Quinze anos?

LUCILA – Não dar aula! Estudar numa faculdade! Escolher um curso e começar tudo de novo.

BERNARDO – Que curso?

LUCILA – Medicina, Direito, computação, qualquer um...

BERNARDO – Por que isso agora, Lucila?

LUCILA – Sei lá, Bernardo, dar um *upgrade* na vida. Você fica muito em Brasília, eu fico muito sozinha... Então, de rep...

BERNARDO (*cortando*) – Como, sozinha? Você não tem os seus filhos, os seus netos?

LUCILA – Não, não tenho...

BERNARDO – Como, não tem?

LUCILA – Eles não estão comigo. Depois dessa história da casa, então... Parece que nem são mais meus filhos.

BERNARDO – Que absurdo é esse agora, meu amor?...

LUCILA – Eles se foram para suas vidas, Bernardo. Desmamaram e se foram, como gatos e saguis. Já não somos mais nada pra eles... É a natureza, vai fazer o quê?

BERNARDO – Não entendo, meu amor... Se você sabe que é a natureza, por que ficar choramingando?

LUCILA – Porque eu sempre os mimei, lambi e acarinhei o mais que pude e ainda assim eles se foram... Cada um para o seu projeto. (*Dengosa, ela apanha as mãos de Bernardo.*) Agora é pra valer, Bernardo... Agora eu só tenho você... Você e a Dos Anjos...

BERNARDO – Não vejo esse drama que você está fazendo, não vejo mesmo...

(*Ele lhe dá um beijinho sem entusiasmo.*)

LUCILA (*se anima e resolve abrir o jogo*) – E se eu fosse fazer esse meu curso em Brasília?

BERNARDO – Como assim, Lucila?

LUCILA – Deixamos a casa para a Bianca e a Larissa, já que elas tanto querem! Mas não vamos para flat nenhum! Eu mudo para Brasília com você! Levamos a Dos Anjos conosco!

BERNARDO – Mas Lucila, aquilo é um horror, ninguém mora em Brasília! E você ia ficar muito mais sozinha do que aqui! Daqui a quinze dias, por exemplo, vou ficar uma semana em Paris na Reunião da ONU. O que você ficaria fazendo em Brasília sozinha?

LUCILA – Por que você não me leva junto nessa reunião da ONU?

BERNARDO – E eu não gostaria?... Mas infelizmente não pode, tem que se respeitar o cerimonial, você sabe...

LUCILA – Está bem, não preciso ir a Paris, mas posso ficar com você em Brasília...

BERNARDO — As pessoas não ficam em Brasília! Como diz o ministro Assunção, Brasília é uma Atlantic City, Lucila! Os políticos descem do avião, correm para os caça-níqueis e à tarde tomam o avião de volta com os bolsos cheios de moedas!

LUCILA — Mas você não, você tem uma casa!

BERNARDO — Aquilo não é uma casa, meu amor, aquilo é uma pousada!

LUCILA — Porque não tem uma mulher cuidando! Não tem uma cozinheira como a Dos Anjos!

BERNARDO — Ninguém come em casa, Lucila. Há vários restaurantes no Congresso justamente porque não há tempo...

LUCILA — Eu como com você no Congresso, pronto!

BERNARDO — Não pode, Lucila. Só com permissão especial... Já imaginou se todo mundo levasse todo mundo pra almoçar no Congresso?

LUCILA — Espera lá, Bernardo! E a Marisa do Lula? Ao que eu saiba ela não tem nenhuma função no governo a não ser "ir junto"! Ela é a famosa "também vou"! Ela não desgruda um segundo! Vai pra Espanha, vai pra Inglaterra, vai pra Cochinchina! Nem ao banheiro ela deixa o marido ir sozinho! Ela pode tudo e eu não posso nem comer um cachorro-quente no Congresso?

BERNARDO — Lucila, minha querida! (*Pega-lhe as mãos e fala bem carinhosamente.*) Aquilo é uma guerra, meu amor. Nunca te disse isso, mas o momento mais feliz da minha vida é quando eu volto pra São Paulo, quando volto para as muralhas do meu castelo, quando volto pra você, Lucila. Quando eu chego sangrando, varado de flechas, lanhado de espinhos e te encontro à minha espera, pronta pra cauterizar minhas feridas...

LUCILA – Como você é canalha, Bernardo!...

BERNARDO – Espera um minuto:

(*Vai até o aparelho de som e coloca um CD pra rodar. Entra "Besame mucho" e saem dançando o bolero pela sala. A vida está maravilhosa.*)

(*American Bar de Brasília – noite*)

(*Música ambiente, Brenda está sentada ao balcão do bar, ao celular, tomando notas numa agenda. Linda, chique, decote bem sensual. A posição dos bancos facilita a exposição de pernas lindas, que ela não economiza em mostrar.*)

BRENDA (*no celular*) – Então eu já posso apanhá os passaportes com o chefe de Gabinete? Ótimo. Vamo "estar pousando" em Orli dia 22, às dezenove horas, senhor ministro. No Plaza Athenée. (*Coquetel.*) Claro que não! Só o senador Bernardo e os outros parlamentares... Eu vou "estar me hospedando" no Hotel Crillon, senhor ministro.... (*Entra o senador Bernardo e beija Brenda na boca.*) Ele está chegando, um minuto. (*Passa o celular, Bernardo lhe dá mais um beijo.*) O ministro...

BERNARDO – E aí, Celso? Não, de jeito nenhum, a Lucila não vai. (*Continua dando beijinhos em Brenda, que corresponde.*) É pouco tempo, é muito cansativo pra ela... E ela morre de medo de avião... Não esquece aquele Romanè do Duda... A gente se fala. (*Desliga.*) Quem disse que a senhora vai ficar no Crillon? Você vai ficar comigo no Plaza Athenée!

BRENDA – Claro, meu bem... Eu só estou hospedada no Crillon pró-forma... Pra imprensa...

BERNARDO – Brenda, como você está linda! Alguma festa que não me convidaram?

BRENDA (*rindo, simpática e sedutora*) – Não, senador... Só me preparei pra reunião com o senhor...

BERNARDO – Mais um "senhor" e você está na rua... (*Beija.*) O Celso te passou a pauta de Paris?

BRENDA (*lendo numa agenda*) – Bom, na quinta o presidente "irá estar fazendo" o seu pronunciamento às oito da manhã...

BERNARDO – Ouvir o Lula às oito da manhã em Paris? Meu Deus!...

BRENDA – ... depois, almoço no Palácio com o Jacques Chirac e a comitiva. Às dezesseis horas temos um chá com a chancelaria da China...

BERNARDO – Chá? Iiiiii... O Lula não vai gostar... E aí? (*Mais um beijo.*)

BRENDA – À noite um espetáculo na Comédie-Française. Facultativo.

BERNARDO – Nossa Senhora, como isso vai ser chato!... Damos um chapéu na Comédie?...

BRENDA – A secretária do senador só faz o que o senador ordena...

BERNARDO – Então o programa será o seguinte, anota aí... Saímos do chá com a chancelaria, vamos a minha suíte no Plaza Athenée, tomamos um belo banho, pedimos um maravilhoso jantar no apartamento, champanhe Dom Perignon, um belo Château Lafite Rotchild 72... Música... O que acha a jovem donzela?

BRENDA – Só se depois do jantar você me levar pra conhecer Paris...

BERNARDO – Eu vou te levar pra conhecer o mundo, meu amor... (*Beija.*)

BRENDA (*se afastando*) – Cuidado!...

BERNARDO – O que foi?

BRENDA – Você quer que saia no jornal pra dona Lucila ficar sabendo?

BERNARDO (*ele lhe entrega uma chave de carro*) – Pra você...

BRENDA – O que é isso?

BERNARDO – É a chave do teu carro.

BRENDA – Não é a minha chave! Esta chave é de um Audi...

BERNARDO – Então, é o teu Audi... O carro já está na tua garagem... tanque cheio...

BRENDA – Bernardo, meu amor, quer parar com esse tipo de brincadeira, que eu não gosto?

BERNARDO – Não é brincadeira... Os documentos do carro você recebe amanhã na sua casa: licenciamento, IPVA, seguro, tudinho! (*Tira um papel do bolso.*) Olha a chapa.

BRENDA (*Lendo*) – BRE – 1103?...

BERNARDO – BRE: Brenda. 1103, o teu aniversário, 11 de março!...

BRENDA (*abraçando e beijando*) – Meu amor, não faça isso!...

(*Sobe o "Besame mucho" e eles saem dançando apaixonadamente.*)

(*Casa de Bernardo e Lucila – dia*)

(*Lucila arruma coisas, repetindo a mesma cuidadosa rotina. Espana o pó dos livros, recoloca-os na estante, lustra a mesa. Limpa os porta-retratos, especialmente o do casamento. Empilha algumas revistas. Toca a campainha. Dos Anjos vem de dentro e corre à janela.*)

DOS ANJOS – Pois não?...

Voz Off – Encomenda! Brenda Lopes!

Dos Anjos – Não é aqui, moço! Aqui num tem ninguém com esse nome...

Voz Off – Senador Bernardo de Almeida... Não é daqui?

Dos Anjos – Tá certo, moço, é daqui mesmo... (*Saindo para apanhar a encomenda.*) Eu vou buscá, pera aí...

Lucila – O que é, Dos Anjos?

Dos Anjos (*off*) – Encomenda pro senador... (*Entra com um envelope.*) É pro senador, eu assinei o recibo do motoboy.

Lucila – Deixa ver? (*Apanha o envelope das mãos de Dos Anjos.*) Brenda Lopes? Brenda não é a secretária do Bernardo? Entregaram errado. Segura o motoboy!

Dos Anjos (*indo pra janela e gritando*) – Moço! (*Ruído de moto se afastando.*) Iiiii... Já era!....

Lucila – Bernardo leva... (*Deixa sobre um móvel e vai entrar. Para, pensa e volta a examinar.*) Brenda Lopes... Lembra da Brenda, Dos Anjos?

Dos Anjos – Num é aquela que a senhora implicô com nome dela?

Lucila – Só pode ser. Audi. Só pode ser alguma propaganda da Audi. Referência: Senador Bernardo de Almeida... O que que você acha, Dos Anjos?

Dos Anjos – Acho que a senhora é por demais xereta! Se o envelope é da moça largue de escarafunchá!

Lucila – Vamos abrir?

Dos Anjos – Claro que não! Falta de educação!

Lucila – Vou abrir. Se rasgar eu boto uma fita plástica em cima... (*Começa a abrir com dificuldade, até que ela abre o envelope. Dentro, um envelope menor.*) Brenda Lopes, Quadra 156 norte ap. 116. É o endereço dela em Brasília.... Mandaram errado. Abrimos este também, Dos Anjos?

Dos Anjos — Claro que não! Olha que pessoa desabusada?!

Lucila (*abre o segundo envelope*) – Bom, eu pensei que fosse pra mim e abri pronto! E se for uma conta pra pagar? (*Examina os documentos.*) Documentos de um Audi... 198 mil? E é da Brenda... Como é que uma secretária tem... cento e noventa e oito mil pra comprar um Audi? (*Encontra um pequeno envelope fechado.*) Tem mais um envelopinho... Abrimos este também, Dos Anjos?

Dos Anjos — Por mim... Bom, se a senhora já abriu dois que não podia, o que custa abri treis?...

Lucila — Então, lá vai Dos Anjos... (*Abre com cuidado, tira de dentro um cartão e lê em voz alta e pausada.*) "Brasília, 11 de março. A você Brenda querida, aí vai o meu presente de aniversário. Com todo o meu amor, teu Bernardo..."

(*A revelação é uma punhalada, Lucila sente o impacto, emocionada. Entra suave a "Melodia sentimental" com Bidu Sayão. Dos Anjos percebe, sai discretamente para a cozinha, observando a reação da amiga.*)

Lucila (*relê*) — "Com todo o meu amor, teu Bernardo..."

(*Dos Anjos, constrangida, volta com uma xícara de chá.*)

Dos Anjos — Tome o chá, dona Lucila...

Lucila — Eu não quero chá!

Dos Anjos — Erva-cidrera é bom, acalmá o nervoso...

Lucila — E quem quer "acalmá o nervoso"? Eu quero matar aquele canalha nojento!

Dos Anjos — Deus que me perdoe, a senhora nunca falô um nome feio!

LUCILA — Pega um uísque pra mim!

DOS ANJOS — A senhora num bebe...

LUCILA — Comecei hoje!

(*Dos Anjos põe um dedo de uísque num copo, Lucila olha com desprezo, agarra o copo e enche até a borda. Toma uma boa talagada, engasga, tosse, não desiste e continua. Vai até a escrivaninha de Bernardo, ao lado está o computador, e pela primeira vez, vasculha coisas pessoais do marido, sem nenhum cuidado. Joga coisas no chão. Acha o cinzeiro de cristal, vai até a janela, Dos Anjos pressente que ela vai jogar.*)

DOS ANJOS (*num grito para evitar*) — É o cinzeiro que a senhora deu pro senador!

(*Lucila interrompe o gesto por um instante, olha para Dos Anjos e aí joga com convicção. Ouve-se o ruído de cristal estilhaçado. Dos Anjos se persigna. Apanha uma espécie de alavanca de ferro na lareira e força a gaveta da escrivaninha com violência. Em um estalo, a gaveta cede.*)

DOS ANJOS (*apavorada com a violência*) — Valha-me Deus Nosso Senhor!

LUCILA (*devassa documentos, agendas, notas fiscais, impressos*) — Viagem do ano passado... "Acompanhar o presidente na viagem à Inglaterra". "Providenciar passaporte para Brenda". Ano passado! Olha que cafajeste ordinário!? A coisa vem de longe... Ela está com ele em Paris! Claro! E não é a primeira vez que ela vai pra Europa com ele! Como eu sou burra! "Viagem oficial". Oficial é levar a vadia pra conhecer Londres... E agora Paris! Se esbaldando com a vagabunda o velho senil! (*Vasculha coisas. Dos Anjos discretamente vai arrumando o que ela joga no chão.*)

Quando advogava, quando precisava ganhar a vida pra sustentar os filhos, não tinha tempo pra prostitutas! Falei mil vezes pra ele, veja a que ponto chega a minha estupidez! "Não se meta em política, Bernardo! Você é honesto demais pra se meter em política!" (*Ri da sua própria ingenuidade.*) Olha como eu sou burra? Pra mim ele era um modelo de virtude, Dos Anjos! (*Encontra um revólver Magnum. Examina, aponta na direção de Dos Anjos.*)

DOS ANJOS (*apavorada*) – Vire essa coisa pra lá, pelo amor de Deus, dona Lucila!

LUCILA – Vou acabar dando um tiro naquele velho canalha! Se ele me aparece agora eu meto uma bala nos cornos dele, juro por Deus! (*Examina o revólver.*) O leviano fez discurso a favor da entrega das armas. Arrecadou pessoalmente milhares de fuzis, revólveres, metralhadoras! Passou pessoalmente com o trator sobre milhões de armas! Fez campanha do sim na televisão e tem um revólver (*Lê a marca.*) Magnum calibre 44 dentro da gaveta da escrivaninha... Esse é o político brasileiro! (*Coloca o revólver de volta na gaveta e dá mais um golaço. Está visivelmente de pileque.*) Sabe por que acontece isso? Falta do que fazer! São todos uns vadios... Quando eles estão cansados de não fazer nada vem o recesso parlamentar pra eles continuarem não fazendo nada. Mas aí eles ficam preocupados porque não vão fazer nada e aprovam a convocação extraordinária pra ficarem mais três meses sem fazer nada. Aí acaba a convocação extraordinária e todos os jornais divulgam a notícia de que o país ansiosamente esperava: não fizeram nada! E ganharam em dobro! (*Ela joga um monte de papel no chão.*) Segunda não vão ao plenário porque é logo depois de domingo. Terça não vão ao plenário porque é logo depois da segunda! De vez em quando aparece um ou outro, mas é só pra encher linguiça. Algum senil pra homenagear o dia das prostitutas... O Suplicy pra avisar que continua apaixonado pela Marta e só! Bernardo nunca apareceu! Nunca vi Bernardo segunda e terça na TV Senado! Vi quarta! Segunda e terça, nunca! Aliás, o primeiro dia de expediente no Congresso é quarta. E o último, quinta! E acabou! E não está bom? Senão onde é que os sátiros babões vão achar tempo para as vadias brasilienses? (*Bebe mais uísque, joga mais papel no chão, bebe mais.*)

Dos Anjos — Largue de bebê desse jeito, dona Lucila! Isso só faz mal pra senhora...

Lucila — Mas eu bebo justamente pra fazer mal! Se fosse pra fazer bem eu tomava carqueja... "Onde que você estava que não te vi no plenário nem na segunda nem na terça, Bernardo?" "Nas comissões, meu amor"... Quando eles não estão no plenário, quando não atendem o celular, estão nas comissões! As comissões são as meninas de programa! Aqueles bacanais, Dos Anjos, que vieram a público com a corrupção do PT, aquela bandalheira de uma cafetina famosa – saiu em todos os jornais, televisão. Você acredita que nunca me passou pela cabeça que tivesse algo a ver com Bernardo? Olha como mulher é bicho burro? E essas orgias em Brasília, Bernardo? Ele: "Uns devassos que deviam ser expulsos da vida pública!" E o filho da puta dançando pelado em cima da mesa com a putinha, o pinto mole balançando!...

Dos Anjos — Deus que se apiede da senhora, dona Lucila!

Lucila (*lendo um documento*) — Salário 12.720 mensais. Como é que com doze mil ele vai dar um carro de 200 mil pra piranha? quinze mil... pra papel, caneta... Quinze mil de papel? O pústula nunca apresentou um projeto, pra que é que ele quer papel? Setenta e dois mil? O que são esses setenta e dois mil? Assessores... Um senador da República pode contratar para o seu gabinete até trinta assessores". Trinta assessores? Setenta e dois mil? Três mil para o apartamento em Brasília... passagens... (*Ela soma rapidamente.*) Doze mil, coisa nenhuma! Bernardo, o conspícuo, nunca me falou que ganhava uma fortuna!...

(*Toca o telefone. Lucila faz sinal para atender.*)

(*Café no Quartier Latin em Paris – tarde*)

(*Bernardo e Brenda num café chiquérrimo do Quartier Latin, balde de champanhe, taças, Bernardo ao celular.*)

DOS ANJOS (*atendendo*) – Alô!

BERNARDO – Dos Anjos?

DOS ANJOS – É o senador?

LUCILA (*faz gestos de que não está, fala sem som*) – Não estou!

BERNARDO – Eu, Dos Anjos, tudo bem por aí?

DOS ANJOS – Tudo bom, senador! E tudo bom com o senhor aí na França?

BERNARDO – Trabalhando muito! (*Brenda dá um beijo no senador.*) Eu quero falar com Lucila!

DOS ANJOS – Dona Lucila num tá! Ela foi pra Daslu, mas não deve demorá.

BERNARDO – Eu ligo depois... Dos Anjos, por acaso entregaram uns documentos num envelope aí em casa? Um envelope marrom?

DOS ANJOS – Envelope marrom?

LUCILA (*faz gestos desesperados que não, e fala sem som*) – Não, não vimos!....

BERNARDO — É... São os documentos do carro da minha secretária. Ela me ligou do Brasil dizendo que a agência mandou os documentos aí pra casa por engano. E ela tá precisando deles lá em Brasília.

DOS ANJOS — Não, senador, aqui num chegou nenhum envelope marrom...

(*Lucila faz sinal de positivo.*)

BERNARDO — Tem certeza?

DOS ANJOS — Absoluta!

BERNARDO — Será que Lucila não recebeu?

DOS ANJOS — De jeito nenhum! Só eu que atendo a porta aqui em casa... Dona Lucila não gosta de atendê...

LUCILA (*bêbada, falando pra si mesma*) — Odeio atender...

BERNARDO — Então tá bom, Dos Anjos... Dá um beijo pra Lucila e diga que sexta-feira, estarei aí.

DOS ANJOS — Tá bom, senador, tamo esperando... (*Desliga.*)

(*Sai o Café Parisiense.*)

LUCILA — E o fauno senil? O que disse o ínclito tribuno, Dos Anjos?

DOS ANJOS — Que a tal de Brenda tá desesperada atrás dos documento do carro lá em Brasília!... E a senhora achando que a moça foi com ele pra França... Mais olha como a senhora é maledicente?

(*Lucila pega o telefone, disca e em seguida oferece o telefone para Dos Anjos.*)

LUCILA — Quando atender, diga que você quer falar com Brenda.

DOS ANJOS — Mais o que é que eu v...

LUCILA (*ordem enérgica*) – Quando atender, diga que você quer falar com Brenda! Faça o que eu estou mandando, Dos Anjos!

DOS ANJOS (*apavorada, pega o telefone*) – Eu queria falar com a dona Brenda... Ah, sei... Pois não... É uma amiga dela... tá bom. Eu ligo depois... Muito obrigado, dona... (*Desliga.*)

LUCILA – E aí?

DOS ANJOS – Ela tá pra Paris na comitiva do senador Bernardo...

LUCILA (*com algumas planilhas na mão*) – Ela é assessora sexual do Bernardo, sacou? Pela lei, ele pode ter trinta! A metade pode muito bem ser de puta, por que não?

DOS ANJOS – Deus que me perdoe! Eu não quero mais escutá bestêra!

(*Vai saindo e Lucila a interrompe.*)

LUCILA – Não senhora! Fica aí, Dos Anjos! Me acompanhe: nem o Bush tem trinta assessores! O presidente dos Estados Unidos tem quatro assessores! "Four advisors"! O Bernardo tem trinta! (*Bebe e coloca mais uísque no copo.*) Agora, se sou eu... Vamos admitir que a senadora seja eu! Eu contrato logo vinte garotos de programa. Desses meninos saradões, bundinha dura! Não sou eu que pago! É o idiota do povo brasileiro! Tá bom, vinte é muito. Mas cinco eu contrato. Boto no meu gabinete! Onde eu vou levo os cinco! Dois loiros de olhos azuis, dois mulatos de olhos verdes e um negro retinto, daqueles bem lindos do livro de fotos do Marc Ferrez! É um direito meu, que diabo! Só cinco! E ainda faço economia pro país! Peço aparte à senadora Ideli Salvatti: "Vossa Excelência me permite um aparte? Senhor presidente, senhores senadores e senhoras senadoras: eu poderia transar com trinta! Porém, nobres colegas, por medida de economia, porque sou patriota e quero contribuir para o crescimento do meu país, para o sucesso do PAC, só estou trepando com cinco garotos de programa! Se todos os senhores senadores seguissem meu exemplo e ninguém excedesse o número regimental de cinco putas para cada um, o país não estaria mergulhado nessa merda em que está! Agradeço o aparte à senadora Ideli Salvatti e concito Vossa Excelência e demais senadoras da casa a também reduzirem seus garotos de programa!"

(*Toca o telefone, Lucila faz sinal pra atender.*)

DOS ANJOS — Alô! Dona Lucila não está, Bianca, ela foi na Daslu...

LUCILA — Eu falo com a Bianca!

DOS ANJOS — Ah, ela acabou de chegar, Bianca!

LUCILA (*ao telefone*) — Por favor, eu gostaria de falar com a Bianca!... Ah, você é que quer? Empatou, filha! Flat? Pra nós? Pra que é que a gente ia querer um flat? Era só o que me faltava... O que é que você achou da Brenda, filha? Quando você esteve em Brasília? Qual foi sua impressão sobre aquela assessora do seu pai? As trinta assessoras estavam no gabinete do seu pai? Nada, não bebi nada. Só chá de carqueja... A Brenda é essa que acompanha seu pai a Londres, Paris, Paquistão... Essa pra cuja progenitora ele adquiriu... (*Lê numa agenda de Bernardo.*) ...uma bicicleta ergométrica... Não, que ciúme! Nada! Só quero mandar um presentinho pra ela e não sei o tipo da figura... Fisicamente... Obesa... Anatômica? Ah, é? Loira, bonita, galinha... peitão... Silicone? Só isso, filha, está ok! Flat não! Sem flat! (*Lucila simplesmente desliga e deixa fora do gancho.*) Sim, que ela vai me botar num flat... E ainda por cima com o fauno senil? Nem com anestesia geral!... (*Lucila vai pra escrivaninha e começa a procurar em jornais velhos.*) Por que é que você fala pra todo mundo que eu fui pra Daslu?

DOS ANJOS — Ah, sei não, dona Lucila! É o nome que me vem, daí eu falo...

316

LUCILA — Loira de olhos verdes... bonita... peitão... (*Encontra jornal com foto do gabinete de Bernardo.*) Seria essa aqui? (*Mostra para Dos Anjos.*) Pra mim loira, de olho verde e peitão é esta aqui. E pra você?

DOS ANJOS — Já pra mim é esta daqui...

LUCILA — Por que você acha que é esta, Dos Anjos, e não esta?

DOS ANJOS — Olha a cara de puta dela!

LUCILA — Você acha que das quatro é a que mais tem cara de puta?

DOS ANJOS — Que quatro? Só tem duas no retrato...

LUCILA — Iiii...

(*Passagem do tempo.*)

(*Ruído de chave na fechadura. Não abre, toca a campainha. Dos Anjos vem de dentro correndo pra atender. Abre, é Bernardo, com duas malas de viagem e a 007.*)

DOS ANJOS — Ah, é o senhor, senador?

BERNARDO — Oi, Dos Anjos! Venha de lá um abraço... (*Dá um abraço e um beijo no rosto de Dos Anjos.*)

DOS ANJOS — Como é que foi de viagem? Deixa que eu ajudo!... (*Ajuda com as malas.*)

BERNARDO — Tudo bom por aqui?

DOS ANJOS — Vamo vivendo, senador, graças a Deus!...

BERNARDO — Lucila?

DOS ANJOS — Dona Lucila saiu, acho que foi na... Não, não tô sabendo onde é que ela foi. Mas não deve demorá, senador.

BERNARDO – Eu avisei Lucila que ia chegar hoje! Deixei recado na secretária pra ela me pegar no aeroporto! O que houve com a fechadura que não consegui abrir a porta?

DOS ANJOS – Ah, dona Lucila trocô a fechadura...

BERNARDO – Trocou a fechadura? Por quê?

DOS ANJOS – Ela perdeu a chave no supermercado e ficô com medo que alguém copiasse e entrasse de noite na casa...

BERNARDO – E aqueles documentos, Dos Anjos? Você localizou?

DOS ANJOS – Do envelope marrom? Não vi, senador... Só se entregaram no vizinho...

BERNARDO – Bom, eu vou tomar um banho, depois você leva as malas pra cima, Dos Anjos!

DOS ANJOS – Pode dexá, senador...

(*Bernardo sai. Dos Anjos corre ao telefone e disca apressada.*)

DOS ANJOS (*ao telefone, sussurrando*) – Dona Lucila! O homem chegou! A senhora viu ele entrá? Então, no lugar de ficá atrás de poste, porque a senhora não entra e tira a limpo com ele? Seja home, ora! Ele tá uma cobra porque a senhora não foi esperá ele no areoporto... Foi tomá banho e largô as mala aqui pra eu levá pro quarto... A maletinha preta? (*Procura.*) Tá aqui sim. Abri a maletinha? E eu lá sô de mexê em coisa dos outro? A senhora pensa que eu sô o quê? E se ele manda me prendê? Se a senhora quiser escarafunchá a mala dele a senhora venha pra cá, que eu não mexo! (*Desliga.*)

(*Dos Anjos vai pé ante pé até a mala, tenta abrir a maletinha. Está fechada a chave. Cautelosamente apanha um clipe na escrivaninha e tenta abrir a fechadura. Depois de várias tentativas, o trinco parece saltar. Ela consegue abrir. Examina rapidamente, ouve um barulho de dentro, apanha uns papéis*

318

*que lhe pareceram suspeitos, dobra-os e os põe no bolso do avental e volta a fechar a maleta. Surge o senador com roupão de banho. Ela disfarça cantarolando uma canção mineira.)*

BERNARDO – Dos Anjos, me prepara um Red Label com bastante gelo? (*Ele vai ao computador e o liga. Dos Anjos prepara o uísque. Ele encontra algumas revistas.*) Estas revistas são desta semana, Dos Anjos?

DOS ANJOS – Acho que são, senador. Tem uma que o senhor saiu com uma moça na França, dando risada... (*Entrega o Red Label para Bernardo.*)

BERNARDO – Deve ser uma funcionária da ONU... Obrigado, Dos Anjos! (*Examina o e-mail, não chegou nada, pega a maleta e sai com o uísque na mão.*)

(*Ruído de fechadura, a porta se abre, entra Lucila. Faz sinal de silêncio para Dos Anjos.*)

LUCILA – E a maleta?

DOS ANJOS (*sussurrando*) – Ele acabô de levá lá pra cima...

LUCILA – Ô meu Deus!

DOS ANJOS – Calma! (*Tira os documentos do bolso do avental.*) Robei esses daqui antes dele carregá a maletinha lá pra cima... Se eu fô presa vou dizer que robei porque a senhora me obrigo a robá...

LUCILA (*examinando*) – São contas do hotel, isso não adianta nada...

DOS ANJOS (*apontando no meio das notas*) – O nome da peituda não é Brenda? Olha o nome dela assinado em tudo quanto é lugar...

LUCILA (*examinando*) – Eles ficaram juntos! No mesmo quarto! Ficaram de maridinho e mulher... Com aquele cartão e isto aqui boto esse canalha no olho da rua!

Dos Anjos (*ainda sussurrando*) – Vê lá o que a senhora vai fazê! Escuta quem já passô por isso: ruim com ele, pior sem ele....

Lucila (*ainda sussurrando*) – Você deixa um café no fogo e vai pra casa daquela tua amiga. Dorme lá esta noite. Daqui a pouco eu volto. Preciso falar com ele em particular, mas você não vai poder estar aqui... Ficou claro?

Dos Anjos – Ficou... Mais pelo amor de Deus, discuta com ele, mas não encurrale o home! Home encurralado é mais perigoso que onça!

Lucila – Fique tranquila, Dos Anjos! Amanhã eu preciso de você aqui... (*Dá um beijo em Dos Anjos e sai.*)

(*Dos Anjos pega as malas e sai.*)

(*Passagem de tempo.*)

(*Bernardo, bem-vestido, vem com alguns pacotes de presentes.*)

Bernardo (*chamando*) – Lucila! Dos Anjos! (*Ninguém responde. Ele procura pelos cômodos, vai até a cozinha.*) Dos Anjos!

(*Prepara mais um uísque. Ruído na porta que se abre, entra Lucila.*)

Bernardo (*eufórico*) – Penélope! Ulisses chegou da mais encarniçada das batalhas! (*Vai para ela, abraça-a e a beija. Lucila apática.*) Que saudade, meu amor! (*Entregando alguns pacotes.*) Pra você, pra você, pra você!

Lucila – Eu também tenho um presente pra você... (*Apanha na bolsa o envelope marrom dos documentos do Audi e entrega.*)

Bernardo – O que é isso?

Lucila – Abra!

Bernardo (*ele já sabe*) – Ah, veio pra cá, é? São os documentos do carro da minha secretária. Vieram pra cá por engano. Eu

320

até falei com a Dos Anjos sobre isso, você não estava...
Amanhã eu levo... Mas por que é que você não foi me esperar no aeroporto? Não recebeu o recado?

LUCILA (*entregando o cartão*) – Havia também este cartão...

BERNARDO (*lê o cartão rindo*) – Ah, é uma brincadeira que nós fizemos com ela...

LUCILA – Que brincadeira?

BERNARDO – Como ela comprou um carro caríssimo, a gente resolveu brincar fingindo que era um presente...

LUCILA – Não entendi...

BERNARDO – Os homens do gabinete mandaram um cartão igual a este pra ela... Todos escreveram mais ou menos isso: feliz aniversário, aceite este carro como presente... (*Rindo, achando a maior graça da brincadeira.*) Entendeu? Como se fosse um presente de um amante, como se ela tivesse uns trinta amantes...

LUCILA – E os outros cartões?

BERNARDO – Eles mandaram. O meu deve ter se extraviado e botaram no meio dos documentos... (*Rindo.*) Foi muito engraçado...

LUCILA – Ela foi pra Paris com você?

BERNARDO – Claro que não! Ela é uma assessora, ficou em Brasília desesperada sem os documentos do carro!

LUCILA (*tirando uma revista da bolsa e mostrando*) – Ela não é esta aqui?

BERNARDO (*examinando*) – Não, não... Essa é a Luciana, é a minha secretária... A do carro é outra moça que trabalha lá... Mas, Lucila, pra que esse interrogatório, meu Deus? Não vá me dizer que você está com ciúme? (*Começa a rir.*) Meu amor com ciúme! Na minha idade, uma cena dessas é altamente lisonjeira, minha querida... Ganhei o dia! Vem cá, meu amor... (*Vai abraçá-la, mas ela escapa.*) Lucila! O que é que está havendo com você?

LUCILA — Como é que uma funcionária pública com um salário de 3.200 reais compra um carro de 200 mil?

BERNARDO — Sei lá, problema dela! Você vai me perdoar, mas isso não é da sua conta, Lucila!

LUCILA — Se ela está trepando com o meu marido, é claro que é da minha conta!

BERNARDO — Trepando? Onde é que você foi buscar esse tipo de linguagem?

LUCILA — Na sua suíte no Plaza Athenée! Onde vocês comemoraram com Dom Perignon, com um Petrus 1972 de 2 mil dólares, onde ela fez massagem de 1.200 euros, onde você gastou 800 euros em flores para presentear sua amada!

BERNARDO — Pare com essa doença! Esses são gastos do cerimonial com a comitiva do ministro! Não tem nada a ver com a sua paranoia!

LUCILA (*atirando-lhe algumas notas*) — Não são notas do Plaza Athenée? Não é assinatura dela? Brenda?

BERNARDO — Nunca imaginei que você pudesse ser tão paranoica, Lucila!

LUCILA (*lendo numa agenda*) — "Providenciar passaporte da Brenda para viagem a Londres..." "seis de março aniversário de Brenda enviar flores"... "Falar com o ministro sobre o irmão de Brenda". "Comprar bicicleta ergométrica para mãe de Brenda"...

BERNARDO (*corre para a escrivaninha*) – Você arrombou a gaveta da minha escrivaninha? Você violou a minha correspondência? As minhas anotações pessoais? Você enlouqueceu?

LUCILA – Eu economizando no papel higiênico e ele dando orquídeas de 800 euros para a putinha!

BERNARDO (*mostrando notas fiscais*) – Você violou uma maleta fechada a chave para roubar estas notas? (*Pegando Lucila pelo braço e sacudindo.*) Você arrombou a minha maleta? Hein? Arrombou?

LUCILA – Vai me bater? Que surpresa ainda me reserva o ilustre senador?

BERNARDO (*berrando furioso*) – Eu quero saber! Como você conseguiu essas notas?

LUCILA – E são cópias! Os originais eu vou levar para um advogado...

BERNARDO (*ele acusa o golpe*) – Que advogado?

LUCILA – Ainda não sei. E agora, Bernardo?

BERNARDO – E agora o quê?

LUCILA – O que é que nós vamos fazer?

BERNARDO – Do que é que você está falando?

LUCILA – Estou falando de nós! Nós éramos uma família, um grupo, uma tribo, como você vivia repetindo.

BERNARDO – Deixa eu te explicar uma coisa...

LUCILA – Eu me casei com você, aos 18 anos apaixonada pelo advogado brilhante, sim, mas muito mais enlouquecida pelo modelo de virtude que você inspirava! Eduquei nossos filhos à tua imagem e semelhança. "Bianca, por que você não se inspira no teu pai?" "Larissa, antes de fazer isso, pensa no teu pai!" "Lucas, veja como age o seu pai e simplesmente copie!"

323

"Vocês são pessoas decentes porque graças a Deus tiveram o exemplo de um homem íntegro!" Você era o critério da nossa moralidade, Bernardo!

BERNARDO — Eu não sou tal pessoa, Lucila! Que culpa eu tenho se você me idealizou?

LUCILA — Tem culpa, sim! Bastava que você insinuasse algum defeito, alguma falha. Mas você foi perfeito em tudo! Até na traição você foi perfeito!

BERNARDO — Que traição? Não há traição! Há a vida! Encontros e desencontros! Está bem, Lucila, aconteceu! Eu não escolhi! Infelizmente não é uma torneira que você abre e fecha quando lhe dá na cabeça...

LUCILA — Então é verdade? Você ama essa vadia?

BERNARDO — Não seja leviana! Você não a conhece!

LUCILA — Você defende a putinha?

BERNARDO (*num grito*) — Ela não é uma putinha!

LUCILA — Vadia! É uma prostituta barata! Uma piranha vulgar!

BERNARDO (*segura-a pelos braços e a sacode com violência*) — Cala a boca! Cala a boca! Cala a boca! (*Solta-a e ela desaba num sofá.*)

LUCILA (*chorando*) — Você lhe deu um carro de 200 mil reais! Por que foi tão estúpido?

BERNARDO — Talvez porque eu quisesse lhe retribuir alguma coisa...

LUCILA — Que coisa?

BERNARDO — Algum afeto...

LUCILA (*rindo, ridicularizando*) — O carro é o tamanho do afeto que ela tem por você, seu idiota! Quem mais vai se aproveitar do Audi é o cafetão dela...

BERNARDO — E daí, Lucila, e daí? Se acontecer assim, tudo bem! Já tive a minha recompensa!

LUCILA (*rindo*) – Com esse carro ela vai pegar os garotões mais sarados de Brasília....

(*Ela começa achar uma graça histérica.*)

BERNARDO — Estou dizendo que já tive a minha recompensa, Lucila!

LUCILA — Daqui uns dias nem carona ela vai te dar, velho babão... (*Acha uma tremendo graça. Rindo.*) É o cúmulo da ironia... Nem carona! Como ela costuma dizer no seu gerundivo, Bernardo, ela vai "estar sentando" no colo de um garotão a 150 por hora e não vai "estar te dando" a menor bola...

BERNARDO — E daí? E daí se eu estou vivo?

LUCILA — Vivo? O único vivo da dupla é ela, velho babão...

BERNARDO (*desperta nele um demônio adormecido*) – Não, Lucila! Eu também! Estou me sentindo vivo! Tudo tem graça outra vez! Há um tambor de guerra batendo aqui dentro! O calor é uma delícia, o frio é uma delícia, a chuva é uma delícia! As piadas são mais engraçadas!

LUCILA — Mais um sintoma da sua senilidade, seu bobo...

BERNARDO — E daí? Até nos dias mais cinzentos e frios há sol brilhante! Há sempre sol! Os desagradáveis não são mais desagradáveis... Entende? Até os chatos não são mais chatos!

LUCILA — E amanhã quando você acordar da sua demência e encontrar o país mais pobre e mais chato ainda?

BERNARDO — Pra mim não há amanhã, sua boba... Na nossa idade só tem agora! É pegar ou largar!

(*Toca o celular, ele não atende.*)

LUCILA — Não vai atender? Olha que ela passa a mão no Audi e vai "estar transando" com o cafetão no banco de cromo alemão! Atende! Rápido, rápido!

BERNARDO (*ele resolve atender*) — Alô! Sim... Não... Os documentos vieram pra cá... Mais ou menos... Ele ia mandar um e-mail de Nova York? Eu vou ver. (*Vai até o computador e examina.*) Pra que hora você marcou o avião? Ótimo... Não, não chegou nenhum e-mail. Bom, eu pego depois. Olha, acho que vou dar um pulo aí. Agora. Depois te conto. Beijo.

(*Bernardo desliga o celular e o deposita na mesa do escritório. Tremendo clima. Apanha as fotocópias dos documentos do carro e as notas do hotel.*)

BERNARDO — Eu vou pegar minha maleta e deixo você em paz... (*Sai para o fundo.*)

(*Lucila está arrasada. Pressente que ele vai sair e que provavelmente não voltará. Senta-se numa poltrona, apoia a cabeça nas mãos. Bernardo volta com um cabide de roupa e a 007. Vai até a porta.*)

LUCILA — Ela não gosta de você, Bernardo... Ela está te usando...

BERNARDO — Acho que seria melhor eu dormir num hotel. Espero que você compreenda. Nada foi de propósito. Aconteceu comigo, poderia ter acontecido com você... Amanhã eu dou uma passada. Até amanhã. (*Sai.*).

(*Som. Há uma enorme angústia nos seus movimentos. Vai até o bar e prepara um drinque. Bebe, olha em torno e retoma as suas atividades. Arruma coisas, espana o pó dos livros, recoloca-os na estante. Lustra a mesa. Limpa os porta-retratos, encontra o tape, se lembra com um sorriso, vai ao aparelho de DVD e o põe pra rodar. Bebe. Ao fundo, projetada, vê-se a continuação da entrevista que vimos no começo. Ao abrir estão todos rindo.*)

326

REPÓRTER — A senhora nunca pensou em morar em Brasília com o senador?

LUCILA — Não... Lá é o trabalho dele, prefiro não interferir.

REPÓRTER — E a senhora não tem ciúme de deixar um homem tão sedutor, sozinho, no meio de tantas fãs?

LUCILA — Nunca tive ciúme! Estamos casados há mais de cinquenta anos e confesso que continuo apaixonada por Bernardo como no dia do nosso casamento...

REPÓRTER — E o senhor? Não sente ciúme de uma esposa tão encantadora como a dona Lucila, senador?

BERNARDO — Confesso que sinto, sim. Mas quem não sentiria ciúme de uma mulher tão deslumbrante como Lucila? Já estamos juntos há mais de cinquenta anos! Foi mais do que suficiente para consolidar em mim a convicção de que jamais amarei outra mulher em minha vida. Pra mim será uma ventura, uma enorme felicidade, continuarmos juntos até que a morte, finalmente, venha a nos juntar para toda a eternidade...

REPÓRTER — Olha que bonito! (*Aplaude. Todos aplaudem.*)

(*Lucila desliga o aparelho de DVD e desaba, chorando. Toca um telefone. É o celular de Bernardo sobre a escrivaninha. Ela vai até ele, vai atender, desiste. O telefone volta a tocar, ela resolve atender.*)

LUCILA (*ao telefone*) — Alô! O senador Bernardo não está. Não, não sei a hora que volta. O senhor quer falar com Brenda? Olha, a Brenda... (*Pensa um instante e resolve entrar no jogo.*) Ah, um minuto que eu vou chamar. (*Chama.*) Brenda! Telefone! (*Tentando imitar a voz de Brenda.*) Alô! Sim, sim, é Brenda quem está falando. Ah, senhor Campos? Como vai o senhor, tudo bem? Está nevando aí em Nova York? Que coisa linda!... Ah, o senhor "vai estar enviando" o saldo? Sim, ele estava esperando um e-mail. Vou avisar agora mesmo. Sim, sim... Acho que entendi: o senhor quer que ele ligue para vocês resolverem o que fazer com a aplicação? O senhor pode ser mais específico para eu dar o recado corretamente? Desculpe, seu Campos. Eu entendo, é com ele... Já entendi, é sigilo, é apenas o senador... Eu dou o recado. Um abraço e obrigada.

(*Desliga e põe o telefone na escrivaninha. Vai ao computador, entra na internet e baixa os e-mails do senador. Não há o e-mail do saldo. Tenta novamente e nada. Se desespera. Apanha o telefone e disca.*)

LUCILA — Alô, Giovana? É vovó... Eu quero falar com o seu irmãozinho, o Mateus.

(*Sobe luz.*)

(*Na Salinha do Computador de Mateus*)

(*Mateus e Lucila, cada um diante do seu computador. Mateus fala através do seu fone. Estão procurando o e-mail.*)

MATEUS — Qual é o e-mail que a senhora abriu?

LUCILA — bernardo.dealmeida@senador.gov.br

MATEUS — Então mandaram pra um outro e-mail do vovô. Pergunta pra ele qual é o outro.

LUCILA — É uma surpresa, Mateus, não posso perguntar isso pro seu avô.

MATEUS — Então deve ser UOL. Entra no UOL.

LUCILA — Já está no UOL.

MATEUS — Nessa janelinha branca, à direita, escreva bernardo. dealmeida. Ok? Qual é a senha do senado?

LUCILA — É "meusnetos".

MATEUS — Que imaginação do vovô, hein?!... Escreva na senha "meus netos" e vê o que acontece...

(*Lucila digita a sugestão.*)

LUCILA — Ele diz que a senha não confere.

MATEUS — Então o e-mail deve ser esse mesmo. Digite "Lucila" na senha. O vovô é muito óbvio.

(*Ela tenta.*)

LUCILA — Não, não...

MATEUS — Como é que chamava aquele gato dele que sumiu?

LUCILA — Não, o gato não... Deixa tentar outra... (*Ela digita.*) Entrou... (*Pequena pausa. Ela recebe o golpe.*) Entrou, Mateus! A senha é Brenda!

MATEUS — Quem é Brenda?

LUCILA — É uma gata do seu avô...

(*Música pra marcar pequena passagem de tempo. Agora, Mateus e Lucila estão ambos à frente do computador da sala. Mateus foi pra casa da avó pra deslindar o enigma.*)

LUCILA (*lê o e-mail na tela*) — Olha aí: "Wide Land Bank... your money market account Inglesa 469. Type the number account and password to view best rate...

MATEUS — É uma conta bancária! Ele está mandando digitar o número da conta e a senha. A senha deve ser essa tal de Brenda, aposto com a senhora, mas e o número? Vovó, a Brenda é namorada do vovô?

LUCILA — Mateus, eu só pedi a você que me ajud...

MATEUS — Se a senhora não confia em mim, como é que eu vou confiar na senhora? Comigo a senhora pode se abrir, vovó.

Tô do teu lado! E, além disso, eu conheço o lado escuro da vida, fica fria...

LUCILA – Você é uma criança, meu filho.

MATEUS – Vovó, eu vi todos os filmes do Almodóvar, como é que eu posso ser criança?

LUCILA – É... É namorada do seu avô... (*Comove-se*.) ...depois de cinquenta anos de casados...

MATEUS (*corta*) – É namorada, é namorada, não precisa fazer um drama por causa disso... E se fosse *namorado*, não era pior?

LUCILA – Ô meu Deus, você não precisava saber disso, Mateus!

MATEUS – Claro que eu precisava! Como é que eu vou invadir a conta bancária dele se eu não sei que ele é um puta sacana? Bom, agora que a consciência está em paz, vamos em frente: o que esse "Inglesa 469" é pra senhora?

LUCILA – E se for uma outra namorada dele? Uma inglesa. Alguém da embaixada da Inglaterra em Brasília?

MATEUS – Vovó, o vovô tem mais de 70 anos, mal se aguenta em pé, vai ter duas namoradas e ainda por cima inglesa? Se fosse mexicana, porto-riquenha... Quadro de uma pintora inglesa, a senhora tem algum?

LUCILA – Não... Quadros só tenho alguns acadêmicos brasileiros...

MATEUS – E livro? Algum romance ou livro de poesia de uma escritora que o vovô curta? Virginia Woolf! Ele não curte o *Orlando* da Virginia Woolf? *Night and Day*?

LUCILA – Não, não...

MATEUS – Englishwoman. A inglesa...

LUCILA – Não, não me lembro. Aqui tem britânica, mas inglesa não.

MATEUS – Britânica?

LUCILA – A Enciclopédia Britânica...

MATEUS (*correndo para a estante*) – Claro, é isso! A Enciclopédia Britânica, como eu sou burro, meu Deus! 469. (*Pegando um livro.*) Vamos ver página 469 do volume 1. Nada. Veja o volume quatro, página 69.

LUCILA (*abrindo o livro*) – Tem uma coisa escrita aqui!

MATEUS – Quer valer que é o número da conta? (*Olhando.*) Claro que é esse. É o número da conta... Bernardo de Almeida 345nys! A conta é dele, vovó! Vamo vê? (*Vai ao computador e digita.*) Bernardo de Almeida 345nys. Entrou! Olha aí!

LUCILA – É uma conta bancária... Treze mil seiscentos e cinquenta e cinco dólares... Olha! Bernardo tem treze mil e seiscentos dólares?

MATEUS – Você é maluca, vovó? São treze milhões seiscentos e cinquenta dólares e trinta centavos e não treze mil seiscentos e cinquenta dólares e trinta centavos...

LUCILA – O quê?

MATEUS – Treze milhões, vovó! A senhora não sabe ler?

LUCILA (*conferindo o e-mail*) – Meu Deus! Treze milhões? É verdade, Mateus! São treze milhões e não treze mil! É o Bernardo que tem treze milhões? A conta é dele?

LUCILA – Nós podemos mexer nesses treze milhões, Mateus?

MATEUS – Transferir grana na web dá uma puta cana! O Linux, um *hacker* que estuda na Poli, foi transferir uma grana do pai dele num banco de Miami e se ferrou! Mas a hora que a senhora assumir a responsabilidade, nós zeramos a continha do vovô no Wide Land Bank.

LUCILA — Mateus, esse é um assunto que vai morrer entre nós, pelo amor de Deus! Você jura que não vai contar à sua mãe?

MATEUS — Você é louca? Contou pra mamãe, ela bota na *Caras!*

(*Passagem de tempo.*)

(*A sala está vazia. Ruído de chave na fechadura. Não abre. Toque de campainha. Lucila vem de dentro, olha pelo olho mágico e abre a porta. Entra Bernardo superchique.*)

BERNARDO (*desenxabido*) – Bom dia...

LUCILA — Bom dia...

BERNARDO — Você trocou a fechadura...

LUCILA — Troquei...

BERNARDO — Vai me dar uma cópia? (*Ela não diz nada.*) Bom, acho que assim você esta estabelecendo novas regras entre nós.

LUCILA — Você é que estabeleceu essas novas regras...

BERNARDO — Ok, Lucila, eu queria pedir desculpas pelo que aconteceu ontem. Você me provocou, eu perdi o controle. Me perdoe, sinceramente... (*Ela o olha como se tentasse desvendar algum enigma incompreensível.*) Em nenhum momento eu tive a intenção de ferir você. Tenho dito e repetido que me sinto privilegiado por ter encontrado uma mulher como você. Aconteça o que acontecer, você sempre poderá contar comigo. No que precisar. Qualquer coisa, Lucila... Eu vou deixar o cartão do meu advogado, caso você não queira falar pessoalmente, o que seria compreensível. Estabeleça com ele as suas condições. Desde já quero deixar claro que estarei de acordo com qualquer exigência que você faça. O importante, eu acho, é que continuemos amigos, nos respeitando como sempre nos respeitamos.

332

LUCILA – Você está se referindo à separação, partilha de bens, pensão...

BERNARDO – Isso também... O importante é que a gente discuta as nossas pendências entre nós. Eu acabei de ser reeleito, mas daqui a quatro anos teremos eleições presidenciais. Claro que ainda não sou um postulante ao cargo, mas estou sabendo que o partido me considera uma alternativa viável. Então, o que acontecer de bom para mim, será bom para você e pra nossa família... Se a gente se resguardar de eventuais comentários, será bom para todos...

LUCILA – Principalmente pra você...

BERNARDO – Sem dúvida! Eu sou senador, um homem público com responsabilidades perante a sociedade, perante o governo. Mas o que me atingir acabará atingindo você... Nisso, continuamos juntos...

LUCILA – É... Nas aparências... Você já pensou em alguma coisa?

BERNARDO – Não entendi...

LUCILA – Na tal partilha...

BERNARDO – Ah, bem, se você quiser fazer uma partilha, a metade do que eu tenho fica pra você, claro!

LUCILA – E o que é que você tem?

BERNARDO – O nosso maior patrimônio, você sabe, é esta casa. Podemos vendê-la e dividir o dinheiro.

LUCILA – E eu vou morar?...

BERNARDO – Com a sua parte da casa você pode comprar um flat e ainda vai lhe sobrar uma poupança razoável...

LUCILA – E onde é que eu vou botar os móveis?

BERNARDO – Os móveis, você pode vender e ficar com o resultado da venda. Não quero nada dos móveis...

LUCILA — Você sempre foi um homem muito generoso... (*Ele não entende a ironia e faz um gesto como se agradecesse o cumprimento.*) E a pensão?

BERNARDO — Você tem a sua aposentadoria como professora. Então, nesse caso, pelo menos é o meu parecer de advogado, você não teria direito à pensão...

LUCILA — Dinheiro?

BERNARDO — Podemos ir ao Banco, eu lhe mostro o meu extrato. Do meu saldo, a metade fica com você. Podemos transferir o dinheiro pra você na hora...

LUCILA — O Audi de 200 mil...

BERNARDO — Por favor, Lucila... Seria muito pedir a você para não voltarmos a esse assunto?

LUCILA — Ok, vamos esquecer o Audi... (*Há uma pequena pausa em que ela olha fixamente para Bernardo.*) E os 13 milhões de dólares?

BERNARDO — O quê?

LUCILA — Os treze milhões seiscentos e cinquenta dólares e trinta centavos?

BERNARDO — Que 13 milhões, Lucila?

LUCILA — Do Wide Land Bank. Account Inglesa 469.

BERNARDO — Você abriu o meu e-mail? (*Vai até o computador e liga.*) Quem lhe deu ordens para você abrir a minha correspondência?

LUCILA — De onde vieram esses 13 milhões de dólares, Bernardo?

BERNARDO — Você não tem o direito de se meter em questões do partido!

LUCILA (*lendo um pequeno lembrete*) – Você acha que a conta Bernardo de Almeida 345nys é do partido?

BERNARDO – Quem te deu isso?

LUCILA – Que coisa feia, Bernardo!

BERNARDO – Mas em que mundo você vive? Esses dólares são do partido! Estão numa conta minha, mas são do partido! Como é que você acha que se fazem as eleições? Com boas intenções e idealismo? Você precisa de dinheiro! Todos precisam de dinheiro! Os democratas e os comunistas! Os evangélicos e os católicos! Parte desse dinheiro garantiu não só a minha reeleição agora, mas a de vários companheiros de partido. Daqui a quatro anos teremos novas eleições! Você acha que a oposição fará por nós a propaganda política? Você acha que os nossos adversários financiarão nossa campanha com o dinheiro deles? (*Ela vai ao telefone e começa a discar.*) Para onde é que você está ligando?

LUCILA – Para o senador Amarildo...

BERNARDO – O que é que você quer do Amarildo?

LUCILA – Quero perguntar do dinheiro. Quero que ele confirme os 13 milhões de dólares do partido! (*Falando ao telefone.*) É do gabinete do senador Amarildo? Posso dar duas palavrinhas com ele? É Lucila, mulher do senador Bernardo!

BERNARDO (*dá um pulo, arranca o telefone das mãos de Lucila e desliga*) – Você enlouqueceu, Lucila?

LUCILA (*afastando-se e olhando para um estranho*) – Que vergonha de você!... Que coisa mais triste...

BERNARDO – Tente compreender, Lucila! Esse dinheiro é limpo! É limpíssimo! Não é dinheiro público! Não é caixa dois! Esse dinheiro, parte dele, como eu disse, é do partido, eu não menti. Mas esse dinheiro nasceu de uma convicção minha! Uma convicção da qual não me envergonho!

LUCILA (*está sinceramente triste pela descoberta*) – Só falta dizer que é um roubo do qual você se orgulha...

BERNARDO – Não é roubo! Não sou ladrão, você me conhece! Ouça, por favor! Você se lembra de que eu sempre me coloquei contra os transgênicos. A soja, o milho, o trigo... Não havia hipocrisia na minha campanha! Falei contra os transgênicos pelo Brasil inteiro, pelos jornais, revistas, televisão, no Congresso, porque acreditava que os alimentos geneticamente modificados fossem nocivos ao ser humano, que não deveriam ser permitidos no Brasil, que não deveriam ser oferecidos como merenda às nossas crianças! Falei isso com você, se lembra? E eu não estava sozinho! Estava ao lado de entidades seríssimas ligadas à defesa do meio ambiente, ao lado do Green Peace, meu Deus! Eu não sabia que um *lobby* europeu organizado na França investia fortunas para evitar a introdução dos transgênicos no Brasil. Eu não sabia! Porque as sementes transgênicas são resistentes e dispensam os fungicidas e agrotóxicos que eles produziam! Eu não sabia! Eu não sabia que eles ganhavam milhões de dólares com esses defensivos! Claro, eles adoraram a minha cruzada, os meus discursos, a minha campanha! E me ofereceram dinheiro para eu continuar! Mas, Lucila, eu continuaria mesmo que não me oferecessem nada, mesmo que me combatessem, que ameaçassem a minha vida! Então, por que não aceitar? Por que não receber uma gratificação por um trabalho que eu vinha fazendo por pura convicção e eles consideravam digno de ser remunerado? Afinal, o partido não precisava de dinheiro? Quem eu estaria prejudicando? Os dólares seriam tirados das estatais, de empresas privadas brasileiras, do povo brasileiro, dos pobres? Não! Os dólares viriam de fora, do *lobby* dessas indústrias, do exterior! Então eu aceitei! Por que não aceitaria?

LUCILA — Eu vivi com você 52 anos, quatro meses e dezessete dias... E não te conheci... Ainda agora não sei quem você é... E casei com 18 anos apaixonada pelo meu herói, meu modelo de virtude...

BERNARDO — Eu não sou um modelo de virtude! Eu sou eu!

LUCILA — Eu quem, Bernardo?

BERNARDO — Por que esse ódio, meu Deus?

LUCILA — Você sabe que o velho babão eu já tinha aceitado? Já tinha até perdoado o teu encantamento senil por essa ereção urinária temporã? Mas o corrupto? O estelionatário barato que distrai a criança pra lhe roubar o sanduíche de mortadela? Esse eu não quero, não reconheço... Não sei quem é...

BERNARDO — Está bem, Lucila, o que eu posso fazer mais do que estou fazendo?

LUCILA — Você não compreende que eu fui traída? Que você fingiu, que você enganou?

BERNARDO — Esqueça a Brenda, eu já disse que aconteceu, eu não ten...

LUCILA (*furiosa*) — Não estou falando de Brenda! Estou falando do erro de pessoa! Casei com um e você é outro!

BERNARDO — E que culpa eu tenho se não sou quem você esperava, meu Deus!

LUCILA (*furiosa*) — Devastei a minha vida num engano! Não quero você perto de mim!

BERNARDO — Está bem, Lucila, eu saio da sua vida se é isso que você quer!

LUCILA — Não basta! Não é suficiente! Você me contaminou! Ninguém me absolveria de cumplicidade no estelionato que você praticou! Quem, de todos os nossos parentes e amigos, acreditaria que não te ajudei no assalto? Que não desfrutei do roubo?

BERNARDO — Mas ninguém precisa saber!

LUCILA — Mas eu sei! A minha consciência sabe!

BERNARDO — Então diga! O que você quer que eu faça?

LUCILA — Eu vou te denunciar ao Ministério Público!

BERNARDO — O quê?

LUCILA — À CPI, à Polícia Federal...

BERNARDO — Você enlouqueceu, Lucila?

LUCILA — Ou eu faço, ou viro você, Bernardo!

BERNARDO — Claro que você não pode fazer isso...

LUCILA — Não tenho como não fazer...

BERNARDO — Lucila, esqueça essa loucura! Nós temos filhos, nós temos netos!

LUCILA — Por isso mesmo!

BERNARDO — Mas nós temos 13 milhões de dólares!

LUCILA — Não sou corrupta!

BERNARDO — Dividimos o dinheiro! Não posso te dar a metade porque tem o partido... Te dou 20%! São quase 3 milhões de dólares! São teus, eu transfiro pra tua conta e acabou!

LUCILA (*sarcástica*) — Precisam de apoio, vocês compram apoio, precisam da emenda, vocês compram a emenda, precisam do voto, vocês compram o voto! (*Berrando.*) Mas aqui não é o Congresso! (*Vai para a porta para sair.*)

338

BERNARDO — Onde é que você vai?

LUCILA — Denunciar você...

(*Abre a porta, mas Bernardo a fecha.*)

BERNARDO — Você não pode fazer isso!

LUCILA — Você foi longe demais!...

BERNARDO — Você tem consciência de que se levar avante essa loucura você me arruína? Você destrói a minha carreira? Destrói a nossa família?

LUCILA — E que escolha eu tenho, Bernardo?

BERNARDO (*interpondo se entre ela e a porta*) — Você quer me ver na prisão? Chega disso, Lucila, acabou!

LUCILA — Me deixa passar, Bernardo!

BERNARDO — Eu lhe dou 30%! São 5 milhões de dólares, Lucila! E nunca mais falaremos sobre isso, juro por Deus!

LUCILA — Que coisa patética, Bernardo... (*E tenta sair, abrindo a porta.*)

BERNARDO (*ele a empurra para afastá-la dali*) — Não, já disse!

(*Ele tranca a porta e põe a chave no bolso.*)

LUCILA — Me dá essa chave! (*Furiosa.*) Me dá essa chave, Bernardo!

BERNARDO (*ele avança sobre ela que recua até o telefone*) — Sou um senador respeitado! Me elegi com milhões de votos! Posso governar o Estado! Sou uma alternativa consistente para a presidência daqui a quatro anos, Lucila! É isso que você quer destruir? É a minha carreira política que você quer?

LUCILA (*apanha o telefone*) — Abra a porta ou eu chamo a polícia...

BERNARDO — Você enlouqueceu!...

(*Ela começa a discar, ele lhe tira o telefone das mãos, arranca o fio da tomada e atira o telefone com violência. Ela se assusta. Ele avança e ainda tenta convencê-la.*)

BERNARDO — Presta atenção, Lucila, minha querida, pelo amor de Deus, tenta compreender! Não existe mais esse mundo de harmonia e boas intenções que você idealizou! Há guerras em todos os cantos, sequestros, estupros, golpes de Estado, enforcamentos! Há miséria! O que é ético pra você é imoral para quem passa fome! Se alguém está morrendo num corredor imundo de um hospital por falta de médico, por falta de remédio, por falta de leito, que se dane a minha integridade se o dinheiro da salvação não foi declarado à Receita Federal! Só que na sua ótica, Lucila, pra não me tornar corrupto, devo deixar o infeliz morrer sozinho e na miséria! Mas não te incomoda que eu não me torne um assassino?

LUCILA — O Congresso te absolverá do assassinato, Bernardo. Ele já não absolveu os corruptos?

BERNARDO — O Congresso não absolveu os corruptos! O Congresso absolveu a coragem daqueles que arriscaram a própria honra em prol de uma sociedade mais justa!

LUCILA — Como você é ridículo!

BERNARDO — Foram reeleitos! Foram absolvidos pelo povo brasileiro!

LUCILA — Então, Bernardo! A tua eleição está mais do que garantida! Abra essa portal!!

BERNARDO (*quase fora de controle*) — Ainda sou o chefe da nossa família... Não posso permitir que você atire a minha reputação na lata do lixo! Eu sou responsável pelos meus filhos, pelos meus netos, pela minha história! Eu tenho uma história... Sou um homem público, Lucila! Não vou deixar... (*Abre a gaveta da escrivaninha.*)

LUCILA (*recua transida de horror*) – Meus Deus! Você seria capaz de me matar! Para me impedir, você seria capaz de me matar!

BERNARDO (*com a mão na gaveta*) – Você está me deixando sem alternativa, Lucila!

LUCILA – Você é capaz de me matar... (*Tem um* insight.) Claro... não tem saída... Como eles...

BERNARDO – Eles quem?

LUCILA – Eu sou o prefeito que vocês mataram...

BERNARDO (*apanhando o revólver, doidinho*) – Me perdoe, Lucila... Há tanta coisa em jogo... Há tantos projetos em curso... A vida de repente se tornou tão agradável... alegre e aí vem você com a tua obsessão, com a tua morbidez de sempre...

LUCILA – Se você fizer isso, você está acabado, Bernardo!

BERNARDO – Me perdoe, Lucila, me perdoe mas há tanta violência atualmente...

(*Joga algumas coisas no chão como se simulasse um assalto. Aponta o revólver.*)

LUCILA – Pelo amor de Deus, não Bernardo!

BERNARDO – Me perdoe...

LUCILA – Não, Bernardo! Não!

(*De repente Bernardo tem um esgar terrível de dor, leva a mão crispada ao peito, grita, cambaleia, dá uns dois passos e desaba no assoalho, vítima de um enfarto. Lucila observa estupefata a agonia de Bernardo, se dá conta do que ocorre e, depois de uma pausa, se lança sobre ele procurando desesperadamente reanimá-lo.*)

LUCILA – Bernardo! Bernardo! Bernardo! Por favor, fale alguma coisa! Bernardo... Já passou, olha, olha pra mim... Fale comigo!

(*Ajoelha-se ao lado dele. Deita-o de costas. Levanta o queixo, examina a respiração.*) Ai, meu Deus do céu!... E agora? Fale comigo! Bernardo! Bernardo!

(*Tenta reanimá-lo com respiração boca a boca. Uma, duas, três vezes. Examina-lhe o pulso. Monta no corpo de Bernardo e aplica-lhe a massagem cardíaca. Ele está morto. Chora exausta.*)

LUCILA — Meu Deus, que coisa horrível... Como é que foi acontecer isso, Bernardo?... Eu não queria isso, juro... Eu queria você vivo... (*Tenta reanimá-lo novamente, nova massagem cardíaca como se não se conformasse com sua morte.*) Volta! Volta! (*Vai ao telefone para discar, mas o telefone está arrancado. Apanha o celular de Bernardo, procura um endereço numa agenda, disca.*) Meu Deus, ô meu Deus! (*Alguém atende.*) É do pronto-socorro Santa Lúcia? Olha, uma pessoa teve um enfarte e morreu! Já, já tentei. Também, fiz tudo o que eu sabia... Será que você poderia mandar uma ambulância... Anota o endereço, por favor... (*Ela para, pensa, hesita e de repente tem um* insight. *Fala nervosa, representando.*) Desculpe, meu senhor, foi um engano... Não, não... Foi rebate falso. Meu marido brincou comigo, tem cabimento? Ele está aqui na minha frente, rindo da minha cara. Me desculpe... Pois é, isso é pegadinha que se faça? Que ódio! Desculpe meu senhor e obrigada... (*Desliga o telefone. Reflete por instantes e resolve agir. Liga o computador e examina os documentos do* Wide Land Bank. *Sua postura muda. Está decidida, mais confiante. Imprime um documento do Banco. Lê.*) Então vamos lá... Bernardo de Almeida 345nys. Treze milhões seiscentos... (*Disca.*) Professor Singer? É Lucila, do senador Bernardo. Bem e você, Singer? É uma consultoriazinha para um conto que estou escrevendo. Pode ser? (*Brincando.*) Depois você me manda a conta... Meu personagem é um presidente latino-americano que tem uma for-

342

tuna depositada num Banco Americano. Pra dizer a verdade, não tinha pensado no Chaves... Como ele tem várias amantes, a conta é pessoal, só em nome dele. Caso ele seja assassinado e a mulher legítima descobrir essa conta, ela teria acesso aos recursos? Ah, sim, é só apresentar a certidão de casamento e o atestado de óbito?... (*Ela começa a rir.*) Isso sem passar pela Receita Federal... Ah, é só levar os documentos ao Consulado? E o cônsul reconhece... Bernardo está ótimo! Perguntei a ele, mas Bernardo é uma vestal de esquizofrênica honestidade! Nem em hipótese, nem como literatura, ele admite que um político tenha conta no exterior... Ele está ótimo, saudável! Dou sim. Muitíssimo obrigada, Singer! Uma hora dessas eu passo aí na faculdade pra tomarmos um café e falar mal do ministro da Educação, tudo bem? Um beijo pra você... (*Desliga. Olha para Bernardo e se dirige a ele, marota, meio sorrindo.*) Meu nobre senador Bernardo! Veja só o que a política nos ensina!... (*Examina o celular, encontra um telefone e disca.*) Você faltou ao nosso aniversário, mas será pontual no seu enterro... O bom do morto é que ele nunca falta... Será que fui eu que inventei essa frase? Ou foi a Dos Anjos?.. Agora, se me permite, "vou estar ligando" para sua namoradinha...

(*Bar do apart-hotel – dia*)

(*Brenda está sentada a uma mesinha do American Bar, chique como sempre, tomando um dry martíni, lendo uma revista. O celular toca, ela atende.*)

BRENDA — Alô!

LUCILA (*fala nervosa e com preocupação*) – Quem está falando? Brenda?

BRENDA — Sim, sou eu. Quem é?

343

LUCILA – Aqui é Lucila, a mulher do senador Bernardo.

BRENDA (*receosa*) – Pois não...

LUCILA – É uma emergência, Brenda. Bernardo está passando mal!

BRENDA – O que houve com ele?

LUCILA – Ele estava falando sobre você e de repente começou a se sentir mal, suando, dor no peito... Desmaiou, Brenda... Acho melhor você vir pra cá. E ele falou várias vezes o teu nome...

BRENDA – Meu Deus! Estou indo!

(*Sai o bar.*)

(*Lucila disca novamente no celular.*)

LUCILA – Sou eu, Bianca, estou falando no celular do seu pai... Minha filha, acont... (*Tentando cortar.*) Acho que aconteceu uma tragédia e você... (*Num berro.*) Pare de falar nesse maldito flat! Teu pai está morrendo! Avise teus irmãos! Seu pai teve um ataque do coração! Vou chamar o pronto-socorro! (*Desliga.*)

(*Campainha toca, Lucila vai até a janela.*)

LUCILA – Entre, Brenda, o portão está aberto.

(*Brenda entra.*)

BRENDA (*aflita*) – Como é que ele tá?

LUCILA (*arrasada*) – Ele está morto, Brenda!

BRENDA – O quê?

LUCILA – Ele está morto, veja! (*Mostra Bernardo caído no chão, se ajoelhando ao lado dele.*) Fiz de tudo, mas não adiantou! Que tragédia, meu Deus!

BRENDA (*também se ajoelha ao lado dele, chorando*) – Bernardo! Fala comigo, Bernardo! Sou eu, Brenda!

LUCILA – Que coisa horrível!... Que cena trágica...

BRENDA – Como é que aconteceu, dona Lucila?

LUCILA – Ele estava muito nervoso por causa da CPI. Muito preocupado com você.

BRENDA – Comigo, por quê?

LUCILA – Bernardo pagou o teu Audi com um cheque de uma conta no exterior. Em dólar. Eles rastrearam o cheque e agora estão pedindo o carro e os documentos.

BRENDA – Eu não tenho nada com isso! Nem os documentos do carro eu recebi!

LUCILA (*pega os documentos e entrega a Brenda*) – Aqui estão os documentos do carro... Entregaram por engano. Quando o delegado telefonou e disse que o carro também tinha sido apreendido, Bernardo começou a passar mal...

BRENDA – Mas ele me deu o carro, meu Deus!

LUCILA – Ele ficou apavorado com a ideia de você ser presa com o carro... Foi isso que o matou!

BRENDA – Eu, presa? Mas por que eles me prenderiam?

LUCILA – Não sei, não sou advogada. Talvez por cumplicidade...

(*Vai ao telefone e disca.*)

BRENDA – Cumplicidade? Eu?

LUCILA – Mas ficar se lamentando... (*Ao telefone.*) É do pronto--socorro? Por favor, minha senhora... O senador teve um ataque do coração e morreu. Eu devo chamar a polícia? Ah, a senhora mesma chama? Meu nome...

345

BRENDA (*segurando o braço dela com decisão*) – Espere!

LUCILA (*ao telefone*) – Eu já ligo pra senhora... (*Desliga.*) O que foi, Brenda?

BRENDA – A senhora vai chamá a polícia?

LUCILA – Claro! Ele morreu, eles vão querer saber do que ele morreu, não é assim?

BRENDA – Mas e o carro? O que eu faço com o carro, meu Deus?

LUCILA – Não sei, por que você não entrega o carro à polícia antes que eles te prendam?

BRENDA – Eu não quero ser presa! Eu não quero mais esse carro! Por favor, me ajude, dona Lucila! Maldita hora que eu fui aceitar esse presente!

LUCILA – Não fica assim, Brenda!... E se você for presa vai ser por pouco tempo, você vai ver...

BRENDA – Eu perco o meu emprego! Eu não quero! Vou deixá os documentos aqui e pego um táxi! Aqui tá a chave! Não quero mais esse carro na minha vida, chega! (*Vai em direção à porta.*)

LUCILA – Mas o carro está no teu nome!

BRENDA (*ela para, surge uma ideia*) – Eu passo o carro pro nome da senhora, pronto!

LUCILA – Você enlouqueceu? O problema é teu e do Bernardo, não tenho nada com isso!

BRENDA – Foi um engano! Eu passo pro nome da senhora e digo que foi um engano!

LUCILA – E a cúmplice sou eu? Ele te dá o carro, vocês vão pra Paris tomar Dom Perignon numa suíte do Plaza Athenée e quando a polícia descobre o carro é meu?

BRENDA – A Audi faturou no nome da secretária, mas era pra faturar no nome da mulher! É isso! (*Assina o documento.*) Pronto! Não é mais meu! Agora é da senhora! (*Joga o documento para Lucila.*)

LUCILA – Pera lá, menina! Vocês são do Senado, vocês têm imunidade, roubam e são absolvidos pelo Congresso! Mas eu não sou parlamentar, minha queridinha, eu vou em cana mesmo! (*Devolve o documento para ela.*)

BRENDA – Não! A senhora não tá entendendo! No que eu passo o carro no seu nome, eu "vou estar livrando" o senador! Eu vou "estar salvando" a senhora! Salvando da humilhação do senador Bernardo ter uma amante em Brasília!

LUCILA – Como é que é?

BRENDA – A memória do senador vai ficá preservada, a senhora não entende? O carro é a única prova que me liga ao senador Bernardo! Que me liga ao Plaza Athenée! Entendeu agora?

LUCILA – Meu Deus! E o terrível é que é isso mesmo, Brenda!...

BRENDA – Claro! Se não há o carro, eu sou apenas a secretária eficiente. A secretária fiel que, como todos os brasileiros, vai chorar a morte do grande congressista Bernardo de Almeida! Não é muito melhor? (*Brenda oferece o documento do Audi e as chaves.*) O carro é da senhora...

(*Lucila olha Brenda, olha os documentos e calmamente os apanha. Uma sirene de polícia aproxima-se. Brenda se assusta.*)

BRENDA – É a polícia?

LUCILA (*apontando os fundos*) – Saia por aqui. É só seguir em frente, você vai encontrar um portão. Há um ponto de táxi do outro lado da rua.

BRENDA — Obrigada, dona Lucila, muito obrigada...

LUCILA — Não há de quê... Você tem dinheiro para o táxi?

BRENDA — Tenho, não se preocupe comigo... (*Vai saindo, para e se volta.*) Meus pêsames, dona Lucila...

LUCILA — Pra você também, querida... (*Brenda sai rápido.*) (*Pausa. Para Bernardo, descontraída, rindo.*) Que tal, Bernardo? Aprendi a lição? Que tal a minha performance de político brasileiro? Há cinco minutos você ia meter uma bala na minha cabeça e agora está aí, fodido, e eu aqui! Viva, viúva de um senador pranteado por esses Brasis, com uma pensão pra marajá nenhum botar defeito, Audi importado, e rica! Rica! Como Deus é grande, puta que o pariu! Como disse o coronel: "Às favas com os escrúpulos!".

(*Música.*)

# DADOS BIOGRÁFICOS

José de Oliveira Santos (Juca de Oliveira) nasceu em São Roque, SP, em março de 1935. Começou a trabalhar muito cedo. A partir de 12 anos, foi sapateiro, auxiliar de farmácia, marceneiro, padeiro, motorista de caminhão, funcionário público e redator de publicidade.

Estudou direito na Universidade de São Paulo até o 3º ano. Em 1958 ingressou na Escola de Arte Dramática de São Paulo (EAD).

Em 1961, estreou como profissional no Teatro Brasileiro de Comédia (TBC) na peça *A semente* de Gianfrancesco Guarnieri, direção de Flávio Rangel. Ao longo de sua carreira fez mais de cinquenta peças de teatro.

Na televisão fez dezenas de telenovelas, teleteatros e minisséries.

No cinema fez cerca de doze filmes.

Como autor de teatro escreveu onze peças.

Foi presidente do Sindicato dos Atores de 1968 a 1976.

## CARREIRA

### Teatro

1961 – *A semente* de Gianfrancesco Guarnieri. Direção: Flávio Rangel. TBC, São Paulo. Personagem: Cipriano.

1961 – *A morte do caixeiro viajante* de Arthur Miller. Direção: Flávio Rangel. TBC, São Paulo. Personagem: Happy.

1962 – *A escada* de Jorge Andrade. Direção: Flávio Rangel. TBC, São Paulo. Personagem: Vicente.

1962 – *Almas mortas* de Nikolai Gogol. Direção: Flávio Rangel. TBC, São Paulo. Personagem: Chefe de polícia.

1962 – *Eles não usam black-tie* de Gianfrancesco Guarnieri. Direção: José Renato. Teatro de Arena, São Paulo. Personagem: Otávio.

1963 – *A mandrágora* de Maquiavel. Direção: Augusto Boal. Teatro de Arena, São Paulo. Personagem: Messer Nícia.

1964 – *O filho do cão* de Gianfrancesco Guarnieri. Direção: Paulo José. Teatro de Arena, São Paulo. Personagem: O pai.

1964 – *Depois da queda* de Arthur Miller. Direção: Flávio Rangel. Teatro Maria Della Costa, São Paulo. Personagem: Mickey.

1966 – *Júlio César* de Shakespeare. Direção: Antunes Filho. Teatro Municipal de São Paulo e do Rio de Janeiro. Personagem: Marco Antonio.

1967 – *Dois na gangorra* de William Gibson. Direção: Osmar Rodrigues Cruz. Teatro Aliança Francesa, São Paulo. Personagem: Jerry.

1968 – *A cozinha* de Arnold Wesker. Direção: Antunes Filho. Teatro Aliança Francesa, São Paulo. Personagem: Peter.

1971 a 1972 – *Putz* de Murray Schisgal. Tradução e adaptação de Juca de Oliveira e Luiz Gustavo. Direção: Osmar Rodrigues Cruz. Teatro Aliança Francesa, São Paulo. Personagem: Felix.

1972/1973 – *Um edifício chamado 200* de Paulo Pontes. Direção: José Renato. Teatro Paiol, São Paulo. Personagem: Alfredo Gamela.

1973 – *Corpo a corpo* de Oduvaldo Viana Filho. Direção: Antunes Filho. Teatro Itália, São Paulo. Personagem: Viváqua.

1975 – *Ricardo III* de Shakespeare. Direção: Antunes Filho. Teatro Municipal de São Paulo e em oito capitais. Personagem: Ricardo.

1979 – *Investigação na classe dominante* de de J. B. Priestley. Adaptação livre de Flávio Rangel do original *An inspector calls*. Direção: Flávio Rangel. Teatro Maria Della Costa, São Paulo. Personagem: O inspetor.

1980 – *Os colunáveis* de Claude Magnier. Tradução e adaptação do original por Juca de Oliveira. Direção: José Renato. Teatro Itália, São Paulo. Personagem: Roberto.

1980 – *Swing, a troca de casais* de Luiz Carlos Cardoso. Inaugurou o Teatro Franco Zampari, São Paulo. Direção dos atores Juca de Oliveira, Luiz Gustavo e Cléo Ventura. Personagem: Jorge.

1982 – *Othelo* de Shakespeare. Direção coletiva. Teatro de Cultura Artística de São Paulo. Excursão pelo país. Personagem: Othelo.

1982/1983 – *Motel Paradiso* de Juca de Oliveira. Direção: José Renato. Teatro Maria Della Costa, São Paulo, e excursão pelo país. Personagem: Luiz Fernando.

1984/1985/1986 – *De braços abertos* de Maria Adelaide Amaral. Direção: José Possi. Cenário: Felipe Crescenti. Teatro da Fundação Álvares Penteado (Faap), São Paulo, Teatro Tereza Raquel, Rio, e excursão pelo país. Personagem: Sérgio.

1987/1991 – *Meno male!* de Juca de Oliveira. Direção: Bibi Ferreira. Teatros Faap e Jardel Filho, São Paulo, Teatro Tereza Rachel, Rio, e excursão pelo país. Personagem: Nicola.

1991 – *Procura-se um tenor* de Ken Ludwig. Tradução e adaptação de Juca de Oliveira. Direção: Bibi Ferreira. Teatro Jardel Filho, São Paulo. Personagem: Giachieri.

1993/1994 – *Desejo* de Eugene O'Neil. Direção: Ulisses Cruz. Teatro Copacapana Palace, Rio, e excursão pelo país. Personagem: Ephraim Cabot.

1995/1996 – *A quarta estação* de Israel Horovitz. Direção: Fauzi Arapão. Teatro Cultura Artística, São Paulo, e excursão pelo país. Personagem: Bruno.

351

1997/2001 – *Caixa dois* de Juca de Oliveira. Direção: Fauzi Arap. Teatros Jardel Filho e Cultura Artística, São Paulo, Teatro Ginástico, Rio, e excursão. Personagem: Luiz Fernando.

2007 – *Às favas com os escrúpulos* de Juca de Oliveira. Direção: Jô Soares. Teatro Raul Cortez, São Paulo. Personagem: senador Bernardo.

**Televisão** – principais novelas e minisséries

*A fábrica* e *Nino, o italianinho*. TV Tupi, São Paulo.
*Fogo sobre terra, Saramandaia, Fera ferida, Torre de Babel*. TV Globo, Rio de Janeiro.
*A Idade da loba*. TV Bandeirantes, São Paulo.
*As pupilas do Senhor Reitor* e *Os ossos do Barão*. SBT, São Paulo.
*O clone, Mad Maria, Amazônia, Queridos amigos*. TV Globo, Rio de Janeiro.

**Cinema** – principais filmes

1966 – *O caso dos irmãos Naves* de Luiz Sérgio Person.
1975 – *À flor da pele* de Francisco Ramalho Jr.
2001 – *Bufo & Spallanzani* de Flavio Tambelini, adaptado do romance de Rubem Fonseca.
2002 – *Onde anda você* de Sérgio Rezende.
2007 – *O signo da cidade* de Carlos Alberto Ricelli.

**Autor**

*Baixa sociedade*, produzida no Rio (1978) e em São Paulo (1979). Remontada várias vezes. Produzida na Argentina e em outros países sul-americanos pelo ator argentino Dario Victori entre 1980 e 1984.

*Motel Paradiso*, produzida em 1982. Fez uma carreira de três anos e meio entre São Paulo, Rio e outras capitais do país.
*O Pharmaco*, 1984 – ainda inédita.
*Meno male!* produzida em 1987, permaneceu em cartaz por cinco anos, tendo sido vista por mais de um milhão de espectadores de todo o Brasil.
*As atrizes*, 1990. Encenada no Teatro Villa Lobos, Rio de Janeiro, em setembro de 1991.
*Qualquer gato vira-lata tem uma vida sexual mais sadia que a nossa*, 1996. Direção: Bibi Ferreira. Em cartaz desde de 1998. Atualmente está na Argentina – Produção de Maria Antonieta Eiras.
*Caixa dois*, 1997/2002. Ficou em cartaz por cinco anos.
*A babá*, 2001.
*A flor do meu bem-querer*, 2005.
*Às favas com os escrúpulos*, 2007/2008.

## Obras Publicadas

*Meno male!* – Editora Scipione – São Paulo – 1989.
*Qualquer gato vira-lata tem uma vida sexual mais sadia que a nossa* – Editora Revan – Rio de Janeiro – 1998.
*A babá* – Coleção Teatro Brasileiro – Hamdan Editora – Belo Horizonte – 2002.

# PRÊMIOS

## Teatro

1962 – SACI – *A morte do caixeiro viajante*. Ator coadjuvante no papel de Happy.
1967 – Molière e Governador do Estado de São Paulo – *Dois na gangorra*. Melhor ator no papel de Jerry.

1968 – Associação Paulista dos Críticos de Teatro (APCT) e Gil Vicente – *A cozinha*. Melhor ator no papel de Peter.

1972 – Molière e Governador do Estado de São Paulo – *Um edifício chamado 200*. Melhor ator no papel de Alfredo Gamela.

1973 – Governador do Estado – *Corpo a corpo*. Melhor ator no papel de Viváqua.

1987 – Governador do Estado de São Paulo – *Meno male!*. Melhor autor e melhor ator no papel de Nicola.

1997 – Associação dos Produtores de Espetáculos Teatrais do Estado de São Paulo (Apetesp) – *Caixa dois*. Melhor autor.

**Cinema**

2001 – Festival de Gramado – Melhor ator coadjuvante por *Bufo & Spallanzani*, 2007; Festival de Goiânia – Melhor ator por *O signo da cidade*.

**Televisão**

Inúmeros prêmios, entre os quais:
Troféu Roquete Pinto
Troféu Imprensa
Prêmio Governador do Estado de São Paulo
Troféu Helena Silveira
Troféu Sérgio Cardoso

# BIOGRAFIA

***Jefferson Del Rios*** Jornalista e crítico teatral com aperfei-
çoamento *no Centre de Formation des Journalistes*, Paris. Redator,
editor, correspondente no exterior e crítico com longa atividade
na imprensa paulista. Foi professor convidado de dramaturgia brasileira no Conservatório Nacional de Lisboa. Autor de *Bananas ao
vento* – Meia década de cultura e política em São Paulo (Editora
Senac). Como crítico teatral sua atuação mais extensa está concentra-
da nos jornais *Folha de S. Paulo, Diário do Comércio e Indústria,
O Estado de S. Paulo* e revista BRAVO. Foi ainda o redator e apre-
sentador do programa televisivo de entrevistas teatrais *Estúdio
Brasil* transmitido pela TVA e SESCTV.

Tem atuado também como palestrante, jurado ou curador em
festivais de teatro no Brasil e no exterior. Acaba de concluir *Victor
Garcia – o cristal no teatro*, biografia desse encenador argentino.

# ÍNDICE

Prefácio ................................................. 7

Para Juca, com afeto ........................... 13

*Meno male!* ........................................... 17

*Qualquer gato vira-lata tem uma vida sexual mais
sadia que a nossa* .......................... 109

Sugestões eventualmente inúteis .......... 110

*Caixa dois* ......................................... 179

Anotações sobre a comédia ............. 181

O cenário ......................................... 186

A luz ............................................... 186

*Às favas com os escrúpulos* ................ 279

O cenário ......................................... 282

Dados biográficos .............................. 349

Biografia ........................................... 355

# COLEÇÃO MELHOR TEATRO

Artur Azevedo
*Seleção e Prefácio Barbara Heliodora*

Domingos Oliveira
*Seleção e Prefácio João Roberto de Faria*

Gian Francesco Guarnieri
*Seleção e Prefácio Décio de Almeida Prado*

Maria Adelaide Amaral
*Seleção e Prefácio Jefferson Del Rios*

Plinio Marcos
*Seleção e Prefácio Silvana Garcia*

**GRÁFICA PAYM**
Tel. (011) 4392-3344
paym@terra.com.br